개정

전문상담학개론

한숙자 지음

창지사

개정판을 내면서

전문상담학개론이 출간된 지 벌써 4년이 되었다. 그동안 학부생과 대학원생에게 본서를 교재로 사용하여 가르치면서 좀더 새롭게 첨가할 필요가 있다고 생각된 부분, 또한 학생들의 의견이나 독자들로부터의 요청을 고려하여 본서의 내용을 몇 가지 보완하기로 하였다. 그 중 중요한 내용은 다음과 같다.

첫째, 제2장 상담의 단계와 면담 기술, 초기단계에서의 상담자 과제 부분에 내담자의 상태를 정상인과 신경증, 정신증의 상태로 분류하여 소개하였다. 심리상담과 함께 약물과 같은 정신의학적 도움을 필요로 하는 내담자를 적절하게 도와주기 위해서는 이러한 신경증이나 정신증에 대한 기본 지식이 필요하기 때문이다.

둘째, 제2장 상담의 단계와 면담 기술 부분에 초보상담자가 직면하는 문제를 포함시켰다. 학생들이 상담이론을 배우다 보면 방대한 내용에 압도되어 상담을 못할 것 같다는 불안과 두려움의 소리를 듣고 그 부분을 함께 생각해보고 용기를 주기 위해서이다.

셋째, 제3장 상담이론에 아들러의 개인심리학이론과 실존주의상담이론을 첨가하였다. 아들러의 상담이론은 근간에 들어 상담자들이 이 접근으로, 특히 아동 상담을 많이 하고 있고, 실존주의상담은 내담자로 하여금 삶의 의미를 찾도록 도와주는 상담 목표가 현대인에게 필요한 상담이론 중의 하나라고 여겼기 때문이다.

넷째, 제3장 상담이론 부분에서 Ellis의 합리 정서 행동적 상담 뒤에 Beck의 인지이론과 Meichenbaum의 인지행동적 이론을 더하였다. Beck의 인지이론은 현대인의 1/3 이상이 앓고 있다는 우울증 치료에 효과적이라고 보고되고 있다. 또한 많은 사람들이 겪고 있는 스트레스를 좀더 효과적으로 관리하고 예방하는 데 적용할 수 있는 상담이론은 Meichenbaum의 인지행동적 이론으로 알려져 있다. Beck의 이론과 Meichenbaum 이론에 대한 강조가 우울증이나 스트레스에 빠진 내담자를 대하는 현역 상담자나 미래의 상담자에게 도움이 되기를 바란다.

보완할 부분이 많이 있음에도 불구하고 늘 핑계이지만 바쁜 일정으로 충분한 내용을 싣지 못한 것에 이번에도 아쉬움이 남는다. 끝나지 않은 앞으로의 과제로 남기고, 자료수집부터 워드작업까지 열심히 수고해준 대학원생 박미하 선생님에게 고마움을 전한다.

2008년 1월 학산동산에서

한숙자

차 례

제 1 장

전문상담학의 기초

1. 전문상담이란?
2. 전문상담자의 자질
3. 상담의 목표
4. 상담과 생활지도, 정신(심리)치료의 차이
5. 상담의 윤리문제

1 전문상담이란?

요즘 법률상담, 부동산상담, 성형상담까지 상담이라 불리는 것이 상당히 많은데, 모든 상담은 문제해결을 위해 도움을 받으려는 내담자와 그 내담자를 도와주려는 상담자, 그리고 상담자와 내담자가 맺는 인간관계라는 세 가지 요소를 포함한다. 이장호 외(1999)는 이 세 가지 요소들을 포함해서 '상담이란 도움을 필요로 하는 사람(내담자)이, 전문적 훈련을 받은 사람(상담자)과의 대면관계에서, 생활과제의 해결과 사고 · 행동 및 감정 측면의 인간적 성장을 위해 노력하는 학습과정' 으로 정의하고 있다.

박성희(2001)는 상담은 '인격적인 만남을 통해 생활세계 곳곳에서 사람들의 바람직한 변화를 돕는 과정' 이라고 정의하며 상담이 '도움을 주는 과정' 임을 강조한다. 상담이 심리치료나 생활지도 등의 특정분야나 정상인만을 대상으로 한다거나, 치료나 성장 등의 특정목적에 한정되어서는 안 되며, 인간의 변화를 돕는 과정에서 나타나는 모든 형태의 상담은 상담의 영역에 포함시켜야 한다고 주장한다. 법률상담, 성형상담 등의 활동에는 모두 도움을 주는 과정이 포함되므로 넓은 의미의 상담의 정의로 보면 법률가, 성형의사도 모두 상담자 역할을 하고 있는 셈이다.

상담은 확실히 인간으로 하여금 그들의 마음과 행동이 바람직한 방향으로 변화하도록 도와주는 과정을 뜻한다. 그런데 이 책에서 논하고자 하는 것은 모든 상담활동 중에서도 심리적인 문제해결을 원하는 심리상담이다. 또한 사람들이 문제해결을 위해 친구나 부모 등과 상담하는 일반상담이나 일상생활에서 일어나는 생활상담이 아니라, 상담이론과 방법에 관한 체계적인 지식과 훈련을 갖춘 전문가가 상담실이라는 공간 안에서 사람들의 심리적인 문제해결을 도와주는 전문심리상담에 대해서 설명하고자 한다.

2 전문상담자의 자질

주위에서 보면 '저 사람은 천상 타고난 상담자야' 라는 감탄사를 절로 나오게 하는 상담자가 있는가 하면, 한편으로는 '저런 성품의 사람이 내담자를 인간적으로 변화시킬 수 있을까' 라는 의구심을 품게 하는 상담자도 보게 된다.

상담자의 태도란 내담자에 대한 자신의 생각이나 감정을 나타내는 외적 표현을 말한다. 아무리 상담지식으로 무장하여 겉으로는 바람직한 상담자의 태도를 지녔을지라도 내적인 인격이나 성품에서 우러나오지 않는 상담자의 태도는 상담자와 내담자의 질적 인간관계를 맺지 못하게 하고 결국 내담자의 변화를 이끌지 못한다. 또 아무리 인품이 훌륭하다 할지라도 상담에 필요한 전문적인 지식이나 태도를 갖추지 못한다면 효율적인 상담효과를 기대할 수 없다. 따라서 훌륭한 상담자라면 상담이론과 실제에 대한 전문지식과 훈련, 경험과 더불어 상담자로서 적합한 인간적인 태도나 성품을 지녀야 할 것이다.

1) 전문적인 자질: 전문지식과 기술 및 경험

상담이 인간의 변화를 돕는 과정이라면 이러한 과정 중에 나타나는 모든 형태가 상담에 포함되어야 하고, 전문교육을 받고 자격을 갖춘 사람들이 하는 활동만 상담이라고 하는 것은 지나치게 배타적이라는 견해도 있다(박성희, 2001). 그런데 법률상담에서는 법률가가 상담자이어야 하고 성형상담에서는 성형의사가 상담자가 되어야 하는 것과 마찬가지로, 심리적인 문제해결을 원하는 심리상담에서는 상담심리학 분야에 전문적인 지식과 기술, 경험을 갖고 있는 상담자가 상담을 하여야 한다. 주위에서 보면 개인상담이나 집단상담을 받고 나서 상담자의 잘못된 인도로 문제해결은커녕 마음의 상처만 받고 다시는 상담이란 것은 받지 않겠다고 결심하는 사람들도 보게 된다. 이와 같이 필요한 전문지식을 갖추지 않고 전문상담자로서 상담하려는 것은 마치 가짜 의사가 의료행위를 하는 것과 같은 비윤리적 행위라고 볼 수 있다.

전문상담자는 상담이론과 방법에 관한 체계적인 지식을 가지고 있으며 이러한 지식을 상담실습과 훈련지도 과정을 거쳐 자신의 것으로 만든 다음 상담장면에서 실제적으로 적용할 수 있는 사람들이다. 이를 위해서는 정규화된 과정을 통해 상담관련과목들을 이수하고, 인턴십을 거쳐 슈퍼비전을 받으며, 세미나와 워크숍 등에 참가함으로써 자신에 맞는 상담이론과 상담기술을 터득하고 실제적인 경험을 쌓아야 한다.

상담이론과 방법에 대한 전문적 지식 이외에도 당면한 생활상의 과제해결에 필요한 상식을 포함하여 문학, 사회학, 철학, 신학 등 여러 학문에 대한 폭넓은 지식을 갖고 있으면 있을수록 내담자가 호소하는 다양한 문제에 쉽게 접근할 수 있다. 단순히 생활상의 정보제공만 해주어도 내담자의 고민이 해결될 수 있고, 심리문제나 과거를 심층적으로 탐색하지 않더라도 그 시대의 문화와 규범에 맞는 상식적이고 현실적인 해결책이 내담자를 도와줄 수도 있다. 철학, 신학 등 다양한 학문에 대한 폭넓은 지식은 내담자의 가치관이나 신념에 대한 이해를 도울 뿐 아니라 상담자 자신에 대한 객관적 이해를 위해서도 반드시 필요하다.

2) 인성적 자질

학생들에게 상담자는 어떤 모습을 지녀야 하느냐고 물어보면 여러 가지 대답 중에서도 가장 많이 나오는 대답 중의 하나가 상담자는 편안한 느낌을 주는 사람이었으면 좋겠다는 대답이다. 편안한 인상이란 추상적이기는 하지만 남의 이야기를 비판없이 다 받아줄 것 같고 이해해 줄 것 같은 그런 모습을 말할 것이다. 40세가 넘으면 자기 얼굴에 책임을 지라는 말이 있듯이 편안한 인상을 가지려면 인품이나 성격, 세상을 바라보는 태도가 온화하고 따뜻하며 긍정적이어야 할 것이다.

상담자의 성격뿐 아니라 상담자가 보여주는 인간적 태도는 내담자와의 신뢰로운 관계형성에 영향을 미친다. 내담자가 상담자를 신뢰해야만 자신의 문제에 대해 솔직하게 말할 수 있고 자신을 더 깊게 탐색할 수 있어 문제해결에 대한 상담성과를 더 효율적으로 거둘 수 있다. 또한 상담과정을 통해 내담자는 상담자에게 의존하기도 하고 상담자를 본받기도 한다. 이때 상담자가 지닌 가치관이나 대인관계태도, 의식 등은 내담자에게 그대로 전달될 수 있다. 따라서 상담자의 성품, 인간적 태도, 가치관 등은 내담자의 바람직한 변화와 성장에 지대한 영향을 미친다.

상담자가 지녀야 할 인성적 자질에는 흔히 이야기하는 훌륭한 인격이 포함될 것이다. 여기에 덧붙여, 상담은 상담자와 내담자가 맺는 인간관계라는 점 때문에 상담자가 특히 지녀야 할 인성적 자질은 다음과 같다.

(1) 경청과 끈기

상담자가 지녀야 할 인성적 자질에 첫 번째로 포함시키고 싶은 것은 경청과 끈기이다. 상담자가 내담자와 신뢰로운 관계를 형성하기 위한 가장 좋은 방법은 무엇보다 내담자의 이야기를 잘 들어주는 것이다. 상담자가 내담자의 말을 주의깊게 들어주는 모습은 내담자로 하여금 마음이 괴롭고 외로울 때 누군가가 자신과 함께 하고 있다고 느끼게 해준다. 따라서 평소 남의 이야기를 잘 들어주는 사람, 적어도 그러한 마음자세를 지니고 있는 사람은 누구보다 상담자로서 훌륭한 자질을 지닌 사람이라고 할 수 있다.

반면에 남의 이야기를 잘 듣지 못하는 사람을 보면 다른 사람과의 대화에서 주로 자기 이야기만을 하는 것을 볼 수 있다. 이런 사람들의 성격을 보면 대개 자기중심적이고 남에 대한 배려가 부족하다. 이런 사람은 항상 '나' 로 시작되는 주어로 자신의 감정과 생각을 말하느라고 남의 이야기를 듣지 않으며, 또 솔직하다는 것을 내세워 다른 사람에게 말로써 상처를 잘 주는 사람이 되기 쉽다. 이는 솔직한 것이 아니라 자신의 부정적인 감정을 토해내서 스트레스를 해소한다든지 하는 이기적 욕구를 채우기 위한 것으로, 이런 사람에게는 상담보다는 다른 직업을 택하라고 권하고 싶다.

내담자가 여러 가지 문제로 마음이 혼란스러울 때 자신의 마음을 다 토로하고 나면, 상담자가 아무 말 없이 들어만 주어도 마음이 시원해지거나 정리되는 것을 느끼고 자신의 문제가 무엇인지 통찰도 하게 된다. 예를 들어 친구에 대한 미움을 있는 욕을 다해가며 털어놓다 보면, 친구에 대한 미안함도 들고 이성적으로 자신을 돌아볼 수 있게도 된다. 정신치료에서도 중요한 치료법 중의 하나로 환기요법(ventilation therapy)을 사용한다. 이는 환자로 하여금 속시원히 고민사항을 털어놓게 하여 자신 속에 있는 이야기를 다

토해내도록 유도해서 치료하는 방법이다. 혼자 참고 지내던 힘든 감정을 표현하는 것만으로도 상당한 치료효과가 있기 때문에 환자의 하소연을 도중에 방해하지 않고 이해하고 공감하는 자세로 잘 들어주는 것이다. '홧병' 이 있는 우리나라 문화에서는 특히 필요한 방법이라고 하겠다.

그런데 다른 사람의 말을 끈기있게 잘 들어주는 것은 쉬운 일이 아니다. 다른 사람의 말을 끈기있게 잘 들어주려면 인간에 대한 관심과 호기심, 그리고 타인의 삶에 대한 열린 마음이 있어야 한다.

(2) 인간에 대한 관심과 호기심, 그리고 타인의 삶에 대한 열린 마음

다른 사람의 말을 듣기만 하고 이에 대한 말(반응)이 없는 사람은 다른 사람에 대한 관심이 없는 사람이다. 이런 사람은 다른 사람의 이야기를 오랫동안 듣지 못할 뿐 아니라, 듣는 것이 괴로운 일이 되어버린다. 상담을 하다보면 여러 유형의 내담자를 만나게 되고 내담자의 인생관이나 삶의 태도가 상담자의 마음에 들지 않을 때가 종종 있다. 평소 인간에 대한 관심과 호기심을 지닌 사람, 그리고 다른 사람의 삶이 자신의 삶과 다를 수 있음을 인정하고, 누구나 나름대로의 삶을 유지하려고 치열하게 노력해온 점을 존중해 주는, 그러한 열린 마음을 소유한 사람은 이런 내담자로 인해 쉽게 상담에 방해받지 않으며, 끈기있게 경청할 수 있다. 따라서 평소 사람 만나는 것을 좋아하고, 다른 사람의 삶에 관심과 호기심을 지니며, 타인의 삶을 존중해 줄 수 있는 사람은 적합한 상담자의 자질을 갖추고 있는 사람이다.

(3) 공감적 이해, 무조건적 수용과 존중, 진솔한 태도

인간중심상담의 창시자 Rogers는 상담자로서 가져야 할 가장 중요한 태도는 무엇보다도 공감적 이해, 무조건적 수용과 긍정적 존중, 그리고 진실성이라고 하였으며 이 중에서도 상담자의 진실성을 가장 강조하였다.

사람들은 대부분 자신의 이야기를 진지하게 들어주고 자신의 입장에서 생각해주는 사람을 좋아하게 된다. '이런 사람에게는 무슨 이야기를 해도 괜찮구나' 라고 편안함을 느끼면서 자신의 느낌이나 생각을 자유롭게 이야기하게 된다. 하지만 상대방의 이야기를 그대로 받아들이지 않고 매번 부정하거나 평가하는 사람에게는 이야기하고 싶은 마음이 사라져버리고 해야 할 말을 잃은 채 더 이상 대화를 지속하기 어렵게 만든다. 상담에서 내담자가 자신의 느낌이나 생각을 자유롭게 이야기하지 못한다면 상담자뿐 아니라 내담자도 자신의 실제 모습을 볼 수 없게 되고, 상담은 그 의미를 상실하게 된다.

다른 사람의 말을 경청할 때 말하는 사람의 입장에서 들어주고 이해해주며, 비판없이 일단 들어주고, 듣는 동안 마음속으로 느끼는 그대로 표현해주는 태도를 지닌 사람은 좋은 상담자의 자질을 지닌 사람이다. 자신의 입장을 상담자가 공감적으로 이해해주고, 자신의 삶을 비판없이 상담자라는 타인에게 일관되게 수용되는, 즉 이해와 수용의 과정에서 상담자의 속마음과 겉으로 표현된 행동이 일치하는 진실된 모습을 보게 되면 내담자도 결국 자신의 진실한 모습을 보게 되고 이해하게 된다. 상담자라는 타인의 수용을 통해 내담자도 자신의 부정적인 면과 긍정적인 면을 모두 받아들여, 자아를 수용하게 됨으로써 변화와 성장을 하게 된다.

(4) 삶에 대한 긍정적 태도, 건전한 가치관, 건강한 정신

Patterson(1989)에 의하면 상담자는 상담목표나 그 상담목표를 달성하기 위한 과정을 통해서 자신의 가치관을 내담자에게 전달하게 된다. 상담자의 가치관이란 바람직한 내담자의 모습 혹은 건강하게 사는 사람의 모습은 이래야 한다라는 상담자의 관점이다. 따라서 상담자의 삶에 대한 긍정적인 태도와 건전한 가치관, 건강한 정신은 내담자의 바람직한 변화와 인간적 성장을 위해 매우 중요하다.

'인간은 믿을 수 없는 존재' 라고 생각하는 상담자는 내담자로 하여금 세상과 사람에 대해 믿음을 회복하도록 도울 수 없다. 자신의 여러 가지 부정적인 경험으로 인해 '이성간에 관한 한 사랑은 없다' 라고 확신하는 상담자는 내담자로 하여금 진정한 사랑의 의미를 찾도록 도와줄 수 없다.

상담자가 되려면 정신적으로 건강한 사람은 어떤 사람인지에 대한 바른 관점을 가지고 있어야 한다. 세계보건기구(WHO)는 넓은 의미에서 건강이란 신체적으로, 정서적으로, 사회적으로 편한 상태라고 했다. 정신의학적으로 건강한 성인이란,

첫째, 분명한 자기정체성을 지니고 있어 인생의 목표를 자율적으로 추구해 갈 수 있는 사람이며,

둘째, 현실이 괴로울지라도 이를 수용할 뿐 아니라, 환경의 변화를 잘 수용하고 적응

하는 능력이 있으며,

셋째, 대인관계 면에서는 상대방의 입장에서 생각할 줄 알고, 상대방의 요구를 이해할 수 있어서, 대인관계를 지속적으로 유지할 수 있으며,

넷째, 만족스러운 이성관계를 유지할 수 있는 사람이며,

다섯째, 또한 자신의 능력의 한계를 현실적으로 받아들이며,

여섯째, 직업적응을 잘 하고 자신의 능력의 실현을 통한 성취감을 갖고 있는 사람이다.

정신의학에서는 성인인데도 위와 같은 모습을 지니지 못하고 미성숙한 행동을 하는 사람을 비정상으로 보고 있다. 하지만 정상과 비정상이 극단적으로 대치하는 뚜렷한 경계선이 있는 것은 아니다. 정상과 비정상은 어느 시점에서 한 개인이 얼마나 미숙하고 비합리적이며 비효과적이고 바람직하지 못한 행동을 보이고 있느냐 하는 '정도의 차이'로 구분하는 것이 더 적절하다(대한신경정신의학회 편, 1997).

김계현(1995)은 정상과 비정상을 구분하는 준거를 다음과 같이 정리하고 있다.

첫째, 통계적 준거로서 평균으로부터 얼마나 일탈하였는가를 기준으로 이상(異常)을 구분한다. 그 예로서 지능이 평균보다 현저하게 일탈된 경우를 정신지체라고 부른다.

둘째, 사회문화적 준거로서 그 시대와 사회의 문화와 규범에 비추어 행동이 얼마나 일탈되었는가를 기준으로 한다. 예를 들어 한국 부모의 자녀에 대한 체벌이 미국에서는 같은 수준이라도 아동학대로 비춰지고 이웃에 의해 경찰에 고발될 수 있다

셋째, 행동의 적응성 준거로서 개인의 행동이 그 개인과 집단, 사회의 복지와 안전에 나쁜 영향을 줄 때 그 행동을 부적응적 행동이라고 하여 정상으로부터 구분한다. 예를 들어 남에게 폭력을 가하거나 해를 입히는 행동은 타인의 안전과 복지에 지장을 준다는 점에서 부적응적 행동으로 본다.

넷째, 개인적 고통의 준거로서 개인이 경험하고 있는 심리적·신체적 고통의 정도가 얼마나 심한가에 따라 정상과 이상을 구분한다. 불안이나 우울 등을 느끼는 개인은 남이 보기에는 그 정도가 약해 보이더라도 당사자는 매우 고통스러울 수 있다. 건강염려증을 비롯한 신체화 장애들은 바로 개인적 고통의 준거에 의해서 이상으로 구별되는 경우이다.

상담자는 정신적으로 건강한 사람은 어떤 사람인지 위에서 열거한 기준들을 참고해야 하고 자신 또한 정신적으로 건강함을 유지하는지 항상 염두에 두어야 할 것이다.

(5) 자기에 대한 이해와 수용

타인에 대한 이해와 수용은 자기에 대한 이해와 수용으로부터 온다. 상담자는 자신을 이해할 수 있는 만큼만 내담자를 이해할 수 있고 자신의 문제를 해결할 수 있는 만큼만 내담자 문제를 해결할 수 있다(이장호 외, 1999). 자신이 인간으로서 겪을 수 있는 여러 가지 문제들에 대해 자유롭지 못하고 열등감을 극복하지 못하는 한 내담자를 돕는 데 한계를 지닐 수밖에 없다. 따라서 상담자는 자신의 개인적 갈등을 긍정적으로 극복하고 이를 치료적으로 활용할 수 있을 만큼 심리적으로 안정되어 있어야 한다. 그렇다고 상담자는 다른 사람을 상담하기 전에 갈등을 지니지 말아야 한다는 것은 아니다. 사실 갈등이 없는 사람은 없을 터이고, 만약 갈등이 없는 사람이 있다고 할지라도 이런 사람은 경험이 없어 다른 사람의 갈등을 이해하는 데 힘이 들지도 모른다. 상담자는 자신의 갈등이 무엇이며 적어도 그 갈등이 상담과정에서 내담자에게 미치는 영향에 대해 인식은 하고 있어야 한다(Corey, 현명호 · 유제민 역, 2001). 예를 들어 성적인 갈등을 지니고 이에 대해 나름대로 해결을 하지 못한 상담자는 내담자의 호소문제 중에 성적인 부분이 중요함에도 불구하고, 상담에서 다루고 싶지 않아 내담자가 성적 문제에 대해 이야기하면 부지불식간에 화제를 돌리거나 회피해서 결국 내담자로 하여금 중요한 문제를 탐색할 기회를 놓치게 만든다.

자기에 대한 이해와 수용을 위해서는 개인상담이나 집단상담, 심리검사 등을 받는 것이 좋다. 전문상담자가 될 사람은 반드시 자신부터 상담을 받아 볼 필요가 있다. 이는 자신에 대한 이해와 수용을 도울 뿐 아니라 내담자가 되어보는 경험을 통해 내담자의 입장을 이해할 수 있고 따라서 상담자로서 해야 할 자세 등을 좀더 잘 이해할 수 있게 된다.

자기이해와 수용을 돕는 방법 중의 하나는 타인이라는 거울을 통해 자신을 비춰보는 것이다. 평소 가족이나 친구, 동료 등 주위사람이 자신을 어떻게 대하며 또 어떻게 이야기하는지 등을 잘 생각해봄으로써 자신을 이해할 수 있다. 외부세계와 통하지 않은 자기세계와 자기애에 빠진 사람은 공주병 증상을 나타내는 등 정신적으로 건강한 사람이 되기 어렵다.

명상이나 책을 통해 자신을 이해할 수도 있다. 무엇보다 중요한 것은 자기에 대한 이해를 위해 끊임없이 노력한 다음, 자신에 대한 필요 없는 부정적인 생각을 버리고 자신을 있는 그대로 받아들이며 자신의 삶 중에서 의미를 발견할 수 있어야 한다. 즉 자신에 대해 긍정적이고 왜곡됨이 없어야 진정으로 다른 사람을 인정하고 받아들이며 이해할 수 있다는 점이다. 예를 들어 유머는 여러 상담이론가들이 주요한 기법으로 내세우고 있고, 하나의 중요한 인성적 자질로 꼽기도 하는데, 유머는 자기에 대한 이해와 수용을 통해 인생과 삶에 대해 긍정적 사고방식을 갖고 있어야 지닐 수 있는 것이다.

이외에도 상담자의 자질에는 많은 것이 포함될 수 있다. 상담을 배우는 사람이나 현재 상담활동을 하고 있는 사람 모두 상담자로서 어떤 전문적 자질과 인성적 자질을 갖추어야 하는지를 항상 염두에 두어야 할 것이다.

상담자가 지녀야 할 전문적 자질과 인성적 자질에 대해 논의하다보면 완벽한 사람만이 상담할 수 있지 않을까 하며 자신 없어하는 학생들도 있다. 특히 초보상담자들은 대부분 자신이 상담을 잘 이끌 수 있을까 불안해하기 쉬운데 상담자가 지녀야 할 전문적 자질과 인성적 자질을 강조하는 것은 항상 이것을 마음에 두고 실천하려고 노력하라는 것이지, 여기에 압도되어 상담자체를 미리 포기하라는 것은 아니다. 앞에서도 언급하였지만 마음속에 분노와 미움, 슬픔 등으로 혼란스러울 때 누군가 이야기를 들어주는 것만으로도 문제의 50%는 어느 정도 해결될 수 있다. 따라서 상담자가 내담자의 이야기를 들어주고 내담자와 함께 있다는 것만으로도 상담자 역할의 반은 하였다고 할 수 있다. 그리고 마음을 다해서 도와주려고 하는 초보상담자의 마음은 내담자에게 그대로 전달되어서 내담자를 감동시킨다. 이러한 초심자의 마음과 태도는 지식, 훈련과 경험으로 어떤 내담자든지 문제를 해결하도록 도울 수 있다는 노련한 상담자의 마음보다 훨씬 더 도움을 줄 수도 있다.

상담자는 자신이 지녀야 할 전문적 자질과 인성적 자질에 대해 항상 검토하는 자세가 필요하다. 학회에서의 발표나 정기간행물, 새로 나온 문헌 등을 통해 최근의 경향과 새로운 지식을 얻도록 노력하여야 하고 인성적인 면이 느슨해지지는 않았는지 검토하는 것이 필요하다. 초보상담자들이 상담경험을 쌓다보면 상담을 처음 시작할 때의 마음은 잊어버리고 타성에 젖거나 어떠한 내담자의 문제도 해결하고 도와줄 수 있을 것 같은 자만심을 갖기도 한다. 때로는 상담이 몇 번 실패로 돌아갔다고 느끼면 자신은 내담자를 도와주지 못한다는 무력감에 빠질 수도 있다. 자만심이나 무력감 모두 상담에는 해가 되는 것으로 상담자로서는 조심해야 할 일이다. 이를 방지하기 위해 상담자는 상담이론과 방법에 관한 지식뿐 아니라 자신의 기본적인 신념과 행동양식, 인간적 태도 등을 항상 검토하고 성찰하는 자세가 필요하다. 또한 그 시대와 문화에 맞는 정신적으로 건강한 사람은 어떤 사람인지, 자신은 정신적으로 건강함을 유지하고 있는지도 숙고해야 할 것이다.

3 상담의 목표

상담이론이나 상담기술은 다양하지만 모든 상담의 목적은 일차적으로 내담자의 심리적 갈등이나 문제증상을 덜어주어 현재 직면하고 있는 문제를 해결하는 데에 있다. 그리고 궁극적으로는 내담자의 마음과 행동에 긍정적인 변화를 가져오고, 내담자의 가능성과 잠재력을 드러내게 해서 인간적 발달과 인격적 성숙을 이루도록 하는 데 있다.

최근의 상담목적은 이와 같이 당면한 문제해결과 치료에서 나아가 문제의 예방과 인간적 발달과 성숙에 더 초점을 두고 있다. 감기에 걸리면 감기약을 먹어 일단 감기증상을 덜어주어야 하고, 이보다 감기에 걸리지 않도록 평소 스트레스 관리나 체력단련 등을 하는 것과 마찬가지라고 하겠다.

상담의 목적이 교정이나 치료에서 더 나아가 예방과 성장, 발달에 초점을 맞추려면 상담의 영역도 개인에서 가정, 조직체, 지역사회로까지 그 영역을 넓혀야 한다. 상담방법도 개인상담과 더불어 집단상담을 통한 교육이나 훈련, 또는 사이버상담 등 각종 매체의 이용에 이르기까지 다양화시켜야 한다(홍경자, 2001).

예를 들어 결혼상담이라 하면 미혼의 남녀를 중매하는 것으로 생각하기 쉬운데, 결혼상담은 남녀가 결혼하기 전에 남녀의 심리적 차이와 성적(性的) 차이에 대한 이해, 결혼생활을 잘 유지하기 위한 태도와 방법 등에 대해 상담하는 것이어야 한다. 현재 우리나라의 이혼율이 세계 2, 3위라고 할 때, TV 매체를 통해서나, 지역의 상담기관이나 종교기관 등에서 개인상담이나 집단프로그램 등을 통해 결혼상담을 한다면 결혼 후의 갈등을 미리 예방할 수 있어 이혼율을 조금이라도 낮출 수 있거나, 적어도 좀더 원만한 결혼생활을 할 수 있도록 도울 수 있을 것이다.

필자는 청소년시기에 시간관리를 잘 할 줄 몰라 방학이 되면 권태 때문에 괴로움을 겪기도 하였다. 또한 진로를 결정한다든지 인생의 중대사를 결정할 때마다 지나치게 많은 것을 고려하느라고 결정하는 데 어려움과 갈등을 겪었다. 청소년시기에 권태를 해결하는 방법이나 의사결정하는 능력 등을 상담프로그램을 통해 미리 탐색했더라면, 인생의 아픔을 덜 겪고 더 성숙할 수 있지 않았을까 생각할 때가 있다.

4 상담과 생활지도, 정신(심리)치료의 차이

상담관련 학자들은 상담과 생활지도, 정신치료의 유사점과 차이점에 대해 설명하면서 상담의 영역을 구축하려고 노력하였다. 그것들을 정리하면 다음과 같다.

상담과 생활지도의 비교에서 우선 생활지도(guidance)는 상담, 심리검사, 교육지도, 직업지도, 여가선용지도, 학생이해활동, 정보제공 등 학생들의 생활전반에 도움을 주는 교육적 봉사활동이다. 상담은 생활지도를 구성하는 하나의 하위활동이지만 중핵적 영역을 차지한다.

생활지도는 주로 교육학적 배경에서 발달했고 상담은 교육학 이외에도 심리학, 사회학, 문화인류학, 철학, 종교학 등이 통합하여 생성된 학문이다. 활동무대도 생활지도는 주로 학교장면에서 이루어지고, 상담은 학교뿐 아니라 일반사회 상담기관, 의료기관 등 다양한 곳에서 이루어지고 있다. 관심의 초점이 생활지도는 생활전반에 초점을 맞추지만 상담은 개인의 내면세계에 더 초점을 맞춘다. 담당하는 사람도 생활지도는 학급담임, 교과지도교사, 상담지도교사 등 교육자라면 누구나 할 수 있지만 상담은 전문상담자만이 수행한다는 것이다.

상담과 정신치료(또는 심리치료)의 비교에서 상담과 정신치료 모두 개인이 생활하며 겪는 적응상의 심리적인 문제를 해결하도록 도와주는 전문적인 일이라는 점에서는 공통점이 있다. 하지만 상담은 당면한 문제해결과 더불어 예방적 · 발달적 관점을 가지고 환경에 적응할 개인의 잠재적 능력을 최대한 발휘할 수 있도록 돕는 것이 목적인 반면, 정신치료는 정서적 장애나 심각한 이상행동의 치료와 교정에 중점을 두고 있다. 따라서 상담의 대상은 비교적 정상적인 개인이지만, 정신치료의 대상은 심리적 질환이나 이상상태를 지닌 개인이다. 예를 들어 정신치료에서는 도움을 받으러 온 사람을 보통 환자라고 하고, 상담에서는 내담자라고 부른다.

정신치료는 기본적으로 의학에 근거를 둔 접근이며 질병의 근본적인 원인 제거에 초점을 둔다. 따라서 과거와 무의식을 많이 다루고 대개 장기간이 소요된다. 상담은 반면에 주로 현재적 · 의식적 자료 즉 자기가 알고 있는 일을 다루기 때문에 비교적 단기간이 소요된다.

박성희(2001)는 위와 같은 상담과 심리치료, 생활지도의 영역에 대한 논의는 잘못된 것임을 지적하면서 상담은 인간변화의 과정에 관한 모든 활동을 말하기 때문에 상담하는 과정이 빠진 상태에서 생활지도와 심리치료는 가능하지 않으며, 상담은 반드시 활용되어야 할 필수 수단이라는 것이다. 상담은 인간변화를 돕는 과정에서 생활지도와 심리치료의 중간과정에 개입하는 활동이며, 생활지도와 심리치료는 상담을 근거로 하는 활동의 한 유형임을 강조하고 있다.

5 상담의 윤리문제

상담의 윤리문제에 관해서는 미국의 경우 미국상담협회에서 윤리강령 및 실천규범을 공포하고 있다. 한국의 경우에는 1980년 제15차 한국 카운슬러 연차대회에서 한국 카운슬러 윤리요강이 공포된 후 아직까지 큰 변화는 없었다고 보고되고 있다(김은희, 1991). 상담윤리강령에 명시된 내용은 상담자가 절대로 해서는 안될 극단적인 행동들을 부각시켜 내담자에게 치명적인 피해를 주는 것을 방지하기 위함이다. 윤리강령에서 언급된 문제 이외에도 상담하는 가운데 상담자는 다양한 윤리문제와 부딪히게 된다. 따라서 상담자는 내담자에게 피해를 주지 않기 위해 지켜야 할 윤리적 문제가 무엇인지 평소 항상 자각하고 있어야 한다.

상담자가 상담상황에서 고려해야 할 중요한 윤리문제는 다음과 같다.

1) 철저한 비밀보장과 비밀보장의 예외

상담을 받으려고 할 때 제일 먼저 떠오르는 생각 중의 하나는 상담자가 과연 해결해 줄 수 있을까와 내 문제가 상담자 아닌 다른 사람에게 알려지지 않을까, 또는 상담을 받았다는 사실이 언젠가는 나에게 해로운 일이 되지 않을까 하는 등의 염려이다. 상담에 있어서의 비밀보장 문제는 가장 기다린 윤리적인 문제일 것이다.

정원식 외(1999)는 비밀보장 문제는 상담자가 판단할 것이 아니라 내담자 자신이 결정해야 할 문제라고 하였다. 즉 상담자는 내담자의 허락 없이는 내담자에 관한 어떤 정보도, 예를 들어 상담을 받았다는 사실조차도 다른 사람에게 노출해서는 안된다고 강조한다.

상담자가 철저하게 내담자에 관해 비밀을 보장할 책임이 있지만 비밀보장 원칙이 예외가 되는 경우도 있다. 첫째는 내담자가 자신의 생명을 위협할 가능성이 있다고 판단되는 경우, 둘째는 내담자가 타인의 생명을 위협할 가능성이 있다고 판단되는 경우, 셋째는 연소자가 어떤 형태로든 학대를 받고 있다는 사실이 보고되는 경우다. 이러한 경우 불가피하게 비밀보장 원칙을 준수할 수 없음을 상담초기, 예를 들어 상담에 대한 안내를 할 때 미리 내담자에게 알려줄 책임이 있다. 이때 상담자가 말로 설명할 수도 있지만 이런 내용을 적은 서면으로 알려줄 수도 있다. 어쨌든 이러한 비밀보장의 한계를 내담자에게 알려주면 내담자가 자신에게 불리한 내용을 말하지 않을 것이라는 염려가 있을 수 있겠지만 이렇게 함으로써 내담자의 권리, 상담자의 한계와 책임이 분명해질 수 있는 것이다.

상담내용이 공개되는 경우도 있는데 사례발표 등 연구용으로 사용될 경우이다. 이때에는 내담자의 동의를 얻은 후 상담내용을 녹음하거나 공개해야 하고 내담자가 동의했다고 할지라도 내담자의 신분이 노출되지 않도록 최대한의 노력을 기울여야 한다. 예를 들어 상담내용을 녹음할 때 내담자가 어느 부분만은 녹음되지 않기를 바란다면 연구용이라도 그 부분은 녹음되지 않아야 하고, 사례발표 때 가명을 쓰더라도 내담자의 본 이름과는 전혀 다른 것을 사용한다든지 해서 내담자에 대한 비밀이 철저하게 보장되어야 한다.

비밀보장을 위해 내담자에 관련된 정보를 보관하거나 처분할 때에도 소속기관의 방침에 따라 하여야 하고 모든 상담기록 및 서류에 관한 보관도 제3자가 접근할 수 없는 안전한 곳에 해야 한다.

2) 상담자로서 전문적인 능력 갖추기

전문상담자는 전문상담자로서 갖추어야 할 상담이론과 방법에 대한 체계적 지식과 충분한 상담실습 훈련경험을 갖고, 유능하게 내담자의 문제해결을 도와야 한다. 또한 전문가로서 성장하기 위해 항상 새로운 지식을 습득하거나 상담기술을 연마해야 한다. 유능하지 못한 상담자는 내담자의 시간과 비용을 낭비하고 때로는 상담을 통해 내담자를 도와주기는커녕 내담자에게 오히려 상처를 주기도 한다.

상담자는 자신의 한계성을 알고 내담자의 문제가 능력 밖이라고 여겨질 경우에는 다른 기관이나 상담자에게 의뢰해야 한다. 한 상담자가 사례발표에서 100회기가 넘게 대학생 내담자와 상담한 내용을 보고하였다. 100회기가 넘도록 상담을 해준 상담자의 끈기에는 감복하지만 관계망상, 정신분열 증세까지 보이는 내담자를 상담자의 열성만 갖고 붙잡고 있지 말고 강도 높은 정신치료를 받게 했더라면 좀더 빠른 상담성과가 있지 않았을까, 그래서 상담기간도 훨씬 단축되지 않았을까 하는 의견들이 그 사례발표장에서 오갔었다. 상담자가 내담자의 모든 영역의 문제를 다 다룰 수 있는 것은 아니다. 상담자가 내담자의 모든 문제를 다룰 수 있을 만큼 유능해지도록 최선의 노력을 다해야겠지만, 내담자의 문제에 좀더 적합한 다른 전문상담자를 소개하는 것도 상담자의 전문적인 능력이라고 할 수 있다.

3) 내담자와 적절한 관계 유지

상담자가 내담자와 적절한 관계를 유지하려면 내담자와 심리적인 거리를 잘 유지해야 한다. 내담자와 심리적인 거리를 잘 유지하려면 상담자가 내담자와의 어떤 성적(性的)인 관계, 사회적 · 경제적 관계 등을 맺지 않도록 조심해야 한다.

내담자와의 성적인 관계는 특히 상담유리에 벗어난다. 미국상담협회 유리강령에는 현재의 내담자는 물론 과거의 내담자라도 그 내담자와 상담을 종결한 후 최소한 2년이 지나기 전에는 내담자와 성적 관계를 가져서는 안된다고 구체적으로 명시하고 있다. 외국의 보고에 의하면 이성 상담자와 성관계를 가진 내담자들은 상담자를 불신하게 되고 죄의식, 수치심 등으로 자살, 우울 등 여러 가지 심각한 증세를 나타내고 부정적 영향을 받는다고 한다. 성에 관한 필름이나 테이프 등, 성에 관한 자료를 사용할 때도 반드시 필요하다고 전문가적인 판단을 내린 경우에만 활용해야 한다.

상담자가 내담자와 상담 이외의 다른 종류의 관계, 예를 들어 사회적 · 경제적인 관계도 맺지 않도록 조심해야 한다. 언젠가 사례발표에서 한 내담자가 이전 상담자에게 돈을 빌려주었으나 받지 못했다고 새로운 상담자에게 하소연한 내용이 발표된 적이 있었다. 사례발표를 들으면서 그런 일도 있었을까 반신반의하였지만 진위여부를 듣지는 못했다. 어쨌든 상담자와 내담자가 객관적 거리를 유지하기 위해서는 절대로 그런 일은 없어야 할 것이다.

상담을 하다보면 상담자와 가까운 친구나 친지들이 상담하기를 원하는 경우가 종종 있다. 이런 경우에도 내담자와 객관적인 심리적 거리를 유지하기 어렵기 때문에 가능한 한 다른 상담자를 의뢰해 주는 것이 좋다.

4) 상담에 심리검사를 활용할 때의 윤리적 문제

내담자의 문제를 진단할 때 좀더 객관적인 정보를 얻기 위해 심리검사를 활용한다. 그런데 내담자의 호소문제를 탐색하기 전에 무조건 심리검사를 실시하려 한다던가 또는 꼭 바테리검사(종합검사)를 실시하려는 기관이 있다. 심리검사를 받는 비용이 내담자에게는 상당한 부담이 될 수 있고 무엇보다 심리검사를 받는다는 것 자체만으로도 내담자에게는 긍정적이든지, 부정적이든지 심리적으로 큰 영향을 주게 된다. 따라서 내담자의 문제를 진단하기 위해 반드시 필요하다고 여겨지는 경우에만 심리검사를 실시해야 하고, 실시절차나 특히 해석과 진단평가에 있어 세심한 주의를 기울여야 하며 검사결과에 지나치게 의존하지 않아야 한다. 상담에 심리검사를 활용할 때의 주의사항을 구체적으로 열거하면 다음과 같다(한국교육심리검사총람, 1995).

첫째, 심리검사에 대한 전문적 지식과 훈련을 쌓은 사람이 표준화된 절차에 따라 실시해야 한다.

둘째, 심리검사를 선택할 때 실시목적에 맞고 실시대상에게 적당한 것을 선택해야 한다.

셋째, 심리검사의 해석과 결과의 활용에 유의해야 한다. 검사결과 숫자의 의미를 잘못 해석해서는 안되며, 수치만 가지고 내담자문제를 평가해서도 안된다. 내담자에게 검사결과를 알릴 때도 단순히 결과수치만을 알리지 않고 내담자가 이해할 수 있도록 면담 등을 통해 충분한 설명을 해야 한다. 해석할 때 내담자로 하여금 검사점수에 대한 지나친 기대나 신뢰를 갖지 않도록 하고, 검사점수는 하나의 자료로서 추가적인 다른 자료와 함께 해석되도록 하며 결정적 정보라고 생각하지 않도록 해야 한다.

넷째, 한 개인의 검사결과는 비밀보장이 되도록 기록, 보관 등에 유의해야 한다.

다섯째, 보호자의 결정이 요구되는 초등학교 저학년의 경우에는 보호자로부터 허락을 받아 실시해야 한다.

여섯째, 내담자가 원하지 않을 때는 검사를 강제적으로 실시할 수 없는 내담자의 거부권도 인정해 주어야 한다.

제 2 장

상담의 단계와 면담기술

1. 상담의 초기단계와 면담기술
2. 상담의 중기 · 후기단계와 면담기술
3. 상담의 종결단계와 상담자과제
4. 초보상담자가 직면하는 문제

각각의 상담이론들이 가지는 인간에 대한 관점, 상담목표, 구체적 상담기법 등이 다르더라도 상담의 진행과정은 일반적으로 초기, 중기 · 후기, 종결단계로 나눌 수 있다. 각 단계마다 상담자가 고려해야 할 여러 가지 공통적인 사항들이 있는데 각 단계에서 나타날 상담의 특성과 상담자과제 등에 대해 알고 있으면 상담을 좀더 효율적으로 이끌 수 있고 나아가 좀더 나은 상담성과를 거둘 수 있다.

상담은 상담자와 내담자의 만남에 의해 이루어지는데 한 번의 만남, 즉 면담을 회기라고 부르기도 한다. 상담은 보통 1회기에 50분 정도 소요되는데 내담자와 상담자 모두 집중하기 적당한 시간의 양을 50분 정도로 잡고 있다. 아동과 면담을 하는 경우 아동의 집중력은 성인보다 짧기 때문에 30분 정도의 시간이면 적당하다. 상담의 전체 회기는 내담자 문제의 성격, 상담자의 이론적 접근, 상담자와 내담자의 상황 등에 따라 달라질 수 있다. 대체로 5~6회기에서 20여 회기에 이르는 것이 보통이며, 정신분석적 상담의 경우 몇 년에 걸쳐 상담이 진행되기도 하고, 내담자의 문제가 정보제공만으로 해결될 때는, 단일회기로 상담이 끝날 수도 있다.

상담의 단계를 여기서는 초기, 중기, 후기와 종결단계로 나누고 각 단계에 따른 상담특성과 상담자과제, 이에 따른 일반적 면담기술을 설명하고 있다. 하지만 각 단계가 명확하게 구분되는 것은 아니다. 예를 들어 상담초기에 상담자와 내담자의 신뢰로운 관계형성에 필요한 공감적 이해, 진실성과 같은 상담자의 태도는 상담초기뿐 아니라 상담의 전체 단계에서 나타나야 한다. 또한 상담초기에 설정한 상담목표는 상담이 진행되면서 수정될 수 있고, 변화하고자 하는 새로운 행동의 계획과 실천은 상담중기와 후기뿐 아니라 종결까지도 이어질 수 있다. 상담후기 단계에서도 상담초기에 행해지는 상담진행에 대한 안내와 설명 등의 구조화가 필요하다면 다시 이루어져야 한다. 따라서 상담의 단계에 따른 상담특성과 상담자과제, 면담기술 등은 대략적인 구분으로 이해되어야 할 것이다.

1 상담의 초기단계와 면담기술

상담의 초기단계는 상담자와 내담자의 첫 면담에서부터 이후의 몇 번의 면담을 가리킨다. 상담자와 첫 면담이 이루어지기 전에 접수면접자가 따로 있어 접수면접자가 내담자를 먼저 만나기도 하는데, 모든 상담기관이 접수면접을 하는 것은 아니고 대체로 규모가 큰 상담기관에서 주로 한다. 우리나라 문화에서는 내담자가 접수면접자를 만나지 않고 바로 상담자와 만나는 것을 더 편안해할 수 있으므로, 접수면접을 하지 않고 상담자가 바로 면담을 시작하는 것이 좋다고 제안하기도 한다. 하지만 여러 명의 상담자가 있는 기관에서 접수면접을 거치지 않고 바로 상담자가 면담으로 들어가면 오히려 번거로울 수 있기 때문에 접수면접을 하되 접수면접자가 내담자를 편안하게 한다는 등의 사항을 잘 지키는 것이 필요하다고 하겠다. 접수면접자도 상담자와 마찬가지로 상담분야의 교육을 받고 실무경력이 있는 사람이 담당해야 한다.

1) 접수면접

상담자가 내담자를 만나기 전에 내담자에 대해 어느 정도 사전정보를 갖고 만나면, 상담에 도움이 될 수 있다. 내담자에 대한 선입견을 갖지 않기 위해 내담자에 대한 사전정보를 원하지 않는 상담자도 있지만, 상담자 자신이 선입견을 갖지 않도록 노력한다면 내담자에 대한 구체적인 사전정보를 많이 갖고 있을수록 상담에 도움이 된다.

접수면접자가 접수면접지나 상담신청서 등을 통해 얻을 수 있는 사전정보에는 내담자에 대한 기본정보, 내담자의 호소문제, 내담자의 현재와 최근 1년간의 주요기능 상태, 내담자가 생각하는 스트레스를 주는 사건이나 인물, 내담자를 도울 수 있는 사회적 · 심리적 자원, 내담자의 외모 및 행동, 면접자의 소견 등이 있다.

접수면접시의 주의사항은 먼저 내담자를 편안하게 해주는 대화로, 예를 들어 날씨 이야기 등으로 시작한다. 접수면접자는 내담자의 상담을 받는 것에 대한 불안, 낙인이 찍힐지도 모른다는 염려 등을 충분히 인식하고 있어야 한다. 따라서 접수면접자는 내담자를 도와줄 수 있는지의 여부와 적당한 상담자 배정을 위해 접수면접을 하는 것이라고 접수면접의 목적과 내용을 알기 쉽게 설명해준다.

상담이나 치료의 경험을 묻고 내담자가 문제해결이나 변화에 희망을 갖도록 한다. 또한 상담의 성격이 위기상황인지 판단하기 위해 자살의 가능성 또는 타인에게 해를 가할 가능성 등에 대해 질문을 한다. 이러한 내용은 직접 질문해서 얻을 수도 있지만 보통 접수면접지를 작성하게 함으로써 알아볼 수 있다. 처음 상담기관을 방문했을 때의 외모 및 행동에 대해 관찰하는 것도 내담자의 문제를 평가하는 데 중요한 단서가 될 수 있다. 예를 들어 기본적인 일상생활을 유지하는 데 필요한 최소한의 겉모습도 갖추고 있지 않다면 심한 우울증이나 정신병 등을 의심해 볼 수도 있기 때문이다. 상담기관에서 사용하는 접수면접지의 예는 [표 2.1]과 같다.

[표 2.1] 상담신청서

안녕하십니까? 저희 센터에 오신 것을 진심으로 환영합니다. 효과적인 상담을 위해 아래 내용을 잘 읽어보신 후 기록해 주시면 대단히 감사하겠습니다.

접수번호 : 접수일 : 년 월 일

<table>
<tr><td colspan="2">성 명</td><td></td><td>성별</td><td>남</td><td>여</td><td>주민등록번호</td><td></td></tr>
<tr><td colspan="2">현 주 소</td><td colspan="4"></td><td>자택전화번호</td><td></td></tr>
<tr><td colspan="2">직 업</td><td colspan="4"></td><td>직장전화번호</td><td></td></tr>
<tr><td colspan="2">결혼상태</td><td colspan="4">· 기혼 · 미혼 · 이혼 · 기타 ( )</td><td>최종학력</td><td></td></tr>
<tr><td colspan="2">병 역</td><td colspan="4">· 필 · 면제 · 의병제대</td><td>종 교</td><td></td></tr>
<tr><td colspan="2">오게 된 경로</td><td colspan="6"></td></tr>
<tr><td colspan="2">상담 경험</td><td colspan="6">· 있다 [기관명 : 기간 : 담당치료자명 :]
· 없다 ( )</td></tr>
<tr><td colspan="2"></td><td>성 명</td><td>관 계</td><td>연 령</td><td>직 업</td><td>학 력</td><td>종 교</td></tr>
<tr><td rowspan="5">가족관계</td><td>1</td><td></td><td></td><td></td><td></td><td></td><td></td></tr>
<tr><td>2</td><td></td><td></td><td></td><td></td><td></td><td></td></tr>
<tr><td>3</td><td></td><td></td><td></td><td></td><td></td><td></td></tr>
<tr><td>4</td><td></td><td></td><td></td><td></td><td></td><td></td></tr>
<tr><td>5</td><td></td><td></td><td></td><td></td><td></td><td></td></tr>
<tr><td colspan="2">주거상황</td><td colspan="6">· 자택 · 전세 · 월세 · 친척집 · 하숙 · 자취 · 기숙사 · 기타 ( )</td></tr>
<tr><td colspan="2">생활정도</td><td colspan="6">월수입 · 100만원 이하 ( ) · 100~200만원 ( )
· 200~300만원 ( ) · 300만원 이상 ( )</td></tr>
<tr><td colspan="2">원하는 상담내용</td><td colspan="6">[원하시는 모든 곳에 ○표 하십시오]
· 성격문제 · 교우문제 · 이성교제 · 대인관계 · 부부갈등 및 배우자학대
· 고부갈등 · 부모교육 · 아동정서장애 · 성학대 · 자녀문제 및 학교부적응
· 알코올 및 마약 문제 · 기타 ( )</td></tr>
<tr><td colspan="2">현재 본인이 느끼는 어려움</td><td colspan="6"></td></tr>
<tr><td colspan="2">비 고</td><td colspan="6"></td></tr>
</table>

나우리정신건강센터

2) 상담자와 내담자의 첫 면담

상담자와 내담자의 첫 만남은 앞으로의 상담을 좌우할 수도 있을 만큼 중요하다. 상담하러 온 내담자는 대개 문제해결에 대한 기대와 함께 한편으로는 긴장하고 불안해 하기도 한다. 상담이 잘 될까 또는 상담하러 왔다고 뭔가 크게 잘못된 사람으로 오인받지나 않을까 하는 염려를 하게 된다. 내담자뿐 아니라 상담자도 내담자를 만나기 전, 상담을 잘 진행할 수 있을까 하는 긴장과 불안을 느끼기 마련이다. 따라서 상담자는 내담자와 처음 만날 때 무슨 말로 시작해야 할까 고민하게 될 때도 있다. 보통 첫 마디는 "○○○씨죠, 저는 ○○○입니다"로 상담자인 자신을 소개하고, "오시는 데 시간이 많이 걸렸죠?" 등으로 시작한다. 그리고 "제가 어떤 점을 도와드릴까요?", 또는 "오늘 상담에서 무엇을 이야기하고 싶은지요" 등으로 시작하는 것이 좋다. 이때 내담자는 '문제'라는 단어보다는 '어려움'이라는 단어를 더 받아들이기 쉬워한다는 점을 고려하는 것이 좋다. 또한 "만나서 반갑습니다"나 "안녕하세요"와 같은 단어는 일상적인 관계에서는 자연스럽지만 상담 상황에서는 '만나서 반갑다니, 문제가 있기를 기다렸나?'라고 마음속으로 반발할 수도 있다. 인사를 나눈 후에도 내담자가 어색해 하고 불안해 하는 눈치라면 날씨에 대한 이야기나 "이 곳을 찾는 데 어려움은 없었나요?"와 같은 이야기를 좀더 나눈 후 상담에 들어갈 수도 있다. 결국 상담자는 내담자에 따라 상황에 맞는 첫 마디를 시작해서 내담자로 하여금 편안함을 느끼도록 노력해야 한다(정원식 외, 1999).

상담자를 만나기 전 접수면접을 하였다면 상담자는 첫 회기 때 접수면접 내용에서 내담자가 호소한 문제 등을 확인하고 내담자문제를 상담자 나름대로 평가할 수 있다. 내담자에 따라서는 접수면접자에게 말한 내용과 상담자 앞에서 말하는 내용이 다를 수 있다. 내담자가 접수면접지에 쓸 내용을 빈칸으로 남겨 놓을 수도 있는데, 이러한 내담자의 반응들은 내담자의 문제를 이해하는 데 중요한 단서가 될 수 있다. 뭔가 그 부분에 대해 말하고 싶지 않은, 민감함을 나타내고 있기 때문이다(김계현, 1998).

상담자와 내담자의 첫 면담에서는 내담자가 상담을 통해 원하는 것이 무엇인지 파악하며, 내담자의 상담에 대한 기대나 희망, 또는 내담자가 가질 수 있는 두려움 등 양가감정을 들어준다. 이때 상담자는 내담자에게 내담자의 문제가 해결되도록 내담자를 도울 수 있을 것이라는 희망을 주는 것이 좋다. 또한 첫 만남에서는 상담의 진행에 대한 안내와 설명이 필요하다. 우선 상담내용의 비밀보장과 그 범위에 대해 설명하고 상담의 진행방식과 앞으로 해야 할 일, 내담자의 역할과 의무 등에 대해 설명한다. 그리고 첫 면담을 끝내기 전에 상담자와 내담자는 첫 소감을 간략하게 이야기할 기회를 가진다.

상담자는 내담자와 첫 면담을 가진 후 내담자에 대한 자신의 주관적인 감정이나 느낌을 들여다보는 시간을 갖는 것이 필요하다. 예를 들어 내담자의 문제해결을 도울 자신이 있는지, 내담자를 싫어하지는 않는지, 그렇다면 그런 감정이 드는 이유는 무엇인지를 생각해보고, 객관적이 되지 못하는 역전이[1)]가 일어날 수 있는 가능성을 생각해보거나 내담자특성을 고려한 상담이론과 기법 등을 생각해 볼 수 있다.

첫 면담에서 내담자에게 설명할 상담진행에 대한 안내를 구체적으로 살펴보면 다음과 같다.

3) 상담 진행에 대한 안내와 설명

상담이 어떻게 진행되는지 그 진행방식에 대해 설명하고 안내하는 것을 구조화라 한다. 구조화는 상담의 방향을 잃지 않게 하고 상담을 효율적으로 진행할 수 있게 한다. 구조화의 내용에는 비밀보장문제, 내담자와 상담자의 역할과 의무, 상담기간이나 상담시간, 상담비 등에 대한 설명과 이에 대한 내담자와의 동의, 앞으로 기대되는 결과, 연락사항 등에 대한 설명이 포함된다.

상담자는 내담자에게 상담실에서 이야기되는 내용은 비밀이 보장되며 내담자의 허락 없이 누구에게도 공개되지 않음을 설명한다. 비밀보장의 예외로서 내담자가 자신을 해치거나 다른 사람을 해치려 하고, 또한 내담자가 위험에 빠질 상황에서는 상담내용이 비밀보장되지 않고 공개될 수 있음을 설명한다. 비밀보장이 예외가 되는 경우를 설명하면 내담자가 자신을 솔직하게 공개하지 않을 수도 있지 않을까, 상담자로서는 염려할 수 있겠지만 내담자가 자신의 공개를 어느 정도 할지는 내담자 자신에게 달려있다는 상담의 윤리상 비밀보장의 예외에 대해 설명하는 것이 좋다.

---

1) 역전이는 상담자가 과거의 경험으로 인해 내담자와의 관계에서 갈등을 느끼고 내담자를 싫어하거나 좋아하게 되는 것을 말한다.

상담자와 내담자의 역할에 대한 설명도 필요하다. 상담자는 내담자가 문제를 스스로 해결하거나, 문제를 해결할 수 있는 힘을 기르도록 돕는 것이지 상담자가 내담자의 문제를 모두 해결하거나 대신 결정해주는 것은 아니라는 점을 설명한다. 또한 상담자는 내담자에게 내담자의 역할은 적극적으로 상담에 참여하고 자신에 대해 솔직하게 이야기하며 스스로 문제를 해결하도록 통찰을 얻고 결정하며 성장해야 하는 데 있다고 설명해준다. 이러한 설명은 내담자가 상담자에게 앞으로 기대하거나 현재 가지고 있을지 모르는, 상담자가 무엇이든지 해결해 줄 것 같은 비현실적인 기대를 미리 막아주고 내담자로 하여금 합리적으로 자신의 역할과 의무에 대해 인식하게끔 한다. 특히 상담의 종결단계에서 상담자에게 의존하는 내담자의 분리불안을 고려할 때 이러한 구조화는 내담자의 성장과 자립을 위해서 상담초기부터 잘 이루어져야 한다.

상담기간이나 상담시간에 관한 구조화는 내담자에게 상담시간과 기간을 어떻게 활용할 수 있을지, 또 상담비용을 감당할 수 있을지 등을 계획하게 해준다. 일반적으로 일주일에 한 번, 한 회기당 50분 정도 면담을 갖는다는 것을 알려주어 내담자로 하여금 자신의 이야기를 조절할 수 있게 한다. 상담의 간격이나 상담회기 수는 내담자의 문제와 상황에 따라 달라질 수 있지만, 상담자는 첫 회기 때 내담자에게 예상되는 대략의 기간을 알려주고 상담이 진행됨에 따라 상담회기 수는 얼마든지 조정될 수 있음을 덧붙이며 이에 관해 내담자의 동의를 구하는 것이 필요하다. 만약 상담 회기 수에 대해 상담자와 내담자 기대에 차이가 많을 경우 우선 내담자가 기대하는 횟수로부터 시작하되 어느 정도 진전이 있는지 살펴보고 계속할지 여부에 대해 생각해보자고 설명한다.

또한 내담자가 상담약속을 지킬 수 없을 때의 연락사항 등에 대해서도 반드시 합의를 한다. 이와 같은 구조화는 1~2회기에 걸쳐 할 수도 있고, 상담초기뿐 아니라 필요할 경우 상담중기나 후기에도 할 수 있다.

다음은 상담자와 내담자의 첫 면담에서 나누는 대화내용의 한 예이다. [Gerald Corey(2001)의 「상담 및 심리치료의 통합적 접근, 비디오 1 : 각 회기에 적용되는 상담기법들」에 수록된 내용에서 발췌한 것이다.]

[상담자 Corey의 설명] 첫 회기의 목적은 내담자에게 상담과정을 가르치는 것이다. 실제로 상담은 때로는 무척 어렵고 지루한 과정이란 점을 강조하고 싶다. 여기서 보는 것

처럼 매끄럽게 진행되지 않는다.

상담자 상담을 할 마음으로 전화를 하게 된 직접적인 동기를 말씀해 주시지요.

내담자 선생님에게 전화 드린 것 말인가요?

상담자 네, 무엇 때문이죠?

내담자 2주 전에 병원을 찾아갔어요. 목이랑 어깨에 문제가 있었고 호흡도 가빠졌죠. 의사 선생님은 진찰을 하시고는 신체적으로 아무런 문제가 없다고 말씀하셨어요. 그래서 상담선생님께 전화를 해야 했죠.

상담자 신체적으로 아무 문제가 없다는 말에 위안이 되셨나요?

내담자 심장에 아무 이상이 없다는 것을 알게 되어서 기뻤어요. 많이 걱정했거든요. 그런데 지금은 그게 뭔지 모르겠어요.

상담자 Corey 박사로서는 내담자로 하여금 상담을 받으러 온 것이 어떤지 말하도록 하는 것이 최우선이다.

내담자 걱정이 되기도 해요. 많이 변하면 집에서 어떻게 될지 남편과 아이들과의 관계가 달라질지도 모르니까요. 제가 많이 변하면 어떻게 생각할지 변한 모습을 좋아할지 모르겠어요.

상담자 바로 그런 게 상담의 위험부담이죠. 아마도 변할 겁니다. 그게 제 바람이죠. 하지만 그 변화는 당신이 결정하는 겁니다. 변화를 모두 좋아하지 않을지도 모릅니다. 그 점이 걱정되면 그런 점을 다룰 수도 있습니다. 오늘 우리가 해야 할 일은 몇 가지 되는데 당신에게 방법을 설명해 줄게요. 먼저 당신이 기대하는 게 뭔지 알고 싶군요. 바라는 거요.

첫 회기에서 내담자의 기대나 희망, 두려움, 양가감정을 듣는 것은 필수적이다.

내담자 질문하실 거라 생각했어요. 저는 대답을 하고요. 저의 걱정거리들을 변화시키는 방법을 말씀해 주실 거라 기대했어요. 그게 저의 주된 바람이었지요.

상담자 제가 마술을 부린다고 해 봅시다. 갑자기 수면 장애가 치료되고 심장박동이 빨라지지 않고 방금 얘기한 증상이 모두 없어진다면 생활이 어떻게 달라질 거라고 생각하십니까?

내담자 글쎄요…. 확신이 없네요. 그냥 편안해질 것 같다는 생각이 드네요. 어디에 이상이 있는지 늘 걱정하지 않겠지요.

상담자 현재 일어나고 있는 일 중에 더 이해하고 싶은 건 어떤 겁니까?

내담자 글쎄요, 지난 2~3년 동안 40번째 생일이 다가오면서….

내담자에게 자기 이야기를 할 기회를 주는 것은 중요하다. 상담자는 내담자에게 상담진행 방식을 설명한다.

상담자 오늘 우리가 해야 할 일은 상담의 진행방식과 앞으로 해야 할 일에 대해 얘기하는 겁니다. 왜냐하면 … 과정에 대해서 많이 알수록 상담에 도움이 될 테니까요. 물론 말하기 곤란한 걸 드러낸다는 게 쉽지 않을 겁니다. 말하기 어려운 것을 말하도록 도와주는 게 저의 일이죠.

내담자 오기 전에 뭘 이야기할지 정해야 되나요?

상담자 생각은 해보셔야겠죠. 그러니까 제 역할은 … 지지하고, 도전하고 … 상담 기간동안 당신 얘기를 듣고 그것이 어떤 것인지 알려주는 것이지, 당신을 위해서 결정을 내려주는 것은 아닙니다. 일종의 학습과정 같은 거죠. 효과를 높이기 위해선 집에서도 뭔가를 해야겠죠. 일기를 쓰는 것도 좋아요. 생각과 느낌을 적어보고 … 이에 대해서는 나중에 좀더 얘기합시다.

마치면서 상담자와 내담자는 소감을 간략하게 얘기한다.

상담자 여기서 보낸 첫 시간이 어땠는지 알고 싶습니다.

내담자 생각하곤 많이 달랐어요.

상담자 그래요? 좀더 얘기해보세요.

내담자 그러니까 선생님이 질문을 많이 하시면 전 답변만 할거라고 생각했어요. 그런데 그게 아니더군요. 기대한 것보다 편안했어요.

상담자 상담 중에 궁금한 점은 언제든 물어보세요. 상담 과정과 우리가 하는 작업에 대해서 많이 알면 알수록 상담에 더 유용하다고 생각합니다.

[상담자 Corey의 설명] … 최초 회기는 이후 상담에 대한 준비 작업이었다. 적어도 내담자가 자신의 역할과 상담자역할이 무엇인지 생각해보기를 바랐다. 다음 회기를 준비하도록 집에 가지고 가서 읽을 자료를 주었다.

4) 초기단계에서의 상담자과제

첫 면담을 포함하여 상담의 초기단계에서 고려해야 될 상담자과제는 상담진행방식에 대한 안내, 내담자의 문제에 대한 이해, 상담목표의 설정, 내담자와의 신뢰롭고 촉진적인 상담관계의 형성, 그리고 이러한 신뢰롭고 촉진적인 상담관계를 형성할 수 있는 상담자의 태도와 기법 등에 초점을 맞추는 것이다. 첫 면담에서 설명한 상담진행방식에 대한 안내를 제외하고, 나머지를 구체적으로 설명하면 다음과 같다.

(1) 내담자 상태 이해

상담자는 내담자의 심리적 문제의 심각성 정도를 고려해야 한다. 내담자가 지닌 문제의 심각성 정도에 따라 심리 상담으로 도움을 받을 수 있는지 아니면 약물과 같은 정신의학적 치료를 병행해야 하는지 결정할 수 있기 때문이다. 심리적 문제는 크게 신경증과 정신증으로 구분한다.

신경증은 영어로 '뉴로시스(neurosis)' 라고 하며 흔히 '노이로제' 라고 불리고 있다. 신경증적 상태는 현실에 대한 판단에는 별 문제가 없지만 생활 적응에 있어 정서, 행동, 대인관계 측면에서 상당한 정도의 불편과 고통을 느끼는 경우를 말한다. 감정의 변화가 심하고 우울, 불안, 공포와 같은 감정을 계속해서 경험하거나, 주어진 상황에 부적절한 행동을 되풀이하고, 의기소침, 의욕상실, 무기력 등이 지속된다. 예를 들어 불안장애를 겪고 있는 내담자는 불안하고 초조하며 긴장을 느끼게 되어 지속적으로 고통을 느끼게 되지만, 환각이나 망상과 같이 현저한 현실왜곡은 나타나지 않는다. 사고내용이나 사고방식에 있어서도 상황에 적응해 나가는 데 도움이 안 되는 생각들을 자주 하면서 주변 사람들과 마찰을 일으키고 갈등을 지속적으로 경험하면 신경증에 해당된다.

신경증 상태에 있는 사람들은 불행과 고통을 스스로 인식하고 자신에게 어떤 문제가 있다는 자각, 즉 병식을 지니고 있기 때문에 스스로 상담기관이나 치료기관을 찾는 경우가 많고, 문제를 해결하고자 하는 상담 동기가 높다. 신경증적 문제를 겪는 사람들은 일반적인 상담 장면에서 흔히 볼 수 있는 내담자들이고 자신의 심리적 문제를 해결할 수 있는 기본적인 능력을 가지고 있기 때문에 상담기관을 정기적으로 방문하여 전문가의 도움을 받는다면 문제 해결에 이르는 경우가 많다.

반면, 정신증적 문제는 현실의 인식과 기본적인 생활 적응 자체가 심각하게 손상된 경우를 말하는 것으로, 흔히 정신병이라고 부르는 것들이 여기에 속하며 대표적인 장애가 정신분열증이다.

주요 특징은 현실 인식 능력에 있어서의 뚜렷한 손상이다. 환각이나 망상처럼 현실에 대한 지각이 심하게 왜곡되어 있다. 나무를 귀신이라고 하거나, 친한 친구의 부음을 받고도 박장대소하는 등 상황에 전혀 맞지 않는 정서를 경험하거나 표현한다. 더 뚜렷한 증상은 기이한 사고방식과 내용을 보이는 것으로, 사고의 흐름 간에 논리적 연결이 되지 않아 비약이 심하고, 상식이나 일반적인 상황과는 전혀 맞지 않는 기이한 생각을 한다. 이들은 현실에 대한 올바른 인식이 결여되어 있어서 자신이 비정상이라는 점에 대한 병식이 없고 따라서 스스로 상담기관을 찾기보다는 보호자나 주변 사람들에 의해서 강제적으로 상담기관에 오게 되는 경우가 많다. 정신증을 지닌 사람은 병원이나 치료기관에 입원하여 집중적인 의학적 치료를 받는 것이 필요한 경우가 대부분이다. 정신증적 문제를 지닌 사람은 보통 환자로 불린다(권석만, 2003).

(2) 내담자 문제의 이해

내담자가 호소하는 문제가 무엇인지 그리고 그 문제가 어떤 배경에 의해 발생했는지를 확인하는 것은 상담자의 매우 중요한 과제 중의 하나이다.

상담자를 처음 대하는 내담자는 무슨 이야기를 어떻게 꺼내야 할지 막막해 한다. 상담자는 우선 내담자의 말을 주의 깊게 잘 경청해주고 질문은 적게 하되, 해야 한다면 예, 아니오로 대답하는 닫힌 질문보다는 내담자로 하여금 대답을 설명하도록 만드는 열린 질문을 사용해서 문제가 되는 상황이나 심각성 등에 대해 확인한다.

내담자의 호소문제를 들으며 내담자가 현재 직장생활이나 학업, 대인관계, 가족관계 등에서 어느 정도로 기능을 하고 있는지 파악한다. 또한 이러한 영역에서 내담자가 생각하기에 호소문제가 발생하기 이전에 어느 정도로 적응하고 있었는지를 확인한다.

호소문제의 내용뿐만 아니라 지금 이 시점에서 어떻게 문제를 느껴 상담하러 오게 되었는지 이해하는 것도 필요하다. 왜 지금 문제가 되는지를 이해하면 내담자로 하여금 문제를 느끼게 하는 요인이 무엇인지를 알아낼 수 있다. 과거에도 비슷한 문제가 있었다면 구체적으로 어떤 문제였는지, 해결하기 위해 어떻게 노력하였는지 그 방법과 성공여부 등을 알아본다. 이를 통해 내담자의 성격이나 가족요인 같은 비교적 지속적이고 뿌리깊은 문제와 관련되어 있을 가능성을 탐색할 수 있다.

내담자가 호소하는 현재의 문제에 어떤 영향을 끼쳤을 내담자의 가족배경과 발달사를 확인한다. 내담자는 보통 자신의 문제를 호소하느라고 자신의 배경에 대해 이야기하지 못하므로, 상담자는 내담자가 자신의 문제에 대해 어느 정도 이야기한 뒤에, 지금까지는 내담자가 느끼는 문제에 대해 들었는데, 이제부터는 내담자 자신이 어떻게 성장했는지, 또 가족에 대해 이야기해 달라고 질문함으로써 내담자로 하여금 자신의 가족배경과 발달사 등에 대해 이야기할 수 있도록 유도할 수 있다.

내담자의 문제에 대한 이해와 문제의 발생배경을 탐색하였다면 상담자는, 내담자의 문제를 해결하는 데 도움이 되는, 내담자가 지닌 강점 등을 찾아낸다. 예를 들어 내담자가 여러 가지 문제는 많지만 공부만은 성실히 해왔다면 상담도 의지와 끈기를 가지고 성실하게 해나갈 가능성이 높아 문제해결을 위한 하나의 강점을 지니고 있는 셈이다. 상담자 나름대로 내담자의 장점을 파악할 수 있겠지만, 내담자가 지금까지 호소한 어려움을 겪어오면서 나름대로 시도한 방법 중에 도움이 되는 것은 어떤 것이었으며, 자신이 지닌 어떤 점들이 도움이 되었는지 내담자에게 질문함으로써 파악할 수도 있다. 지금까지 내담자 나름대로 문제를 해결하려고 시도해온 방법들 중에는 좋은 방법도 있을 수 있다. 단지 효율적으로 적용하지 못했거나 자신을 갖지 못하고 일찍 포기한 것일 수도 있다. 이와 같이 내담자가 문제해결을 위해 시도해온 방법이나 자신이 지닌 강점을 탐색하는 과정은 내담자로 하여금 자신의 문제를 해결할 자신감을 불러일으켜 줄 수도 있다.

내담자가 문제가 있을 때 찾아가서 의논하거나 위안을 받을 수 있는 선배나 친구, 친척 등 사회적 지원체제를 갖고 있는지의 여부도 파악하는 것이 좋다. 접수면접 내용을 훑어봄으로써 알 수도 있지만 상담을 통해 다시 한번 확인할 수 있다.

상담을 통해 문제를 해결하고자 하는 의지나 상담동기도 상담의 성과를 좌우하는 중요한 내담자의 내적 심리적 자원이 된다. 문제해결 의지와 상담동기가 높을수록 상담에 협조적이어서 문제해결 가능성이 높기 때문이다. 보통 스스로 상담을 받으러 찾아오는 자발적 내담자들은 비자발적 내담자 즉, 자신의 의지에서가 아니라 부모나 교사 등 주위 사람들에 의해 이끌려 오는 내담자에 비해 문제를 해결하고자 하는 동기와 의지가 높다. 따라서 비자발적 내담자, 특히 청소년인 경우 상담을 받으러 정규적으로 오게 되는 것만도 큰 상담성과라고 보아야 할 것이다.

내담자가 호소하는 문제는 중복되어 있거나 동일한 원인에서 기인할 수 있다. 또 여러 문제 중에서도 더 중요하고 긴급한 문제가 있을 수 있다. 내담자문제를 이해할 때 지금 현재 내담자를 가장 어렵게 만드는 문제나 내담자가 도움을 요청하는 결정적인 사건이 무엇인지 주목한다. 상담이 효율적이 되려면 내담자가 호소하는 걱정거리의 우선 순위를 결정해야 하고 이에 초점을 맞춰 상담목표도 구체적으로 정할 수 있다.

(3) 목표의 설정

내담자의 호소문제를 이해하고 탐색한 다음, 이에 따른 구체적인 상담목표를 설정한다. 그런데 상담초기에 내담자는 보통 마음이 혼란하여 자신이 무엇을 원하는지, 변화하고자 하는 행동과 감정, 사고 등이 무엇인지 잘 모를 수 있다. 상담자의 역할은 이런 내담자로 하여금 자신이 원하는 것과 변화하고자 하는 것이 무엇인지 알 수 있도록 도와주는 것이다.

내담자가 자신의 목표를 명료화하는 것을 돕기 위해 상담자는 우선 내담자로 하여금 자신의 사고, 감정, 행동 영역을 단계적으로 검토하도록 유도할 수 있다. 사고 영역에서는 내담자의 자기패배적 사고형태 등을 탐색하거나, 감정적인 부분에서는 내담자의 걱정이나 근심거리를 구체적으로 표현하게 할 수 있다. 예를 들어 조직 내에서 소외감을 느낀다면 '조직 내의 단 한사람에게라도 내담자 자신의 이야기를 할 수 있기' 로 정서적 목표를 정할 수 있다. 행동적 목표는 내담자가 처한 상황을 행동적이고 효율적으로 관리할 수 있도록 설정될 수 있다. 예를 들어 자신에게 가장 적합하고 즐거운 운동을 찾아내서 시작하거나, 다이어트를 하기 위해 무엇을 얼마나 먹고 마시는지 기록하기 등의 목표를 세울 수 있다(Corey, 현명호 · 유제민 역, 2001).

내담자가 원하는 목표를 확인했다면 상담자는 상담자가 판단하기에 내담자에게 적합한 목표를 제시하고 내담자와 협의하여 상담목표를 세우는 것이 좋다. 상담자와 내담자가 서로 협의하여 상담목표를 정하는 이유는 이렇게 하면 상담자와 내담자 모두 목표달성에 책임감을 가질 수 있기 때문이다. 상담자와 내담자가 잘 협의되지 않는 경우도 있는데, 보통 상담자와 내담자의 가치관이나 윤리적인 입장이 서로 다를 때 일어나게 된다. 이때 상담자는 자신의 견해를 솔직하게 이야기하고 이 문제를 우선적으로 고려하는 시간을 갖고, 내담자와 논의하며 조절된 방향으로 상담목표를 설정한다. 이러한 논의과정을 통해 다른 사람과 가치관이 다를 때 이를 어떤 방법으로 성숙하게 처리하는가를 배우는 것도 내담자에게는 중요한 학습경험이 된다.

상담목표는 내담자가 호소하는 여러 문제 중 주요한 몇 가지 문제들로 압축, 여기에 초점을 맞춰 설정된다. 내담자가 호소한 문제들의 우선 순위를 정했다면 이에 따라 목표들의 우선 순위도 정해질 수 있다. 상담목표는 현실적으로 달성할 수 있는 것이어야 하고, 합리적인 시간 내에 성취될 수 있는 목표이어야 한다. 학회에서 사례발표를 들으면 다섯, 여섯 가지의 상담목표를 정한 경우를 볼 수 있는데 이는 상담목표로서는 너무 많다고 할 수 있다.

상담목표는 명백하고 구체적이어야 한다. 관찰할 수 있는 행동적인 용어로 기술되어 그 성과가 측정될 수 있는 것이어야 한다. 구체적이고 명백한 목표가 없다면 상담과정은 생산적으로 진행되기 어렵고 상담자와 내담자 모두 서로 에너지만 소비하게 된다. 사실 상담목표를 구체화하는 과정은 간단하지 않고 한 번에 이루어지는 것도 아니다. 이 과정은 상담자와 내담자 모두에게 많은 노력을 필요로 한다.

상담목표는 보통 상담초기에 정해지지만 내담자의 문제에 대해 좀더 심도있게 다각적으로 탐색이 이루어지고, 내담자가 자신의 문제에 대한 자각이 일어나는 상담중기에 수정될 수도 있다. 또한 상담이 진행되는 동안 상담목표를 일상생활에 적용시키며 그 타당성을 검증해보게 되는데, 미처 고려하지 못하고 예기치 못했던 문제점이 드러나는 경우 상담목표를 수정할 수 있다.

다음은 상담자와 내담자가 상담목표를 정하는 과정을 담은 면담내용의 예이다. 앞에서 제시한 Gerald Corey의 비디오에서 발췌한 내용이다.

[상담자 Corey의 설명] 아래의 내용은 구체적인 상담 목표에 초점을 맞추는 것이 왜 중요한지를 보여준다.

내담자 선생님께서 말씀하신 대로 자전적 기록을 써서 드렸는데 괜찮은지 궁금합니다.

상담자 읽었습니다. 그런데 당신은 어땠어요? 대답을 피하려고 하는 게 아니라 당신 생각을 알고 싶습니다.

내담자 흥미로웠어요. 제 생활에서 일어나는 일을 적어 보려는 생각은 안 해 봤거든요. 쓰는 동안 여러 감정이 들더군요.

상담자 그 중 두세 가지만 말씀해 주시겠어요?

내담자 실망과 … 분노를 느꼈어요.

자전적 글쓰기는 내담자의 내면의 어려운 점을 밝혀주고 이는 구체적인 상담목표를 설정하는 데도 유용하다.

상담자 이번 회기에서는 앞으로 우리가 작업할 구체적인 상담목표에 대해서 얘기하는 시간을 가졌으면 합니다. 오늘 얘기한 목표를 끝까지 고수할 필요는 없습니다. 당신이 원하는 것이나 상담을 받으러 온 이유를 어떻게 탐색해 나갈지 생각해보는 게 중요하다고 생각합니다. 이에 대해 막 떠오르는 것이 있나요?

내담자 목록을 작성해 봤어요. 제가 별로 얘기하지는 않은 것인데 자신 있는 외모를 가졌으면 해요. 또 다른 목표는 딸 제니퍼와의 관계 개선입니다. 그 아이가 10대가 되면서 어색한 사이가 됐어요. 예전에는 친밀감을 느꼈는데 더 이상 그런 느낌이 안 들어요. 변화시킬 방법은 모르겠지만 낯선 사람 같은 느낌은 안 들었으면 해요.

상담자 앞서 언급한 것 모두 다시 얘기하겠지만 지금은 시험적인 안을 설계했으면 합니다. 이 회기에서 뭘 얻으려고 하는지를 생각하는 게 당신이나 저에게 도움이 된다고 생각합니다. 학교, 다른 사람의 인정, 체중, 제니퍼와의 관계 외에 생각나는 목표가 있습니까?

구체적인 상담목표가 확립되었으니 이제 목표들의 우선 순위를 정해야 한다.

상담자 여러 가지 목표들을 말씀하셨는데 회기 중에 바꿀 수 있습니다. 그런데 지금 얘기할 준비가 되어있고 한 시간 더 얘기할 수 있다면 어떤 걸 선택하시겠습니까? 뭐가 제일 먼저 떠오르죠?

내담자 … 남편과의 관계 ….

상담목표를 명확히 하는 것은 상담과정 내내 이루어진다.

상담자 이 목표들은 여기서 끝이 아니고 시작입니다. 저는 매주 당신에게 원하는 게 뭔지 계속 생각해보고 다듬고 수정해보라고 할 겁니다. 이기적인 게 아니라 다른 사람을 포함해서 생활에서 원하는 게 뭔지 생활이 어떻게 달라지기를 원하는지를 말하는 겁니다. 여기서 목표를 단정하는 것이 아닙니다. 사람들은 이 과정을 매우 막연하게 생각하곤 하는데 당신은 나름대로 구체적인 계획을 세웠으면 합니다.

[상담자 Corey의 설명] 이 회기에서 의도하는 바는 내담자가 자신이 추구하는 인생의 방향을 보고 자신의 선택을 평가하게 만들려는 것이다. 만약 내담자가 원하는 방향이 아니라고 하면 '좋아요, 그럼 어떤 방법으로 가고 싶습니까' 하고 물어 볼 수 있다. 이 부분은 현실적 상담[2]에

2) 현실적 상담은 Glasser가 창시한 이론으로 내담자가 원하는 것이 무엇인지, 그 원하는 것을 얻기 위해 내담자가 현재 하고 있는 행동이 바람직하고 효율적인 것인지를 내담자로 하여금 평가하도록 해서 바람직하지 못하다면 좀더 효율적인 행동으로 바꾸도록 계획하고 실천하도록 다짐하는 과정을 거친다. 자세한 것은 이 책의 3장 7절에 설명되어 있다.

서 빌려왔는데 내담자 자신이 원하는 것을 스스로 평가하도록 하는 것이다. 행동주의상담이나 인지행동상담에서도 빌려왔다. 상담자와 내담자는 뚜렷한 목표를 가짐으로써 상담이 어디를 향하는지 알 수 있다. 가장 중요한 점은 그 목표가 상담자가 내담자를 위해서 꿈꾸는 것이거나 상담자가 생각하기에 중요한 목표가 아니고, 내담자 자신에게서 비롯되어야 한다는 점이다.

(4) 신뢰롭고 촉진적인 상담관계의 형성

상담자와 내담자가 맺는 질적인 인간관계는 상담의 성공과 직결되는 매우 중요한 문제이다. 상담자와 내담자가 서로 신뢰할 수 있어야 솔직한 자기 개방이 가능하고, 그러면서도 내담자가 상담상황에 안정감을 느끼고 문제해결에 희망을 가질 수 있다면 촉진적 관계가 형성되었다고 볼 수 있다. 신뢰롭고 촉진적인 관계에서 상담자는 내담자의 내면세계를 이해하고 보다 깊이 탐색할 수 있다. 상담자뿐 아니라 내담자 자신도 자신의 문제를 좀더 깊고 구체적으로 탐색해 볼 수 있어 결국 상담과정을 효율적으로 진행시키고 문제를 해결하는 통찰을 경험할 수 있다.

신뢰롭고 촉진적인 관계가 형성되려면 무엇보다 상담자의 태도가 매우 중요하다. 내담자에게 관심을 기울이고, 내담자의 이야기를 적극적으로 경청하며, 내담자의 입장에서 공감적으로 이해하고, 내담자를 비난하거나 비판하지 않는 수용하고 존중하는 상담자의 태도가 반드시 필요하다. 이러한 상담자의 태도는 상담초기에서 특히 중요하지만 초기단계뿐 아니라 상담의 전체 과정에서 일관되게 나타나야 할 것이다.

(5) 신뢰롭고 촉진적인 관계형성을 위한 상담자의 태도와 기술

신뢰롭고 촉진적인 관계형성을 위해 필요한 상담자의 태도와 기술로는 관심기울이기, 적극적 경청, 공감적 이해, 진실성, 무조건적인 수용과 긍정적 존중 등이 있다. 이중에서도 공감적 이해, 진실성, 무조건적인 수용과 긍정적 존중은 뒤에 다룰 인간중심상담이론의 세 가지 중요한 상담자 태도이자 기법들이다.

① 관심기울이기

관심기울이기란 상담자가 내담자의 이야기에 주의를 집중시키고 관심을 가지는 태도를 의미한다. 이는 대체로 상담자가 언어를 사용하지 않고도 내담자에게 내담자와 함께 있다는 느낌을 주는 것으로 상담자의 비언어적 행동이나 태도와 관련이 있다. 상담과정에서 상담자와 내담자의 비언어적, 신체적 메시지는 상당히 중요한 의미를 지닌다.

Egan(제석봉 외 역, 1999)은 상담자의 관심기울이는 행동에 대해 다섯 가지로 요약하고 있다.

첫째, 상담자는 내담자를 바로 본다. 이는 상담자가 내담자와 함께 있으며 내담자가 어떤 이야기를 해도 피하거나 불편해하지 않고 받아들일 수 있다는 메시지를 전달하는 태도이다. 하지만 우리나라의 문화배경에서 내담자가 상담자와 정면으로 마주앉음을 부담스러워하는 경우에는 약간 비스듬히 또는 90도 각도로 앉도록 상담실을 좌석 배치하는 것도 무난하다.

둘째, 상담자는 어떤 이야기도 들을 수 있다는 열린 자세를 취한다. 다리를 꼬고 앉거나, 또는 팔짱을 끼고 몸을 지나치게 뒤로 젖히면 방어적이거나 권위적으로 보이는 닫힌 자세가 될 수 있다.

셋째, 상담자는 이따금 내담자를 향해 몸을 앞으로 기울인다. 일상적인 대화에서도 상대방이 관심 있는 이야기를 할 때에는 자연스럽게 몸을 기울이게 되는데 상담에서도 몸을 자연스럽게 앞으로 기울인다.

넷째, 상담자는 내담자와 자연스런 눈맞춤을 유지한다. 이는 상담자의 관심과 자신감을 내담자에게 전할 수 있다. 우리나라의 문화에서는 상대방의 눈을 똑바로 보는 것이 무례한 것으로 오해될 수도 있고 평소 다른 사람의 눈을 똑바로 보지 않는 습관을 가졌다면, 눈을 바라보는 것 대신에 내담자의 코나 귀 옆을 볼 수 있다. 내담자에게는 자신의 눈을 보는 것으로 여겨질 수 있기 때문이다.

다섯째, 상담자는 가능한 긴장을 풀고 내담자를 편안하고 자연스럽게 대한다. 상담자가 긴장하고 있으면 이는 비언어적으로 내담자에게 전달되어 내담자도 긴장하게 되고 자신의 내면세계를 표현하는 데 방해가 될 수 있다.

상담자가 실제로는 내담자의 이야기에 관심이 없으면서 겉으로만 관심기울이는 척만 한다면 상담은 효과적으로 진행되지 못할 것이다. 상담자는 기계적으로 관심기울이는 행동을 나타내기 앞서서, 내담자에 대한 진정한 관심을 가져야 하고, 그 표현방법으로 Egan이 제시하는 관심기울이기의 태도를 취할 수 있을 것이다.

② 적극적 경청

적극적 경청은 상담자의 자질 중에 가장 중요한 요소 중의 하나로서 내담자의 말을 잘 들어주는 것이다. Egan(제석봉 외 역, 1999)은 경청이 네 가지 면에서 이루어져야 한다고 하였다.

첫째, 내담자의 언어적 메시지를 잘 듣는 것이다. 언어적 메시지는 내담자가 말한 내용으로 내담자의 경험, 행동, 감정과 정서 등이 포함된다.

둘째, 내담자의 비언어적 메시지를 놓치지 않고 잘 관찰하며 듣는 것이다. 비언어적 메시지에는 얼굴 표정, 몸의 움직임, 목소리의 높낮이나 억양, 침묵, 얼굴이 붉어지거나 창백해지는 등의 생리적 반응, 그리고 복장이나 화장 등이 포함될 수 있다. 이러한 비언어적 메시지는 상담자가 내담자를 이해하는 데 중요한 단서나 자료가 된다. 예를 들어 형태주의상담[3]에서는 내담자의 비언어적 메시지 특히 신체적 표현이 내담자의 마음을 표현한다고 여겨, 이에 초점을 맞추면 내담자가 현재의 자신의 감정이나 사고의 의미를 좀 더 자각할 수 있도록 돕는다고 제안한다.

셋째, 내담자가 설명하는 상황의 맥락을 잘 듣는 것이다. 내담자가 처한 상황과 맥락 안에서 이해해야 한다.

넷째, 내담자의 이야기를 냉철하게 듣는 것이다. 냉철하게 듣는다는 것은 내담자의 독특한 관점이나 경향, 자신과 세상에 대한 왜곡이나 정확하게 인식하지 못하는 점을 잘 들어야 함을 의미한다. 상담자가 내담자의 인식의 차이, 왜곡, 부조화 등을 적절한 시기에 내담자에게 직면시킴으로써 내담자의 자각을 도울 수 있다.

상담자가 내담자에게 내담자의 메시지를 경청하고 있다는 느낌을 준다면 내담자는 상담자와 함께 있다는 느낌을 갖게 되고 상담자를 더욱 신뢰하게 된다. 적극적으로 경청하고 있다는 느낌을 내담자에게 전달할 수 있는 방법은 상담자의 침묵, 단순음성 반응보이기, 반복, 요약, 반영, 명료화 등이 있다.

---

3) 형태주의상담은 Perls가 창시한 이론으로, 상담자는 내담자로 하여금 내담자가 지금-여기에서 느끼고 생각하는 것을 자각하도록 돕는다. 이를 위해 내담자의 정서에 초점을 맞추고 특히 내담자의 미해결된 과거감정의 표출과 정화를 유도한다. 자세한 것은 이 책의 3장 5절에 설명되어 있다.

적극적 경청의 전달: 침묵, 단순음성반응, 반복, 요약, 반영과 명료화

침묵은 상담자가 내담자의 이야기를 묵묵히 들어주는 것을 말한다. 상담자가 침묵으로 대하는 것이 더 효과적일 때도 있는데, 예를 들어 내담자가 애끓는 슬픔을 나타낼 때 상담자가 오히려 말하지 않고 침묵함으로써 내담자와 함께 있고 공감하고 있음을 더 잘 전달할 수도 있다. 때로는 상담자가 내담자에게 동의할 수 없을 때 침묵을 지킴으로써 내담자에 대한 상담자의 마음속과 겉으로의 언행이 일치되어야 한다는 진실성을 어기지 않아도 되는 효과도 있다. 내담자에게는 상담자가 적어도 거짓말하지는 않는다는 인상을 줄 수 있다(박성희, 2001).

내담자의 분위기와 이야기의 흐름에 맞추어 적당한 **단순음성반응**을 보이는 것도 적극적 경청의 한 방법이다. 상담자가 시기 적절하게 고개를 끄덕이거나 "아, 예" 또는 "그랬군요"와 같은 반응을 보이는 것이다. 이는 내담자와의 대화를 지속시키고 상담자가 내담자의 이야기에 깊이 몰입하고 있다는 증거가 되기도 한다. 또한 내담자가 말한 내용 중 특정부분에 선택적으로 주의를 기울이게 함으로써 대화의 내용을 통제할 수 있다. 내담자가 하는 많은 말 중에 특정부분에 단순음성반응을 나타내면 내담자의 주의는 그곳에 쏠리게 되고 결과적으로 상담대화가 그 부분에 집중되는 효과를 볼 수 있다.

또한 내담자가 말한 내용을 **반복**하거나 다른 말로 바꿔 **요약**해주면 상담자가 내담자의 이야기를 경청하고 있음을 내담자에게 전달하게 된다. 내용을 반복할 때 특히 내담자의 정서나 감정을 되돌려주는 것을 **반영**이라고 한다. 상담자가 내담자의 말의 내용뿐 아니라 내담자의 표현하고 싶은 속감정을 **반영**해주면 내담자는 상담자로부터 이해받고 있다는 느낌을 갖게 되고 이는 상담자에 대한 친밀감을 증가시켜 상담과정을 원활하게 한다. 반복, 요약, 반영을 할 때 주의할 점은 앵무새처럼 반복하거나 너무 자주 요약한다면 내담자로 하여금 경청보다는 자신을 놀리는 것으로 오해할 수도 있고 상담과정을 지루하게 만들 수 있으므로 시기 적절한 사용이 중요하다.

명료화는 상담자가 내담자의 대화내용 중 분명하지 못한 부분을 좀더 명료하게 해주고 내담자가 표현한 바를 상담자가 정확하게 지각하였는지 확인하는 대화기술이다. 내담자의 메시지를 잘 이해하지 못했을 때, 내용의 정확성을 점검하고 싶을 때 내담자에게 질문하거나 구체적으로 표현해달라고 요청함으로써 명료화할 수 있다. 이러한 기술은 내담자로 하여금 상담자가 자신의 말을 경청하고 있다고 느끼게끔 해주고 상담자로서도 내담자에 대해 섣부르게 추측하거나 잘못 넘겨짚지 않도록 돕는다.

한 가지 주의할 것은 상담초기에 경청은 상담자가 가져야 할 매우 중요한 태도이지만, 상담이 어느 정도 초기를 지나 무르익어 가면서 내담자가 끝없이 같은 이야기를 되풀이하거나, 불평 등 자기중심적인 이야기를 반복할 때 상담자는 이를 무작정 들어줄 수 없고 들어주어서도 안 된다는 점이다. 보통 내담자는 상담실 밖에서의 다른 사람과의 대화형태를 상담실에서도 그대로 보여주는 경우가 많다. 일상적인 대인관계에서 그런 식으로 자기 이야기를 끊임없이 늘어놓으면 웬만한 사람도 들어주기 힘들고 이러한 대화방식은 결국 대인관계를 해치게 된다. 내담자의 문제와 관련된 감정과 생각을 털어놓는 것과, 대인관계를 해치는 자기중심적인 대화형태는 구별되어야 한다.

상담이 어느 정도 진행된 후에 상담자와 내담자의 관계에서 위와 같은 내담자의 습관화된 대화형태와 대인관계양식이 드러날 때 상담자가 적절히 개입해야 한다. 특히 초보상담자는 내담자의 긴 이야기를 중단하는 데 서투르고 고통을 받기도 한다. 내담자가 자신의 이야기를 끝없이 하다가 어느 순간 "선생님, 제 문제를 다 이야기했는데 이제 저는 어떻게 해야지요?"라고 해결책을 요구해오면, 해결책은커녕 그동안 내담자가 하는 이야기의 내용을 이해하는 데 온통 정신을 쏟고, 한편으로는 많은 이야기에 압도되어 오던 상담자는 상당히 당황하게 된다. 따라서 상담자는 앞서 설명한 반복이나 요약, 반영, 공감 등을 사용하며 대화의 초점을 살리고, 내담자의 지루한 이야기 전개를 중지시켜야 한다. 그리고 적절한 시기에 잘못된 대화형태와 대인관계양식에 대해 내담자에게 직면시킬 필요가 있다.

박성희(2001)는 대화를 상담과제에 집중시키는 방법의 하나로 가지치기기술을 들고 있다. **가지치기**는 내담자가 언급한 내용 중에서 특별히 탐색하려는 주제와 관련성이 적은 내용들을 잘라 버리는 것이다. '아까 하던 이야기로 돌아가서', '그 사건 이야기는 그만하시고 그로 인해 아내에 대해 어떤 느낌이 들게 되었는지 말해보세요' 등 화제를 전환하여 대화의 초점을 좁혀 가는 것이다.

홍경자(2001)는 내담자의 긴 이야기를 중단시키는 한 가지 방법으로 내담자에게 상담시간에 다룰 **우선 순위**를 정하도록 요구할 것을 제안한다. 예를 들어 "지금까지 선생님께서 길게 이야기하셨는데, 알겠습니다. 그 이야기는 다음에 두고두고 더 해야 될 것 같군요. 오늘 이 한 시간으로는 부족할 것 같습니다"라고 피드백을 준 후 "시간이 길지 않으니까, 이번 상담시간에는 그 문제와 관련해서 주로 어떤 이야기를 다루는 것이 필요할 지 먼저 정하고 나서 계속하면 어떨까요?" 라고 제안하고 다른 화제로 전환할 수 있다.

상담자가 경청하며 동시에 보여주어야 할 인간적 태도에 대해 가장 잘 설명하고 있는 학자는 Rogers이다. Rogers가 강조하는 상담자의 세 가지 인간적 태도, 공감적 이해, 무조건적인 수용과 긍정적 존중, 그리고 진실성을 구체적으로 설명하면 다음과 같다.

③ 공감적으로 이해하는 태도

공감적으로 이해하는 태도는 내담자가 이야기할 때 내담자의 입장이 되어 들어주는 것이다. 말하는 사람의 입장이 되어 내담자의 주관적 세계를 같이 경험한다. Rogers는 공감적 이해에 대해 상담자가 내담자의 경험세계를 같이 경험하지만 상담자의 객관성을 잃지 않기 때문에 내담자를 단지 동정하는 것과는 다르다고 설명하였다.

내담자의 이야기를 경청만 하고 상담자가 반응을 보이지 않는다면 내담자는 상담자로 하여금 이해받고 있다는 느낌을 갖지 못한다. 따라서 상담자는 내담자의 경험과 감정에 대해 이해한 것을 내담자에게 말과 태도로 표현해 주어 내담자를 공감하고 있음을 전달해야 한다.

④ 무조건적으로 수용하고 긍정적으로 존중하는 태도

내담자의 말을 들을 때 이유를 따지거나 비판 · 평가하지 않고 판단을 보류하며 일단 내담자가 말하는 그대로를 수용하고 한 인간으로서 존중해주는 태도를 말한다. 마음속이 복잡하고 혼란스러울 때 분하고 억울하거나 슬픈 감정을 비판없이 들어주는 것은 무엇보다 중요한데, 그 이유는 보통, 감정의 분출과 감정의 정화를 하고 난 후에야 비로소 이성적으로 판단하기 시작하기 때문이다. 상담자가 내담자의 이야기를 평가하지 않고 수용하는 태도로 일관성있게 보여주면, 내담자는 조심스럽게 자신을 열기 시작하고, 자신의 부정적 감정과 경험에 대해 느끼게 되며, 상담자라는 타인이 자신을 무조건으로 수용해주고 존중해주는 경험을 통해 내담자도 자신을 수용하게 되어 결국 변화와 성장을 하게 된다.

그런데 상담을 하다보면 내담자를 무조건적으로 수용하고 존중하기가 참으로 쉬운 일이 아님을 경험하게 된다. 예를 들어 결혼한 내담자가 자신의 외도를 운명적인 사랑이라고 우길 때 상담자가 마음속으로 그것은 '사랑이 아니라 불륜이다' 라는 생각만 들면, 내담자를 수용하고 존중하기가 힘들게 된다. 수용과 존중이 어려우면 상담자와 내담자의 신뢰로운 관계형성 또한 어렵게 된다. 이와 같이 내담자의 생각이나 감정, 행동이 상담자와 다르거나 동의할 수 없을 때, 상담자는 일단은 판단을 보류하고 내담자의 말을 그대로 들어주는 태도가 우선적으로 필요하다. 그리고 그 행동을 비난하는 대신 그 속에 담겨 있을 수 있는 긍정적 성장동기를 찾아 이를 인정하고 수용해 주는 것이 필요하다.

앞서 예로 든 내담자가 자신의 외도를 사랑이라고 확신한다면 갈등도 없었을 것이고 상담자도 찾아오지 않았을 것이다. 내담자의 부정적 행동을 수용하는 것이 상당히 어렵지만 내담자는 자신이 무조건적으로 받아들여지는 경험을 통해 자신 스스로를 수용하게 된다. 한편으로 상담자는 내담자를 수용하지 못하는 이유가 무엇인지 자신의 감정세계를 탐색해보는 기회로 갖고, 동료나 상사와 의논하여 도움을 구하는 것도 하나의 방법이다.

⑤ 진실성

진실성은 내담자에 대한 상담자의 마음과 겉으로 드러나는 행동이 일치하여 일관되게 나타나는 태도를 의미한다. 상담자의 일관되고 진실한 태도를 보게 됨으로써 내담자도 자신의 진실한 모습을 보려고 시도하게 된다. 상담자의 진실한 태도와 관련해서 고려해야 할 사항은 다음과 같다.

첫째, 상담자가 진실해야 한다는 것과 내담자에 대한 상담자의 모든 생각과 감정 등을 충동적으로 개방하는 것은 구별해야 한다. 상담자는 어디까지나 상담자와 내담자 사이에, 지금-여기에서 일어나는 것에 초점을 맞추어, 내담자의 성장에 도움이 되는 방향으로 자신을 노출해야 하며, 상담자의 기분풀이 또는 감정정리를 위한 것이 되어서는 안된다. 일상의 인간관계에서도 솔직하다는 것을 내세워 다른 사람에 대한 자신의 감정을 무조건 내뱉는 사람들이 있다. 이는 자신은 후련할지 모르지만 그로 인해 다른 사람이 상처받는 것을 생각하지 않는, 자기중심적이고 이기적인 행동으로 인간관계에 매우 해로운 영향을 미치는 태도이다. 따라서 상담에서도 내담자에 대한 상담자의 충동적이고 기분풀이적인 태도는 결코 진실한 태도라고 할 수 없다.

둘째, 상담자가 전문적이고 객관적으로 판단해서 내담자의 행동과 사고가 내담자의 문제와 관련되어 도움이 안된다고 생각되어지면 이에 대한 의견을 말해주는 것도 내담자의 성장에 도움이 된다. 앞서 예로 든 불륜을 운명적인 사랑이라고 계속 우기는 내담자의 이야기가 듣기 거북할 정도라면 그것을 표현하여 내담자에게 알리는 것이 좋다. "지금 당신의 감정을 이해는 하지만 당신의 애인과 밤을 어떻게 지새우고 또 상대방의 배우자에 대해 그렇게 나쁘게 이야기하는 것을 듣는 것은 솔직히 거북하군요." 이때 내담자의 의견에 동의할 수는 없지만 한 인간으로서 수용하고 존중한다는 태도는 언어적 그리고 비언어적으로 예를 들어, 침착하면서도 부드러운 목소리와 표정으로 내담자에게 전달할 수 있어야 한다.

내담자의 의견에 동의할 수 없다는 상담자의 솔직한 표현이 상담관계에 손상을 줄 것이라고 판단될 때 또 다른 방법은 상담자가 침묵을 지키거나, '음', '그런가요' 와 같은 짧은 어구로 수동적으로 반응을 나타낼 수 있다. 또한 내담자에게 화가 날 때는 상담자가 화를 억지로 참기보다 표출하는 것이 훨씬 더 내담자와의 신뢰로운 관계형성에 도움이 될 수 있다(박성희, 2001).

사실, 상담자로서는 내담자를 무조건적으로 수용하고 긍정적으로 존중하면서도 한편으로는 상담자의 진실성을 나타내야 한다는 문제가 서로 모순된다고 느껴질 수 있다. 특히 상담자가 가진 가치관과 윤리적인 입장이 내담자와 다를 때에는 더욱 다루기가 어려울 수 있다.

상담자가 내담자의 부정적인 경험까지 무조건적으로 수용하고 존중해주면서도 한편으로는 상담자의 진실성을 보여주어야 한다는 문제는 아마 선 · 후의 문제로 접근할 수 있을 것이다. 내담자가 하는 이야기를 먼저 무조건적으로 수용해주고 존중하며 들어 준 다음, 어느 정도 상담이 진전 된 후 상담자의 진실성을 밝힐 수 있다. 서로 다른 가치관에 대해서 솔직히 표현한 후 내담자와 논의하는 과정을 거쳐서 상담자의 강요가 아닌, 명료화 또는 적절한 피드백을 통해 내담자로 하여금 스스로 바른 가치관을 찾아가도록 유도하고 도와주는 것이 필요하다.

⑥ 구체성

구체성은 상담자가 내담자에게 내담자의 생각과 느낌, 경험 등에 대해 좀더 구체적으로 표현해 줄 것을 요구하는 것을 말한다. 상담초기에 상담자는 내담자와의 신뢰롭고 촉진적인 관계형성을 위해 무엇보다도 내담자의 말에 관심을 기울이고 적극적으로 경청하고 공감적으로 이해하려고 노력한다. 내담자에 대한 평가나 판단을 보류하고 무조건적으로 수용하고 존중해준다. 그러다 보니 상담자는 특히 초보상담자는 내담자가 하는 말에 대해 이해가 되지 않더라도 질문하지 못하고 그냥 넘어가는 수가 많다. 이는 내담자에 대한 공감적 이해나 상담자의 진실성을 보여주는 데도 도움이 되지 않는다. 구체성이란 상담자가 내담자에 대해 잘 이해되지 않는 부분을 공감적으로 이해하기 위해 상담자가 진실한 태도를 보이며 구체적으로 질문하는 것이다. 상담자가 구체적으로 질문함으로써 내담자를 정확하게 이해할 수 있지만, 내담자도 상담자의 구체적인 질문을 통해 혼란스러운 자신의 심리상태를 분별할 수 있다.

상담자는 우선 잘 이해가 가지 않음을 솔직히 표현하고, 좀더 구체적으로 설명해달라고 요구할 수 있다. "아버지를 대하기가 몹시 두려우신 가 보군요. 어떤 때 아버지가 무서운지 예를 들어줄 수 있을까요?" 와 같이 내담자가 표현한 감정과 생각에 대해 일단 감정적 반영을 한 후, 그 상황에 대한 구체적인 예를 들게 할 수 있다. 따지거나 부정적인 느낌이 드는 '왜' 라는 단어의 사용을 자제하고 '어떻게' 라는 의문사를 사용하여 "어떤 생각? 어떤 느낌?" 등 내담자에게 좀더 설명해 줄 것을 요청할 수 있다.

구체성은 내담자를 정확히 이해하기 위한 구체적인 탐색으로, 따지듯이 지나치게 질문하는 것과는 구별되어야 한다. 그리고 그 구별은 질문하는 내용보다는 질문하는 상담자의 태도에 달려 있다고 하겠다.

2 상담의 중기·후기단계와 면담기술

상담의 중기단계는 내담자 호소문제를 이해하고 설정한 상담목표를 달성하기 위해 구체적인 작업을 하는 시기이다. 또한 상담중기에는 내담자문제를 좀더 심도있게 다각적으로 탐색하고 탐색이 더해 감에 따라 내담자가 자신의 문제에 대한 자각이 이루어지는 시기이다. 이때 상담자가 지닌 이론적 관점에 따라 적절하다고 여겨지는 상담전략이나 상담절차, 상담기법들이 적극적으로 활용되는 시기이기도 하다.

일반적으로 상담중기와 후기단계에 고려해야 할 상담자 과제는 다음과 같다.

첫째, 상담의 궁극적인 목표를 염두에 두고 세부적 목표달성을 위해 여러 가지 문제해결의 방안을 검토해보고, 여러 문제해결방안 중에서 가장 적절한 대안을 선택하는 것이다. 그리고 상담자와 내담자가 선택한 방안을 단계적으로 실천하도록 구체적인 행동계획을 수립하고, 상담상황에서 새로운 행동을 실험해보기 시작한다. 이때 미처 고려하지 못했거나 생각하지 못했던 문제점이 드러나면 상담목표를 수정해 나간다.

둘째, 내담자문제에 대해 좀더 심도있게 다각적으로 탐색하고, 내담자로 하여금 자신의 문제에 대해 자각하도록 돕는다. 내담자문제에 대한 상담자와 내담자의 새로운 통찰에 따라 상담목표를 수정해 갈 수도 있다.

셋째, 상담 중에 학습한 내용을 상담후기에 들어서며 일상생활에 적용시켜보고, 변화하고자 하는 새로운 행동의 타당성과 효율성을 검증해 나간다.

넷째, 내담자의 저항과 불안을 잘 다루는 것이다. 변화해야 할 새로운 행동의 계획과 연습, 내담자문제에 대한 다각적으로 심도깊은 탐색과 내담자의 자각, 그리고 변화하고 싶은 새로운 행동의 일상생활에서의 적용에 따라, 내담자는 변화에 대한 불안과 두려움을 나타낼 수 있다. 상담자는 상담중기와 후기단계에서 흔히 나타날 수 있는 이러한 내담자의 저항이나 불안 등을 잘 다뤄 상담효과를 높이도록 이끌어야 한다.

1) 목표달성을 위한 방안의 검토, 적합한 대안의 선택, 새로운 행동의 계획과 연습

설정한 상담목표를 달성하기 위한 여러 가지 방안들을 검토한다. 내담자가 원하는 변화와 구체적 내용을 탐색하고 그 목록을 정한다. 여기에 상담자가 판단한 전문적인 조언을 제공해주며 각각에 대해 장점과 단점을 평가해 나간다. 실천하기에 쉽고 현실적으로 가능하며 단기적일 뿐 아니라 장기적으로도 내담자에게 유익한 대안을 선택한다.

선택한 대안에 따라 변화해야 할 새로운 행동을 계획하고 그 행동을 상담실에서 역할연기 등을 통해 연습해 본다. 그리고 과제를 통해 일상생활에서 적용하고 실천해보기 시작한다.

2) 내담자문제의 심도깊은 탐색과 내담자의 자각을 도와주기

내담자문제에 대해 다각적으로 심도깊게 탐색한다는 것은 지금까지의 호소문제, 문제배경, 내담자에 대한 자료를 토대로 문제 영역들 중에서도 좀더 중요한 영역이 선택되어 깊이 탐색되는 것을 의미한다(정원식 외, 1999). 내담자문제에 관련된 역기능적인 내담자의 사고, 감정, 행동이나 특성과 같은 내담자의 내적 요인, 가족과 같은 환경적 요인, 그리고 과거경험과 현재문제에 대한 내담자의 지각 등을 다각적으로 심도있게 탐색하다 보면 상담자는 내담자에 대해 좀더 많은 것을 이해하게 되고, 내담자도 이러한 탐색을 통해 과거경험을 재해석하거나 새로운 심리상태를 경험하기도 하며 자신에 대해 새로운 통찰을 얻는다.

내담자의 자각이란 내담자가 문제들 사이에서 서로 그 관련성을 볼 수 있게 되고 그들간에 의미를 발견하며 근본적인 문제들에 대해 깨닫게 되는 것을 의미한다. 여기에는 자신에 대한 모순점이나 불일치 등도 포함된다. 내담자의 자각과 통찰은 내담자문제 영역에 대한 다각적이고 심도깊은 탐색을 통해 이루어진다. 내담자의 통찰과 내담자를 탐색하도록 도우며 얻은 상담자의 통찰을 바탕으로 목표를 수정하거나 새로운 상담목표를 정할 수도 있다.

3) 일상생활에 새로운 행동을 적용하고, 그 타당성과 효율성을 점검하기

상담후기단계는 변화할 새로운 행동을 실제 일상생활에서 적용해보고 그 타당성과 효율성을 점검해보는 시기이다.

일상생활에서 변화해야 할 새로운 행동을 실제로 적용해보기 전에, 상담자는 내담자로 하여금 안전한 상담상황에서 역할연기 등을 통해 그 행동을 연습해보도록 하고, 내담자가 어느 정도 성공적으로 수행할 수 있을 때 일상생활에서 적용해보도록 과제를 부여한다. 과제를 부여할 때 내담자가 감당할 수 없는 너무 많은 숙제를 내주거나, 또 너무 빠른 변화를 요구하지 않도록 주의한다.

실생활에서 적용해 본 후, 그 결과에 대해 상담에서 만나 보고하도록 한다. 일상생활에서 적용할 때 생기는 어려움, 정서적 갈등이나 두려움, 어색함, 또 예상할 수 있는 주위사람의 반응 등에 대해 충분히 논의한다. 논의할 때 새로운 행동을 시도하는 데에는 두려움이 따를 수 있지만 변화에 따르는 고통을 감수하는 용기와 결단이 필요하다고 격려하고 지지해준다.

상담자와 내담자는 논의과정을 통해 변화하고자 하는 새로운 행동이나 사고의 타당성을 점검하고 그 효율성을 평가해 나가며, 내담자의 특성과 내담자를 둘러싼 주위상황에 맞는 행동을 확인할 수 있고, 또 이를 통해 행동계획을 수정해 나갈 수도 있다. 변화하고자 하는 새로운 행동과 사고방식 등은 이와 같은 상담실에서의 시연과 일상생활에서의 적용, 그리고 그 타당성과 효율성을 점검하는 과정을 통해 반복적으로 연습하고, 결국 내담자 '자기의 것' 으로 만들어 갈 수 있다.

4) 내담자의 저항 다루기

상담중기와 후기에 다루어야 하는 또 하나의 과제는 내담자가 보이는 저항이나 불안 등을 잘 다루는 것이다. 내담자는 자신의 문제를 다각적으로 탐색함에 따라 자신의 삶의 패턴에 모순되는 점을 발견하게도 되고 고통스런 과거경험에 다시 접근해야만 하기도 한다. 내담자는 지금까지 문제가 있을 때마다 회피하며 유지해왔던 방어패턴을 그대로 유지하고 싶고 새로운 행동이 가져올 변화가 두렵고 불안해서 상담의 진전을 방해하고 상담자에게 협조하지 않으려 한다.

정신분석에서는 이와 같은 저항을 '내담자가 무의식에 눌러놓은 고통스런 기억들을 꺼내놓기 싫어 무의식적으로 자신을 방어하는 행동' 이라고 본다. 정신분석에서는 상담자가 내담자의 저항 속에 감추어진 불안에 초점을 맞추어 내담자의 저항에 대해 적절한 해석을 해주면 내담자로 하여금 자신의 문제에 대한 통찰을 가져오게 하므로 저항의 해석을 주요한 기법 중의 하나로 간주한다.

내담자가 저항하는 양식은 다양하다. 상담실에 정한 시간에 상담하러 잘 나오다가 지각하기 시작하고 약속한 상담시간에 상담하러 오지 않거나, 상담이 효과가 없다고 불평하고 상담때문에 문제가 더 나빠졌다고 항의하기도 한다. 상담시간에는 침묵으로 일관하거나 아니면 말이 너무 많아지거나 감정이 생략된 피상적인 이야기만을 할 수도 있다.

내담자의 저항이 나타날 때 상담자는, 특히 초보상담자는 실망해서 자신의 능력이 부족하다고 스스로를 비난하기 쉽다. 반대로 내담자가 저항하는 이유를 무조건 내담자가 자신의 문제를 꺼내기 싫어서 하는 행동으로 해석해서 자신을 방어하는 데에만 신경을 쏟는 상담자도 있을 수 있다. 상담자의 이러한 반응들은 모두 상담에 효과적이지 않다.

내담자의 저항이 나타날 때 상담자는 저항이 일단 내담자의 상담준비가 부족해서 생길 수 있는 정상적인 현상으로 상담과정의 한 요소라고 생각하는 것이 좋다. 때로는 상담자가 내담자로 하여금 상담자에게 반발하도록 잘못 행동했을 수도 있다. 따라서 상담자는 내담자의 행동이 자신의 문제에 직면하고 싶지 않아 하는 저항인지 아니면 상담자에 대한 정당한 항의인가를 잘 구별해야 한다.

저항의 이유가 무엇이든지 간에 상담자는 내담자가 저항하며 나타내는 불안과 두려움 등을 표현하도록 하며 수용한다. Egan(1994)은 내담자의 저항을 적대적으로 반응하지 말고 친근하게 대하라고 제안한다. 저항의 감정을 드러내도록 한 후 내담자를 판단하지 말고 내담자의 행동을 객관적으로 그대로 묘사해준다. 그리고 내담자로 하여금 저항행동의 숨은 의미를 이해하도록 해석을 통해 도와주는 것이 좋다. 해석할 때 주의할 것은 저항이라는 전문적인 용어를 사용하며 상담자의 권위로서 저항을 대하려 하지 말아야 한다는 점이다. 이와 같이 상담자가 내담자의 저항을 수용하고 방어적으로 대하지 않으면 내담자 자신도 자신의 문제와 경험에 대해 방어를 풀고 자신이 방어하는 진정한 의미를 알게 될 것이다.

내담자의 저항을 상담자가 잘 대처하면 내담자로 하여금 자신의 방어패턴을 알게 하고 자신의 문제를 좀더 이해하도록 도울 수 있다. 하지만 내담자의 저항이 너무 심해 상담진행이 어렵거나, 극단적인 경우 내담자가 아무 연락없이 더 이상 상담하러 오지 않아 상담이 성과 없이 조기 종결될 수도 있다. 따라서 내담자의 저항을 어느 정도 사전에 예방하는 것이 필요하다.

저항을 예방하기 위해서는 상담자의 일방적 지시나 너무 이른 조언, 설득 등을 피하고 상담초기부터 신뢰롭고 촉진적인 관계형성을 갖도록 노력하는 것이 좋다. 상담초기에 구조화를 통해 상담은 학습과정이기 때문에 때로는 어렵고 지루한 과정이란 점을 설명해 주는 것도 필요하다. 또한 각 상담이론들의 강력한 기법이나 실험적 기법 등을 적용하기 전에 기법의 절차와 효과 등에 대해 충분히 설명하는 것이 바람직하다. 예를 들어, 빈 의자기법은 내담자의 감정을 휘저어놓거나 감정의 소용돌이에 몰아놓게 할 수도 있고, 논박 등은 내담자의 모순되는 점을 직면시키기 때문에 이러한 기법들을 잘못 사용하면 내담자의 저항을 쉽게 불러일으킬 수 있다. 따라서 이러한 기법들의 절차와 기대되는 효과, 예상되는 문제점 등에 대해 미리 교육과 설명을 충분히 하면 내담자의 저항을 줄일 뿐 아니라 내담자가 적극적으로 이러한 기법의 적용을 받아들이는 효과를 가져온다.

다음은 상담자가 내담자의 저항을 다루는 면담내용의 예이다. (앞에서 제시한 Gerald Corey의 비디오에서 발췌한 내용이다.)

상담자 여기 올 때 어떤 생각이 들던가요?
내담자 그냥 … 왜 그런 생각이 드는지 모르겠어요 혼란스럽고 지금 여기 있는 게 어색해요.

성장과 긍정적인 변화에도 불편함이 따를 수 있다. 저항은 내담자가 현 상태를 유지하려는 의식, 또는 무의식적인 의도이다.

내담자 여기서 얘기하고 학습한 것을 집에서 적용하고 승인받을 수 없다면 무슨 소용이 있을까 하는 생각이 들어요.
상담자 가족들이 당신의 변화를 좋아하지 않을 수 있습니다. 지지하기를 꺼리거나 예전 모습이 훨씬 더 좋다고 할 수도 있을 거구요.
내담자 그런 일이 일어나고 있어요. 선생님께서 때론 좋아지기 전에 더 나빠진다는 말씀을 하셨죠.
상담자 그래요.
내담자 더 나빠졌어요. 나아질지 모르겠어요.
상담자 저도 장담할 수 없습니다.

내담자 하지만 선생님은 좋아질 거라고 확신하시는 것 같은데요.

저항에는 여러 가지 형태가 있다. 말이 많아지고, 주지화[4], 침묵, 주저하거나 장황하게 예를 들기 등, 저항은 제거하는 것이 아니라 탐색과 학습의 기초로 사용되어야 한다.

상담자 모르겠습니다. 항상 쉬운 과정은 아닙니다. 사람들이 매주 향상되는 건 아니지요. 퇴보하는 경우도 있는데 그런 경우도 많이 봤죠. 얘기하고 함께 작업하는게 중요하다고 생각합니다. 같이 무엇을 좀 해봤으면 합니다. 계속하고 싶지 않다는 생각이 있었고 여기 오기 힘들었다는 얘기를 했습니다. 취소하고 싶다고도 하셨구요. 몇 가지를 해봤으면 하는데요.

내담자 어떤 거죠?

상담자 그냥 당신이 되는 겁니다. 그만두고 싶은 자신이 되는 겁니다. 너무 힘들어서 더 이상 못 하겠다, 사람들을 설득하는데 지쳤다라는 입장 말입니다. 저는 다른 부분이 되고자 합니다. 계속 하기를 바라는 쪽이요.

내담자 좋아요.

상담자 시계를 보시던데 ….

내담자 시간이 충분한지 모르겠네요.

내담자가 행동의 숨은 뜻을 이해할 수 있게 도와주는 것은 기본이다. 여기서 상담자 Corey 박사는 역할극 기법을 사용한다. 상담자는 계속하기를 바라는 내담자의 역할을 맡았고, 내담자는 그만 두고 싶은 내담자의 역할을 맡았다.

내담자 여기 오는 것만으로도 집안에 문제를 일으킨다니까.

상담자 꼭 여기 와서 문제가 생긴 것은 아니야. 여기 오기 전에도 문제가 많았다는 것을 알고 있잖아.

내담자 난 늘 문제가 많아. 누구 하나 도와주는 사람도 없다니까 …. 그냥 이렇게 사는 거지 뭐.

상담자 다 참고 인내했잖아. 이젠 정말 싫어. 더 이상 지금처럼 살고 싶지는 않아.

내담자 더 나아지지 않을 거라는 생각을 가끔 해.

상담자 모든게 그렇지는 않겠지.

---

4) 주지화는 방어기제의 한 유형으로, 불편한 감정을 조절하거나 최소화하기 위해 지나치게 추상적으로 사고하거나 일반화함으로써 감정적 갈등이나 스트레스를 처리하려는 심리기제이다. 보통 감정을 억누르고 장황한 논리를 주장하는 경우가 이에 속한다. 예를 들어 어머니의 죽음이 슬프고 받아들이기 어려워 다른 사람에게 마치 신문에 난 기사를 이야기하듯 하는 경우이다.

내담자 예전으로 돌아가면 다시 조용해질 텐데.

저항의 이면에는 희망의 상실과 두려움이 존재한다.

상담자 여기서 나가고 싶다고 말씀하시는데 뭘 하려고 합니까?

내담자 여기서 나가고 싶지만 … 그냥 … 여기 있게 되네요.

상담자 그럼 … 왜 여기 있게 된 걸까요?

내담자 전화로 약속을 취소할 생각이었어요. 아프다고요. 그래야 '오기 싫어하는 구나' 하는 생각을 안 하실 테니까 ….

상담자 어떤 게 맞는지 몇 가지 얘기해 볼게요. 두려움 때문이에요. 집에서 비난받는 게 두려운 거죠. 앞으로 부딪힐 일들이 … 일시적인 것 같지만 당신을 무너뜨릴 수도 있죠. 그래서 그냥 포기하고 싶은 거예요.

내담자 미처 깨닫지 못했는데 두려운가봐요.

상담자 집에 가서 '치료를 그만 둔다면' 이라고 써보세요. 그냥 거기에 대해서 적어보는 겁니다. 하루 정도 시간을 갖고 상담을 중단하는 상상을 해보세요. 가능한 예전의 모습으로 되돌아가 보세요. 다른 날에는 계속하고 싶은 이유를 적어보세요. 어떤 생각들이 드는지 일주일 동안 한번 해보세요. 해볼만하겠어요?

내담자 예, 할 수 있어요. 그렇게 해보죠.

[상담자 Corey 박사] 상담을 하면서 내담자의 상태가 항상 좋은 쪽으로만 진전되지 않는다. 멈추거나 초기단계로 돌아가기도 하고, 때로는 더 나가야 할지 의문을 갖기도 한다. 내담자는 지금도 충분히 힘든데 앞으로는 어떨까 하고 두려워하는 것 같다. 과제는 '어떻게 할건가' 하는 실존적인 선택이었다. 회기 중에 이런 문제를 다루고자 했는데 "지루하고 따분해요", 또는 "아무 것도 하고 싶지 않아요. 좌절감을 느껴요" 라고 하면 "어떻게 하겠습니까" 라고 하였다. 내담자는 어떻게 할지 선택할 수 있다. 때로는 두 사람 모두에게 힘든 일이지만 버텨야 한다. "자, 고칩시다. 이겨냅시다" 라고 그냥 쉽게 말할 수 있는 게 아니다. 이런 과정은 여러 회기가 걸리기도 한다.

5) 목표달성을 위한 대안탐색, 문제의 심층적 탐색과 내담자 자각을 돕는 상담기술

(1) 심층적 공감

보다 깊은 심층적 공감은 내담자의 대화 속에 내포되기는 했지만 명확하게는 표현되지 않은 부분을 상담자가 파악해 내담자로 하여금 자신을 더 깊이 이해하도록 돕는 기술이다.

Egan(1994)은 상담자의 내담자에 대한 보다 깊은 심층적 공감은 다양한 형태로 나타날 수 있다고 설명한다. 내담자의 말에 함축된 내용을 충분히 표현하도록 돕고, 내담자 이야기 속에서의 주제를 탐색하고, 내담자의 경험과 행동, 정서를 서로 연결하도록 도우며, 내담자에 대한 상담자의 경험을 토대로 추측할 수 있다는 것이다. 이때 주의할 것은 상담자의 심층적 공감이 내담자의 세계를 마음대로 추론하거나 심리학적인 이론에 근거해서 어떤 해석을 가해도 좋다는 것은 아니라고 강조한다. 심층적 공감은 명료화로서 해석과는 다르다. 심층적 공감은 내담자가 표현했거나, 또는 명확하게 표현하지는 못했지만 내포하고 있는 것에 근거해서 상담자가 이해하는 것으로, 해석처럼 가설을 세우지는 않는다.

상담자는 심층적 공감을 잘하기 위해 내담자가 혼란스런 방식으로나마 전하고자 하는 것은 무엇인지, 숨은 메시지는 무엇인지, 그리고 내담자의 말속에 들어있는 긍정적 동기, 또는 성장동기는 무엇인지 등을 염두에 두고, 적절하게 질문한다. 예를 들어 "수능고사는 다가오는데 어디서부터 어떻게 시작해야 할지 너무 막연해요. 그냥 아무 생각없이 멍한 상태로 몇 시간씩 보내곤 해요"라는 내담자의 말에 상담자가 단순히 "많이 불안하겠구나"라고 내담자의 감정만을 반영해 주는 것이 아니라 "공부해야 할 것을 분명히 알면 집중해서 시험준비를 할 수 있을 것 같은데 너무 막연하니까 무력해진단 말이구나. 그럼 구체적으로 어떤 과목에서 특히 집중하기가 어려운지 얘기해볼까?"라고 반응하는 것이 보다 깊은 심층적인 공감이라고 할 수 있다. 상담자가 내담자의 문제를 거꾸로 긍정적으로 표현하는 이유는 내담자의 부정적 경험이나 감정표현에는 대부분 긍정적 동기가 있기 때문이다. 상담자가 내담자의 이러한 긍정적 동기를 끄집어 내 주는 것은 내담자가 진정으로 원하는 게 무엇인지 확인해 줄 수 있고 상담의 방향도 잡을 수 있게 해 준다. 따라서 심층적 공감은 내담자의 경험과 행동 및 정서에서 내담자가 미처 보고 있지 못하는 긍정적 측면과 부정적 측면을 모두 볼 수 있도록 해준다.

(2) 즉시성

내담자가 갈등을 느끼는 대부분이 대인관계와 연관되어 있다. 즉시성은 바로 이 대인관계에 초점을 맞추는 대화기술이다. 즉시성은 특히 대인관계와 관련하여 과거-거기서 벌어졌던 일보다는 지금-여기서 벌어지는 일들에 직면하여 그것에 초점을 맞추도록 하는 대화기술이다.

내담자가 현재의 문제와 관련된 이야기보다 현재의 문제와 관련없는 과거의 이야기를 주로 할 때 상담자는 즉시성을 활용할 수 있다. 보통 내담자는 현재 자신이 겪는 대인관계문제를 직면하는 것이 어렵다고 느껴질 때에 과거에 집착하는 경향이 있다. 예를 들어 현재 이성과 갈등이 있는 경우, 그 갈등의 원인을 탐색하기 보다는, 과거에 다른 사람이 자신을 얼마나 좋아했는지 등의 과거사로 초점을 돌려 이야기하기 쉽다. 이때 상담자는 과거의 이성관계가 현재의 문제와 어떤 관련이 있는지 질문함으로써 지금-여기로 초점을 가져올 수 있다.

즉시성은 상담자와 내담자의 관계에서 내담자가 일상적인 대인관계에서 겪고 있는 문제점들이 반영될 때에 활용할 수 있다. 일반적으로 내담자가 일상생활에서 나타내는 대인관계양식은 상담상황에서도 그대로 나타나곤 한다. 예를 들어 내담자가 끝없이 같은 이야기를 되풀이하거나, 초점 없는 이야기를 이리저리 늘어놓는 경우가 있다. 내담자의 이러한 자기중심적인 대화방식은 지금-여기서의 상담자와의 관계를 방해할 뿐 아니라 일상적인 대인관계에서도 해를 끼쳐왔던 의사소통방식이다. 이와 같이 내담자의 습관화된 대인관계양식이 드러날 때 상담자는 이를 놓치지 않고 현재로 가져와 대화의 초점으로 삼을 필요가 있다.

예를 들어, 대학 일학년인 딸과 갈등이 있는 내담자의 문제가 딸을 전혀 이해하지 못할 뿐 아니라, 어쩌다 딸과 이야기할 기회가 있어도 권위적이고 지시적으로 끊임없이 잔소리를 하는 아버지의 의사소통방식에 있다고 상담자가 판단된다면, 이를 즉시성을 활용하여 내담자에게 직면시켜줄 수 있다. "지금 당신은 같은 이야기를 여러 차례 반복하고 있고 내가 질문하면 그 질문내용에 바로 답하기보다 주변이야기를 더 많이 이야기하느라고 정작 대답은 들을 수 없군요. 또 핵심내용을 말하기보다 질문과 연관된 모든 내용을 처음부터 끝까지 이야기하기 때문에 상담자인 나로서 듣기가 매우 힘이 듭니다. 갈등을 느끼고 있는 딸하고도 혹시 이러한 방식으로 대화하는 것은 아닌지요?"라고 할 수 있다. 즉시성을 통해 내담자로 하여금 자신의 잘못된 의사소통방식이나 대인관계양식을 직면하도록 해 줄 수 있다.

지금-여기에서 벌어지고 있는 상담자와 내담자의 관계에서 문제가 있다고 판단되는 경우에도 즉시성을 활용할 수 있다(이장호 · 금명자, 1992). 예를 들어 내담자가 상담에서 솔직한 자기노출을 꺼리거나 지나치게 상담자에게 의존하고, 저항하거나 상담이 방향을 잃고 아무런 진전을 보이고 있지 못하는 등의 경우가 이에 해당한다. 상담자는 내담자에게 "당신은 아직 말하기를 머뭇거리는군요. 아직 나를 믿기 어려워하는 것 같아요." 라고 하거나 "당신은 내가 뭔가를 하라고 지시하기 전까지는 하지 않는 것 같군요. 마치 나는 어른이고 당신은 어린아이 같은 느낌이 드는데요."라고 할 수 있다. 또는 "요즘 상담이 앞으로 나가지 못하고 계속 맴돌고 있다고 느끼게 되는데요. 우리가 잘하고 있는 것이 무엇이고 잘못하고 있는 일이 무엇인지 살펴보면 좋을 것 같아요." 등으로 표현할 수 있다. 또한 내담자와 상담자가 서로 이성으로서 호감을 갖고 이것이 상담자와 내담자로서의 역할에서 빗나가게 한다면, 상담자는 즉시성을 활용해서 "우리가 서로에게 호감을 가지고 있다고 생각해요. 그것이 지금-여기에서 하는 상담에 방해가 되고 있지 않은지, 예를 들어 상담자로서 심리적 객관성을 유지하지 못할까 염려되는군요."라고 표현하며 논의할 수 있다.

(3) 피드백 주기

상담자의 피드백 주기는 내담자의 사고, 감정, 행동에 대해 상담자가 보고 관찰한 것을 전달하고 내담자가 어떻게 하고 있는가에 대한 정보를 제공하는 것을 말한다. 일상생활에서도 다른 사람의 피드백을 바로 받아들이는 것은 쉽지 않다. 받아들일 자세가 되어 있지 않거나 잘못 피드백을 주면 받는 사람에게 마음의 상처만을 줄 뿐이다. 상담자가 내담자에게 피드백을 주는 이유는 내담자를 판단하기 위해서가 아니라 내담자로 하여금 긍정적인 변화를 하도록 지지하거나 격려하기 위해 사용한다. 상담자가 피드백을 적합하게 사용하면 내담자의 변화를 가져올 뿐 아니라 피드백을 주고 받는 모델링의 역할을 할 수도 있다.

피드백에는 인정적 피드백과 교정적 피드백이 있다. 인정적 피드백은 상담자가 내담자의 현재 모습과 변화를 지지하는 칭찬과 따뜻한 말과 같은 긍정적인 피드백인 반면, 교정적 피드백은 내담자로 하여금 현재의 모습을 바꾸고 새로운 모습과 변화를 갖도록 격려하고 한편으로는 도전하는, 그래서 내담자에게는 부정적으로 느껴질 수 있는 피드백이다. 특히 교정적인 피드백은 내담자가 바로 받아들이기 어렵기 때문에 상담자와 신뢰로운 관계가 형성된 후 상담초기보다 상담중기나 후기에 주는 것이 좋다.

상담자가 내담자에게 피드백을 주는 방법에 대해 일반적으로 다음과 같이 제언하고 있다.

첫째, 피드백은 내담자가 변화하려는 준비가 되어 있을 때 주어야 효과적이다.

둘째, 피드백은 사실적이고 객관적인 준거를 제시하면서 구체적으로 관찰가능한 행동에 대하여 그 행동이 일어난 직후에 주어야 효과적이다.

셋째, 피드백은 가치판단을 하거나 비판하지 않는 채로 주어야 한다.

넷째, 고치기 어려운 내담자의 성격특성보다는 변화가 가능한 구체적인 행동에 초점을 맞추어, 한 번에 한 가지씩만 주도록 한다.

다섯째, 교정적인 피드백을 줄 때에는 긍정적인 피드백을 먼저 제시하거나 부정적인 피드백과 함께 제시되어야 내담자가 받아들이기 쉽다.

여섯째, 피드백은 내담자가 받아들이기 어렵고 내면화하는 데 시간이 걸린다는 사실을 고려해야 한다. 따라서 피드백을 준 후 내담자의 반응을 이야기로 듣는 시간을 가지는 것이 필요하다.

(4) 직 면

직면은 내담자가 가지고 있는 언행의 불일치, 모순, 생략 등을 상담자가 기술해줌으로써 내담자가 자각하도록 도와주는 기술이다. 직면은 피드백의 한 방법으로 내담자의 일치하지 않고 모순되는 점을 지적하는 강력하면서도 도전적인 기술이기 때문에 상담자가 직면을 잘못 사용하면 내담자는 위협을 느끼기도 하고 심리적으로 상처를 받기도 한다.

직면의 목적은 어디까지나 내담자로 하여금 자신에 대한 자각과 문제에 대한 통찰을 가져오도록 해서 바람직한 변화를 가져오게 하는 데 있다. 따라서 상담자가 상담하는 동안 내담자에게 품었던 화난 감정을 표출하는 화풀이 기회로 삼거나, 뚜렷한 목적없이 직면기술을 사용하지 말아야 한다. 상담자는 내담자에게 직면을 사용하는 이유와 직면을 통해 얻으려는 것이 무엇인지를 분명히 알고 쉬운 언어로 직면하여야 한다.

직면 또한 피드백처럼 내담자가 받아들이기 어렵기 때문에 상담자에 대한 신뢰가 형성된 후 시기 적절하게 사용해야 한다. 내담자의 준비가 되어 있지 않으면 내담자가 저항하게 되고 상담자가 원하는 효과를 얻지 못한 채 상담자와 내담자의 관계만 나쁘게 될 수 있다.

직면할 때 상담자는 내담자의 일치하지 않고 왜곡된 언행을 비판하지 않고 그대로 묘사하며 질문을 통해 지적한다. 예를 들어 실연을 당한 내담자가 "아무렇지도 않아요. 버스는 떠나가면 또 오는 걸요"라고 농담 섞어 이야기하지만 눈에는 눈물이 맺혀있다면 상담자는 내담자가 진술하는 말이 내담자가 느끼는 감정과 일치하지 않음을, "아무렇지도 않다고 말씀하시지만, 눈물이 고이는 것을 보았는데 제가 어떻게 받아들여야 하지요?" 라고 질문함으로써 내담자가 자신의 고통을 인정하지 않으려 한다는 사실을 인식시킬 수 있다.

상담자가 직면을 하면 대부분의 내담자는 방어를 하게 되는데 내담자의 방어에 대해서는 곧바로 다시 직면하지 않도록 한다. 상담자 자신의 직면방식에 대해 검토하고 내담자의 특성이나 심리적인 준비정도를 고려한 다음 다시 시도한다. 내담자가 저항을 보일 때 상담자가 대처해야 했던 것과 마찬가지로, 내담자의 받아들이기 어렵다는 감정을 먼저 수용해주고, 내담자의 행동을 처음과는 다른 표현으로 기술하며, 이에 대해 내담자와 의견을 나눈다.

다음 내용은 상담자가 내담자의 일치하지 않는 모습을 어떻게 직면하는지를 보여준다(Egan, 제석봉 외 역, 「유능한 상담자」, 1999, p.235에서 재인용).

수개월간 실직 상태에 있는 내담자는 일을 갖기 원하면서도 재훈련 프로그램에 참여하는 것을 원하지 않는다.

상담자 그 프로그램이야말로 당신이 찾아왔던 바로 그런 일이 아닌가 하는 생각이 드는데요.

내담자 글쎄요…. 제가 하고자 했던 일이 그런 일인지는 잘 모르겠는데요…. 그 프로그램에서 훈련시키는 일은 제가 지난번 직장에서 했던 일과 아주 다를 것 같아…. 그리고 훈련을 받으려면 시간도 많이 걸릴 것 같고요.

상담자 그래서 그 프로그램이 자신에게 맞지 않는다고 느끼는군요?

내담자 예.

상담자 C양, 실직 상태에 놓여 있는 것이 싫고 이 프로그램은 직장을 구하는 데 도움이 될 것이라고 말했어요. 그런데 무슨 일이지요?

내담자 (침묵) 선생님도 아시다시피 저는 아주 게으르거든요…. 실직 상태에 놓여 있는 것이 싫지만 여기에 익숙해진 것 같아요.

상담자는 내담자의 언행의 불일치를 보고 있다. 사실 내담자는 '실직자 문화' 에 젖어 버린 것이다.

(5) 해 석

해석은 내담자가 해온 말과 행동들 간의 관계와 의미에 대해 상담심리학이론에 근거하여 새로운 가설을 제시하며 설명하는 것이다. 상담자의 해석을 들으며 내담자는 자신의 문제를 객관화시키고 새롭게 조명해보게 된다. 상담자의 가설이 내담자에게 설득력이 있으면 내담자는 자신의 문제뿐 아니라 자신을 전체적으로 바라볼 수 있는 매우 중요한 통찰을 얻게도 된다.

해석의 한 예로는 다음 내담자의 경우를 들 수 있다. 흔히 말하는 '결혼적령기'가 훨씬 지난 여성 내담자가 있었다. 그녀는 여성으로서 매력적이었고, 소위 말하는 결혼을 위한 좋은 조건을 갖추고 있었다. 내담자는 그동안 여러 남자친구와 사귀었지만 결혼에는 이르지 못해 고민하고 있었다. 그녀는 얼마 전에도 사귀던 남자친구와 헤어졌다. 그녀의 남자친구는 평소 그녀가 생각하는 이상형보다는 훨씬 못한 사람들이었고, 그러나 그녀가 대하기 편한 남자들이었다. 사귀다 보면 이상형이 아닌 바로 그 점이 마음에 들지 않아 남자친구를 무시하게 되고 결국 싫증을 느껴 그녀 쪽에서 헤어지자고 요구하는 것을 반복하였다. 그런데 내담자의 가족관계를 탐색해 가는 동안 내담자의 어머니가 평생동안 아버지를 무시하고 싸움을 걸었다는 사실이 대두되었다. 그런 어머니를 보고 자라면서 자신은 절대로 어머니처럼 남편을 무시하고 집안에 풍파를 일으키는 사람은 되지 않겠다고 결심했었다. 하지만 자신의 남자친구에게 자신의 어머니가 아버지에게 했던 그대로 남자친구를 무시하고 싸움을 거는 자신의 모습을 보고 놀래곤 하였다. 내담자는 부모의 원만하지 못한 결혼생활을 보았기 때문에 결혼에 대한 두려움을 갖고 있어 결혼하지는 못하고, 연애는 하지만 자기가 통제할 수 있다고 생각되는 남자친구를 골라 사귀다가 헤어지기를 되풀이하는 것이다.

위와 같은 경우, 정신분석적인 관점을 지닌 상담자라면 내담자의 행동은 어머니에 대한 미움의 에너지가 반복되는 것이라고 해석할 수 있고, 행동주의적인 관점을 지닌 상담자라면 어머니의 행동이 그녀에게 학습된 것이라고 볼 수 있을 것이다.

해석은 무엇보다 그 시기가 중요한데 피드백, 직면과 마찬가지로 상담자와 내담자가 신뢰로운 관계가 형성된 후에 해야 내담자가 받아들일 가능성이 높다. 내담자가 거의 깨닫고는 있지만 확실하게 개념화하지는 못하고 있을 때 해야 효과적이며, 따라서 상담의 단계로 보면 주로 상담후기에 가서야 하게 된다.

내담자가 스스로 해석하도록 인도하는 것이 가장 효과적이고, 단정적으로 해석하기보다는 가설적 형태로, 예를 들어 "내가 보기에는 ~인 것 같은데요", "아마 이런 것이 원인이지 않을까요"와 같이 잠정적인 질문형태로 제시하는 것이 효과적이다. 일단 해석을 하였으면 일관성 있게, 반복적으로 해주며, 해석내용은 가능한 한 내담자가 조절할 수 있는 수준의 것이어야 한다. 내담자가 해석을 받은 후 변화하기에는 너무 어려운 행동이라면 내담자의 무력감만 불러일으킬 수 있다.

지금까지 언급한 상담자의 태도와 면담기술은 내담자의 내면세계에 접근하는 정도가 점점 깊어진다고 할 수 있다. 상담초기에는 관심을 기울이고 적극적으로 경청하면서 공감적으로 이해해주고 내담자의 감정을 반영해주다가, 상담중기에는 좀더 심층적으로 공감해주고, 내담자의 내면세계를 명료화시켜주며, 피드백과 직면을 통해 변화해야 할 부분이나 모순되는 점을 지적해주고, 상담후기단계에 들어서면 내담자로 하여금 지금까지와는 다른 각도로 자신의 내면세계를 파악하도록 해석해주는 것이다.

3 상담의 종결단계와 상담자과제

1) 종결 시기와 방법

상담을 종결할 때는 내담자가 호소하는 문제가 어느 정도 해결되고 상담초기와 중기에 세운 목표가 달성되어서 새로운 행동을 할 뿐 아니라 그런 행동을 내담자 혼자서도 할 수 있다고 상담자가 판단될 때, 상담자와 내담자가 논의를 통해 합의한 후 종결하는 것이 좋다.

종결은 종결에 대해 합의한 바로 그 회기에 하는 것이 아니라 적어도 두 · 세 차례 회기를 더 가진 후 종결하는 것이 좋다. 그 기간도 만약 일주일에 한 번씩 만났다면 두 달 정도의 여유를 두고 종결에 대해 합의한 후 2주에 한 · 두 번, 그 다음에는 3주에 한번 정도로 만나는 것이 좋다. 이렇게 간격을 띄워 점진적으로 종결을 하는 이유는 내담자로 하여금 종결에서 오는 불안과 같은 정서적 문제를 극복하고 상담자 도움없이 실제생활에서 자신의 일을 스스로 해결할 마음의 준비를 하게 하기 위함이다.

2) 종결단계에서의 상담자과제

종결단계에서 고려해야 할 상담자과제는 다음과 같다.

첫째, 상담을 통해 배운 내용이나 상담에서 경험한 것의 의미를 요약해보고 정리한다. 이를 통해 상담과정에서 나타난 변화를 명확히 알도록 돕는다.

둘째, 상담의 성과를 평가한다.

셋째, 상담을 떠나 실제 생활로 돌아가서도 이러한 상담의 효과를 지속적으로 유지시키고, 예상되는 어려움에 대처할 수 있도록 돕는다.

넷째, 상담종결 때 내담자가 흔히 느끼는 내담자의 의존과 불안 같은 정서적 문제를 효과적으로 다루는 것이다.

(1) 상담결과의 정리와 상담성과의 평가

상담의 종결단계에서 상담자는 내담자에게 상담에서 경험한 것과 상담과정에서 얻은 통찰에 대해 질문하고 대화를 나눔으로써 상담결과를 요약하고 정리하도록 도와준다. 이렇게 하는 이유는 상담과정에서 배운 내용을 이해하고 실제 생활에 적용할 자신감을 갖도록 해서 실제 생활로 돌아갈 준비를 하게 하기 위해서이다. 상담성과를 평가하기 위해 상담자는 내담자에게 상담을 받으면서 가장 도움이 되었던 것은 무엇이고, 구체적으로 어떤 변화가 있었는지, 상담목표는 달성되었다고 생각하는지, 또 해결되지 않은 문제가 있는지 등에 대해 질문한다. 또는 이러한 질문내용이 들어있는 상담평가서 양식을 이용할 수도 있다. 상담평가서 양식의 예는 [표 2.2]에서 볼 수 있다(홍경자, 「상담의 과정」, 2001, p.377에서 인용).

[표 2.2] 상담에 대한 평가서

내담자 : ____________ 상담자 : ____________

일 시 : ____________

다음 사항을 1~5의 척도에 표시하시오.

(① 해로웠다 ② 별로 없다 ③ 약간 ④ 많다 ⑤ 대단히 많다)

1. 당신이 상담을 받고 나서 전반적으로 도움을 받은 정도는 어느 수준입니까? ① ② ③ ④ ⑤

2. 당신이 상담 초기에 고심했던 문제점은 어느 정도로 호전되었습니까?

   문제점 A ( ) ① ② ③ ④ ⑤

   문제점 B ( ) ① ② ③ ④ ⑤

   문제점 C ( ) ① ② ③ ④ ⑤

3. 구체적으로 당신의 사고, 감정, 행동에 어떤 변화가 있었습니까?

4. 만약에 위의 문제점에 대하여 상담의 효과가 별로 나타나지 않았다면, 그 이유는 무엇이라고 생각합니까?

5. 당신에게 가장 도움이 된 상담기법이나 상담이론은 무엇입니까?

6. 상담자의 어떤 면이 당신에게 좋았습니까?
그리고 아쉬운 면은 어떤 것입니까?

7. 아직도 해결되지 않은 문제는 어떤 것입니까?
그리고 거기에 대하여 어떤 생각과 계획을 가지고 있습니까?

8. 상담을 받고 나서 세상과 자신에 대한 이해와 문제해결능력과 자신감 등에 대하여 당신은 어느 정도의 진보가 있습니까? 그리고 그것을 미래의 생활에 어떻게 활용하겠습니까?

9. 상담실(상담환경) 등에 대하여 느낀 점은 무엇입니까?

(2) 상담효과를 지속적으로 유지하기 위한 노력

상담경험이 내담자에게 어떤 의미를 주었는지 정리하고, 상담성과가 있었는지 평가하는 것은 상담에서 얻은 효과를 지속적으로 유지하기 위해서이다. 여기에 덧붙여, 상담효과를 실생활에 돌아가서도 최대한 유지하기 위해서는 상담이 끝난 후 당면할 것으로 예상되는 문제는 무엇이고, 상담의 효과가 오래 유지되지 못해 다시 변화되기 이전으로 되돌아가거나, 예측하지 못한 어려움에 처했을 때 어떻게 대처할 것인지 논의하는 과정이 반드시 필요하다. 또한 상담종결 이후에도 내담자가 필요하다면 추후면담 등을 통해 상담자와 만나 도움을 청할 수 있음을 알려준다.

(3) 내담자의 의존성과 불안 다루기

상담을 하다보면 내담자는 의식적으로 또는 무의식적으로 상담자에게 의존하게 되는

데, 종결을 논의하게 되면 내담자는 과연 자신이 실생활에서 잘 할 수 있을까 하며 불안을 느끼게 된다. 내담자의 분리불안을 다루는 방법은 우선 불안해 하는 내담자의 감정을 반영해주고 이해해준 다음, 상담에서 일어났던 일이나 내담자가 이루어 온 행동변화에 대해 지적해주고, 그동안 이루었던 일이 내담자 스스로 해내었음을 격려해주고 앞으로도 그렇게 할 수 있다고 지지해 준다.

내담자가 자신의 상담목표를 달성했는데도 종결을 원하지 않을 때에 상담자는 내담자의 의존욕구를 그동안 지나치게 만족시켜 주지 않았는지, 그래서 내담자가 분리불안을 많이 느끼는 것은 아닌지 상담자 스스로를 검토해 본다.

내담자의 상담자에 대한 의존성 문제는, 본래 상담의 목표가 내담자 스스로 문제를 통찰하고 해결하도록 도울 뿐 아니라 내담자를 인격적으로 성숙시키고 발달시키며 문제를 예방하는 데 있다고 볼 때, 종결단계에서만 고려해야 하는 것이 아니라 상담초기부터 이러한 의존성문제를 염두에 두어야 한다. 상담초기 구조화를 통해 내담자에게 상담의 궁극적 목적은 내담자 스스로 문제를 해결하도록 돕는 것이라는 것을 설명한다. 상담과정에서도 내담자 스스로 판단하고 결정하도록 유도해야 하고, 내담자 스스로 할 필요가 있을 때마다 시기 적절하게 상기시켜 준다.

종결될 때가 되지 않았는데 종결하려는 내담자에게는 상담결과에 대해 정리하게 하고 상담을 평가하게 함으로써 이룬 점과 이루지 못한 점을 스스로 찾아내도록 하고 상담을 계속하도록 권유한다. 이러한 논의 후에도 내담자가 계속 종결을 원한다면 상담의 윤리상 내담자의 의견에 따라 종결해야 할 것이다.

3) 추후상담(follow-up)

추후상담은 상담을 종결한 후 상담자와 내담자가 만남을 갖는 것을 의미하는데 고양회기라고 부르기도 한다. 추후상담은 내담자가 상담이 끝나고 실생활에서 잘 적응하며 지내는지, 새로운 문제를 가졌거나 상담했던 문제가 다시 발생하지는 않았는지 등을 확인하고, 상담자가 내담자를 격려하거나 지지해 주기 위한 것이다. 보통 종결 후 1개월이 지났을 때 만남을 갖고 3개월, 그리고 6개월 후와 같은 간격을 두고 만남을 더 갖기도 한다. 일년 후에도 전화나 편지로 연락을 하기도 한다. 그 시기와 간격은 내담자와 협의하여 정하고 내담자의 사정에 따라 달라질 수 있다.

추후상담에서 내담자뿐 아니라 상담자도 내담자의 긍정적인 변화가 계속 유지되고 있는지, 실생활에 적용해보았을 때의 문제는 없었는지 등을 검토함으로써 상담자 자신의 상담효과를 평가할 수 있다. 예를 들어 아동내담자가 상담 후 얼마나 잘 적응하는지를 평가하기 위해, 상담을 종결하고 한 달이 지난 후, 아동과 부모를 함께 만나는 특별한 시간을 마련할 수 있다. 이 면담에서 상담자는 첫째, 상담종료 후 아동에게 발생한 문제들을 보고 받아 필요하다면 다시 상담을 받을 수 있게 해주며, 둘째, 추후활동에서 얻은 정보를 통해 자신의 상담효과를 평가함으로써 아동상담을 할 때의 자신의 태도를 점검하고 교정할 수 있는 기회를 얻는다.

앞에서도 언급하였지만 상담의 초기, 중기, 후기 또는 종결단계는 실제 상담과정에서는 분류가 분명하지 않고 서로 중복되거나 생략되는 경우도 있다. 예를 들어 촉진적 관계를 형성하는 태도나 기술은 상담과정의 어느 단계에서나 요구되며, 구조화도 상담초기에만 하는 것은 아니고 필요할 때마다 상담진행에 대한 설명과 안내를 할 수 있다. 또한 상담초기부터 목표 설정을 염두에 두고 상담을 진행시키지만, 상담중기에 목표를 수정하거나 새로운 목표가 필요하다면 새 목표를 세울 수도 있다.

다음은 종결면담의 한 예이다. 행동주의상담을 적용하여 상담한 내용 인데 행동주의상담에서 뿐 아니라 다른 상담이론에서도 종결면담은 대체로 아래와 같은 방식으로 진행된다. 내담자는 직장에 지각하는 문제와, 불안하고 사회적으로 고립되어 있다고 느끼고, 개짖는 것에 대한 두려움 등을 지니고 있었다. 한 명의 내담자를 이론적 관점이 다른 다섯 명의 상담자가 가상적으로 면담한 내용을 실은 「다섯 명의 치료자와 한 명의 내담자」 중 "행동치료"를 적용한 부분에서 발췌하였다(Corsini, 이혜성 역, 1997, pp.274-281).

상담자 지난주에 당신은 치료를 마칠 준비를 해야겠다고 말했지요.

내담자 그래요. 더욱 더 그렇게 느끼고 있지요. 그리고 선생님이 가르쳐 준 방법들을 쓸 수 있다고 생각해요. 문제가 있을 때마다 선생님에게 의지하는 걸 원하지 않습니다.

상담자 나는 당신이 놀랄 만큼 변화했다는 데 동의하고 여러 치료법들을 잘 활용했다고 생각해요. 문제를 제기하고, 여기서 익혔던 기술들을 철저하게 시험해보고, 꽤 불편한 것에 대해서도 이야기하고….

내담자 선생님이 그리워질 거예요….

상담자 나도 고맙게 생각하고 있어요. 당신이 잘 해 나가고 있는지, 그리고 의논했으면 하는 것이 있는지 알 수 있게 몇 번의 추후면담을 가졌으면 해요. 보통의 내담자들은 이러한 추후과정이 매우 유용하다고 하더군요. 그렇지만 내가 추후면담을 계획하는 것이 이기적인 이유 때문이라는 것은 인정해야겠군요. 당신에게 무슨 일이 일어나는지 보고 싶거든요.

내담자 좋은 생각이에요. 언제 다시 만날까요?

상담자 지금부터 한 달 후에 첫 번째 추후면담을 갖도록 하지요. 만약 모든 일이 잘 되어 간다면 다음 3개월 후에 보게 될 거예요. 그리고 그 다음은 6개월 이후가 될 것이구요.

내담자 좋아요.

상담자 오늘 남은 시간 동안 당신이 치료에 관해 생각하고 있던 것, 그리고 가장 도움이 되었던 방법, 그리고 긍정적인 변화를 계속 유지하도록 하는 데 가장 중요하게 생각하는 것에 대해서 이야기를 해보면 좋겠어요.

내담자 음, 이것은 내가 기대했던 것과는 매우 다른 방법이었어요. 내가 전에 이야기했던 것처럼 나는 소파에 누워 많은 이야기를 하고 선생님은 별로 얘기하지 않을 것이라고 생각했어요. 처음 선생님을 보고 깜짝 놀랐어요. 여자였기 때문이 아니라 아주 어려 보였거든요. 그러나 나는 선생님의 일하는 방식이 좋았어요. 모든 것이 나에게 느껴졌어요. 내가 하고 싶은 말은 당황스러웠다는 거예요. 난 항상 그렇잖아요. 아니 … 항상 그랬었죠.

상담자 나는 그것들이 과거의 일이길 바랍니다.

내담자 음, 완전하지는 않지만 많이 나아졌어요.

상담자 우리가 했던 접근방법을 당신이 좋아한다는 얘기처럼 들리네요. 그 중에서 어느 것이 지금 당신에게 중요합니까?

내담자 나는 역할연기를 매우 좋아했어요. 내가 불안해질 때마다 이젠 선생님을 그려볼 수 있게 됐어요. 이 문제를 어떻게 다루어야 할까 제 자신에게 물어봐요. 그리고 내가 역할연기를 하고 있는 것을 상상하게 되죠. 그것은 도움이 돼요. 이젠 이완기법[5]을 그렇게 많이 사용하지 않아요. 그러나 이완하는 방법을 아는 것은 매우 좋다고 생각해요. 난 걷는 것을 좋아해요. 걷는 것은 나에게 많은 에너지를 주고 더 좋은 하루를 시작하게 하죠. 또한 인지적 왜곡[6] 목록이 도움이 된다고 생각해요. 비록 그것을 사용해서 내가 자신에게 무엇을 하고 있는지 볼 때 조금은 바보스럽게 느껴지지만요.

상담자 인지적 재구성[7]이나 역할연기 같은 특별한 기법들이 도움이 되었고, 여전히 그것을 사용하고 있다는 말씀이군요. 적어도 상상 속에서 말이에요. 하지만 다른 방법들은 지금 그다지 중요하게 생각되지 않는다는 말이죠.

내담자 맞아요.

상담자 자기기록법[8]이 도움이 되었나요?

내담자 현재로서는 그렇게 큰 도움이 안 되지만 시작할 때 잘못된 것을 알아내는 데 도움이 되었다고 확신해요.

상담자 정말 그건 우리가 문제를 찾아내는 데 도움이 된 것 같네요. 다른 건 없나요?

내담자 별로 없어요. 하지만 선생님은 정말 내게 큰 도움을 줬어요. 나는 지금 나 자신에 대해 전반적으로 훨씬 좋게 느끼거든요. 사물에 대해 확신이 생겼구요. 어떤 불행한 일에 대해서도 더 이상 생각하지 않습니다.

상담자 그것은 당신이 나아졌다는 다른 증거로 보여지는군요. 자, 이제 질문지에 대한 당신의 최종 답변을 보고, 당신이 말하는 게 무언지 알아보도록 하죠.

〈중 략〉

상담자 당신 자신에 대해 불안하고 불확실한 점이 여전히 있기는 하지만, 이 질문지로 봐서

---

5) 이완기법은 행동적 상담에서 주로 사용하는 기법으로 사람들이 일상생활에서 유발되는 스트레스나 불안에 대처할 수 있도록 가르치는 방법이다. 근육과 정신의 이완을 목표로 하고 있다. 긴장을 풀기 위해 근육을 수축했다가 푸는 행동을 반복하고, 깊고 크게 숨을 들이마시고 내쉬고 하는 행동을 같이 하기도 하며, 고요하고 평화로운 상태를 상상하게도 한다.

6) 인지적 왜곡은 우울한 사람들이 자신에게 일어나는 사건들에 대해 습관적으로 사실과 틀리게 해석하고 잘못된 정보처리를 하는 현상을 말한다.

7) 인지적 재구성은 자신의 인지를 확인하고 평가해서, 사고가 행동에 미치는 부정적 영향을 이해하며, 비합리적 사고를 좀더 현실적이고 적절한 사고로 대치하는 것을 학습하는 과정이다. 한 개인의 해석과 사고과정을 변화시키는 인지행동 상담에서의 핵심적인 절차이다.

8) 자기기록법은 일상생활에서 자신의 사고, 감정, 행동을 관찰하고 기록하는 방법을 말한다. 예를 들어 구체적인 어떤 행동, 그 행동을 일어나게 하는 선행단서, 그리고 그 행동의 결과를 기록한다.

는 아주 많이 나아진 것처럼 보이는군요.

내담자 질문지를 끝냈을 때 나도 그렇게 생각했습니다.

상담자 오늘 하고 싶은 것이 한 가지 더 있어요. 자, 만약 당신의 옛 문제들이 다시 재발한다면, 그에 대한 경고 표시 목록을 만들 수 있을지 생각해 봅시다. 좋지 않은 징조로 어떤 구체적인 사건을 생각할 수 있겠습니까?

내담자 다시 직장에 지각을 한다면 그것은 좋지 않은 징조가 되겠지요. 그리고 보이스 클럽 봉사를 그만둔다면 그것 또한 그렇고요.

상담자 (기록하면서) 다른 것은 없나요?

내담자 잘 모르겠어요.

상담자 만약 부정적 생각을 다시 많이 하게 되면 어떨까요?

내담자 그것도 확실히 나쁜 징조일 거예요.

상담자 좋아요. 그러면 내가 목록을 만들겠어요. 직장에서의 행동－혼자 식사하거나 일을 할당하지 않고 해 버리는 것－은 어떨까요?

내담자 내 생각에 그것들도 좋은 징조는 아닐 것 같네요. 그것들도 적으세요.

상담자 좋아요. 산책하는 것은 어떨까요? 적어 넣을 만큼 중요한 것일까요?

내담자 그래요. 많이 생각하는 것은 아니지만, 산책하지 않는 것을 상상할 수 없어요.

상담자 (목록을 주면서) 이것을 경고 표시로 생각하세요. 만약 이런 일들이 시작되면 곧장 행동을 취해야 해요.

내담자 무슨 뜻이죠?

상담자 그것에 대해 얘기해 봅시다. 당신이 즉각 취해야 할 행동은 먼저 이런 일이 일어나고 있다는 것을 알아차리는 것입니다. 그리고 나서 스스로에게 그 이유를 물어봐야 합니다. 치료 때 배웠던 방법들을 기억하고 어떤 것이 도움이 될지 찾아야겠죠. 자, 연습을 한번 해 볼까요? 지금 당신은 보이스 클럽 봉사시간을 줄이고 있다고 생각해 봅시다.

내담자 오, 나는 그것을 상상할 수조차 없어요.

상담자 정말 그 일을 좋아하는군요. 하지만 몇 분 동안만 가정해보는 겁니다.

내담자 좋아요.

상담자 자, 봉사 시간을 줄이는 이유는 뭘까요?

내담자 아마도 나는 그 곳의 다른 사람들이 나를 싫어한다고 생각할 겁니다. 아시다시피 전에 늘 상상하던 대참사[9] 같은 것 말이에요.

상담자 좋아요. 어떻게 그런 종류의 생각을 다룰 수 있겠습니까?

내담자 나는 그것이 사실인지 아닌지 혹은 내가 왜곡된 사고를 다시 하고 있는 것은 아닌지 설명해 볼 겁니다.

상담자 좋은 전략처럼 들리는군요. 하지만 그것이 효과가 없다면 어떻게 할까요?

내담자 선생님을 찾아와도 될까요?

상담자 물론이죠. 그건 항상 가능합니다. 그것 외에 다른 것은 없을까요?

내담자 잘 모르겠네요.

상담자 당신이 마음읽기[10]를 하고 있는지 다른 사람에게 물어보는 것은 어떨까요?

내담자 그건 나로서는 하기가 어려운 일일 겁니다. 희망일 뿐이죠.

상담자 가장 중요한 것은 문제가 진행되도록 그냥 놔두지 않고 그에 맞는 방법을 쓰는 것입니다. 당신은 그것들을 해결하기 위해 여러 가지 방법을 시도할 수 있습니다.

내담자 치료와 같은 것 말이죠?

상담자 맞아요.

내담자 (다시 불안해 하면서) 저, 날 도와주셔서 정말 감사합니다. 저 … 조그만 선물을 하나 준비했는데 … 절대 큰 건 아닙니다. 그냥 감사를 표시하고 싶어서요.

상담자 정말 아름다운 귀걸이예요. 너무 고마워요. 나도 당신과의 시간이 정말로 즐거웠어요.

우리는 한 달 내에 첫 번째 추후면담을 약속하고 작별 인사를 나누었다.

---

9) 대참사를 재앙화라고도 부른다. 인지상담에서 강조하는 비합리적 사고의 한 요소이다. ~하면 큰일이다, 또는 ~하면 끔찍하다라고 생각하는 것으로 어떤 일, 주로 부정적인 사건을 실제보다 과상해서 아주 끔찍한 일로 생각하는 비합리적 사고를 뜻한다.

10) 마음읽기는 인지적 왜곡의 한 요소로, 애매한 상황에서 다른 사람이 생각하는 것을 마음으로 읽고 부정적으로 해석하며 결론으로 건너뛰는 것을 말한다. 예를 들어, 다른 사람이 자신을 미워할 것이라고 마음대로 추측하며 결론짓는다. 문제는 다른 사람의 생각을 부정적으로 읽고는 그 신념대로 행동한다는 데 있다.

4 초보상담자가 직면하는 문제

상담자로서의 일반적인 자질과 전문적인 자질을 모두 갖추었다 하더라도 상담 장면에 처음 임하는 초보상담자는 자신이 과연 상담을 잘 해낼 수 있을까 하는 두려움과 불안을 갖게 된다. 상담을 잘해서 내담자를 도와주어야겠다는 의욕은 넘치지만 한편으론 두려움과 불안 때문에 효율적인 상담 진행에 방해가 되는 경우도 있다. 아래의 내용은 초보상담자의 마음과 행동을 잘 반영하고 있다.

> 상담 공부를 하면서 배운 이론대로 상담을 해보지만 내담자가 예상하였던 대로 반응을 하지 않아 당황하기도 하고, 내담자에게 무엇을 물어볼까 하는 생각에 골몰하다가 내담자의 말을 제대로 듣지 못하고, 그 말에 엉뚱한 반응을 하기도 한다. 또한 내담자가 침묵하고 있으면 불안해서 혼자 온갖 말을 다하기도 하며, 내담자의 문제를 빨리 해결해주고 싶은 마음에 충고나 조언을 하여 내담자의 반발심을 불러일으키기도 한다. 그뿐 아니라 내담자가 상담을 중단하거나 내담자의 저항에 부딪히게 될 때 '나는 상담자의 자질이 없나 보다' 라며 절망하기도 한다. (천성문 외, 상담심리학의 이론과 실제, 2006, 107.)

천성문 외(2006)는 초보상담자가 겪게 되는 여러 가지 중요한 문제들로 우선 상담자 자신이 가지고 있는 문제는 불안을 다루지 못하는 것, 서둘러 도움을 주려고 하는 것, 성급하게 상담 효과를 바라는 것, 문제에만 초점을 두는 것, 하나의 이론으로 상담하려는 것, 소진되도록 자신을 돌보지 못하는 것 등을 들고 있다. 또한 초보상담자를 힘들게 하는 내담자로는 상담자에게 강하게 전이감정을 나타내거나, 저항하거나 비자발적인 내담자, 지나치게 상담자에게 의존하는 내담자, 지나치게 말이 많거나 남을 탓하거나, 자신의 감정을 전혀 드러내지 않는 내담자 등을 들고 있다. 그런데 초보상담자가 겪게 되는 어려움은 사실 경험 있는 상담자도 상담 장면에서 흔히 부딪히게 되는 것들이다. 경험 있는 상담자가 초보상담자와 다른 점은 경험 있는 상담자들은 다만 이러한 어려움들을 자연스러운 것으로 받아들이고 여유를 가지며 그 동안의 경험을 적절하게 활용함으로써 오히려 내담자를 도울 수 있는 기회로 이용한다는 점에서 다를 뿐이다.

초보상담자가 상담 장면에서 겪게 되는 여러 가지 중요한 문제들을 구체적으로 살펴보면 다음과 같다.

1) 불안의 처리

초보상담자는 적지 않은 불안을 안고 상담을 시작하게 되는데, 불안을 느끼는 것 자체는 문제가 되지 않는다. 노련한 상담자라도 상담을 처음 시작하면 어느 정도의 불안을 갖게 마련이다. 이때 초보상담자는 불안해하는 자신을 보이지 않으려고 애쓰거나 불안하지 않다고 부정하기도 한다. 그러나 초보상담자가 상담을 시작할 때 어느 정도의 불안은 자연스러운 것으로 받아들이면 훨씬 수월하게 상담에 임할 수 있다. 그래도 지나치게 불안하다 싶으면 자신을 탐색해보고, 예를 들어 내담자에 대한 자신의 역전이 현상이 나타나는 것은 아닌지 생각해보고, 동료 상담자나 슈퍼바이저와 논의해보는 것도 좋은 방법 중의 하나이다.

초보상담자가 불안해하는 이유 중의 하나는 자신에 대해 완벽해야 한다는 생각 때문이기도 하다. '나는 상담에 관한 모든 것을 알고 있어야 한다', '나는 모든 내담자를 도울 수 있어야 한다', '내담자가 문제를 해결할 수 있도록 완벽하게 도와야 한다', '나는 실수를 해서는 안 되며 항상 자신감이 있어야 한다' 등의 생각은 초보상담자를 괴롭히는 대표적인 사고이다.

초보상담자는 실수하는 것이 자연스러운 일인지도 모른다. 처음부터 완벽한 상담자는 없다. 실수하며 성장하는 것이다. '실수하면 절대로 안 된다'는 절대적인 사고는 '실수하지 않으면 좋겠다', '내담자를 잘 도울 수 있으면 좋겠다' 등의 바람으로 바꿔야 한다.

상담자가 내담자의 모든 문제를 다 다룰 수 있는 것도 아니다. 내담자의 문제에 따라 정신의학적인 도움이 필요하거나 다른 영역의 상담자가 더 잘 도울 수도 있다. 이를 내담자에게 알려주고 자신의 한계를 인정하는 것은 오히려 내담자에게 상담 자체에 대한 신뢰를 줄 수 있다.

내담자의 침묵은 초보상담자를 불안에 빠지게 하기 쉬운데 초보상담자는 내담자의 침묵에 불안해져서 자신이 먼저 침묵을 깨려고 시도한다. 연구에 의하면 초보상담자는 경험 있는 상담자보다 내담자의 침묵을 실제보다 훨씬 더 길게 느끼는 경향이 있다고 보고되고 있다. 내담자의 침묵은 여러 가지 의미를 갖고 있고 내담자 문제를 탐색해 볼 수 있는 기회도 되기 때문에 상담자는 느긋하게 참고 기다리며, 가능한 한 내담자 스스로 침묵을 깨고 나오도록 기다리는 것이 좋다. 내담자의 침묵이 너무 길다고 느껴지면 "그 동안 말없이 계셨는데 무슨 생각을 하고 있었는지요?" 라고 물어 내담자가 스스로에 대해 생각해보도록 유도할 수 있다.

2) 성급하게 문제 해결을 도와주려고 하거나 상담효과를 기대하기

초보상담자는 내담자의 문제가 정확하게 무엇인지 파악되지 않은 상태에서 성급하게 도움을 주려고 노력한다. 따라서 조언과 충고를 서둘러 하게 되는데, 자아가 약한 내담자는 상담자에게 의존하게 되고 자아가 강한 내담자는 이에 저항하게 되어 상담이 중단되기도 한다. 상담자와 내담자 모두 내담자의 문제를 충분히 탐색할 시간을 가져야 하고, 내담자가 상담자의 피드백이나 직면을 받아들일 여유가 생겼을 때 적당한 방법으로 해주어야 하며, 내담자 스스로 문제해결 대안이나 가능성을 찾아내도록 유도하는 것이 좋다.

초보상담자들은 상담의 효과가 즉각적으로 보이지 않으면 불안해하는 경우가 많다. 더구나 상담의 효과가 없다고 불평하는 내담자를 만나게 되면 초보상담자는 무척 당황하게 된다. 상담자는 내담자가 개선되었는지 어떤지를 확실히 알 수 없는 상담 효과의 모호함을 인내하며 견뎌낼 필요가 있다. 상담은 그 효과가 나타나기 전에 상황이 더 나빠진 것처럼 보일 수도 있고, 상담의 효과는 상담이 끝난 후 몇 달 또는 몇 년 후에 나타날 수도 있음을 이해해야 한다. 상담의 효과가 없다고 불평하는 내담자에게는 어떤 목표가 달성되었고 달성되지 않았는지 상담과정을 정리해보는 기회를 갖는 것이 좋다. 상담의 시작단계에서 구조화를 통해 상담자의 역할은 내담자 스스로 문제 해결을 하도록 돕는 것이라고 알려주는 것이 필요하다.

3) 내담자의 과도한 요구에 한계 설정하기

초보상담자는 내담자가 정해진 상담시간을 초과하여 이야기하기를 원하거나, 시도 때도 없이 전화를 걸거나, 친구처럼 좀더 친하게 지내자는 요구를 거절하지 못하기 쉽다. 이렇게 되면 상담자는 신체적, 정신적으로 소진되어 내담자에게 도움을 주기보다 해를 끼칠 수가 있다. 상담자가 신체적, 정신적으로 피로하지 않아야 내담자를 잘 도울 수 있기 때문이다. 이러한 경우도 상담의 시작단계에서 구조화를 통해 상담자의 역할이나 책임에 대해 분명하게 내담자에게 알려주는 것이 필요하다. 이러한 구조화는 처음부터 내담자가 지나치게 상담자에게 의존하지 않도록 도와주기도 한다.

4) 다루기 어려운 내담자

다루기 어려운 내담자로서는 우선 비자발적인 내담자를 들 수 있다. 상담자는 상담실에 오게 된 내담자의 심정과 상담에 저항하는 비자발적 내담자의 마음을 이해해주고 받아주는 것이 필요하다. 비밀 유지의 한계에 대해서도 분명히 알려주는 것이 좋다. 반면에 상담을 받음으로써 얻을 수 있는 이점에 대해서도 알려줄 필요가 있다. 특히 상담 과정에 대한 기초적인 안내를 하는 것은 비자발적인 내담자를 상담으로 끌어들이는 데 도움이 될 수 있다. 내담자가 저항을 보이거나 약속을 자주 실천하지 않을 경우는 상담을 계속 받기를 원하는지 직접적으로 물어볼 수도 있다. 상담자는 내담자가 본인의 의지와 상관없이 상담을 받게 되었다 하더라도 그 상담 시간을 이용하는 방법은 내담자 자신에게 달려 있다는 점을 강조하는 것이 중요하다.

상담자에게 전이감정을 강하게 나타내는 내담자도 초보상담자로서는 다루기 어려운 내담자이다. 하지만 이를 잘 다루고 경험을 쌓으면 유능한 상담자가 될 수 있다. 초보상담자는 내담자가 전이감정을 나타내고 있는지 인식하는 것이 필요하고, 내담자의 전이감정이 시대와 상황에 맞지 않는 왜곡된 것임을 내담자와 논의할 수 있다. 때로는 내담자의 전이감정으로 보이는 것도, 예를 들어 내담자가 상담자에게 화를 내는 것이 정당한 이유가 있어서일 수도 있으므로 무조건 전이나 저항의 의미로 받아들이지 않도록 주의하고, 자신에게 그러한 행동을 하게끔 한 점이 있었는지 살펴보는 것이 필요하다. 중요한 것은 초보상담자는 내담자가 상담 장면에서 나타내는 감정이 어떤 이유에서든지 간에 당황하지 않고 내담자의 감정을 이해하고 공감하며 그 이유를 살펴보고, 적당한 시기에 피드백을 해주거나 직면해주는 여유가 필요하다는 점이다.

지나치게 말이 많은 내담자도 초보상담자로서는 다루기 어렵다. 어디서 말을 끊어야 할지 고민하게 되고 쉽게 상담자의 에너지가 고갈되어버리기 쉽다. 적당한 시기에 '요약'을 하거나 '가지치기'를 통해서 내담자의 말을 끊어주고, 내담자로 하여금 자신이 말한 내용을 정리하도록 도와주는 것이 필요하다. 초보상담자는 내담자가 두서없이 많은 말을 하기 때문에 듣기에 힘들다고 솔직하게 이야기하고 정해진 상담시간 내에 어떤 내용을 주로 들려주고 싶은지 물어봄으로써 상담자의 진실성을 보여주는 것이 필요하다. 내담자는 이를 통해 다른 사람과 대화할 때 자신의 방식에 대해 학습할 수도 있기 때문이다.

제 3 장

상담이론

1. 정신분석이론
2. Adler의 개인심리학
3. 인간중심상담
4. 실존주의상담
5. 행동주의상담
6. 인지상담
7. 형태주의상담
8. 교류분석
9. 현실적 상담
10. 상담이론의 통합과 절충

상담이론은 제각기 다른 특징을 지닌 다양한 여러 이론으로 나눌 수 있다. 유정이(1999)는 현재도 많은 이론들이 계속 발전되고 있어서 상담이론을 모두 알고 이해한다는 것은 실제적으로 상담자에게 매우 어려운 일이 될 수도 있으며, 상담이론을 그 발전시기에 따라 초기 고전적 상담이론, 발전기의 상담이론, 그리고 현대의 상담이론으로 분류하고 있다.

초기 고전적 상담이론으로는 정신분석이론, 내담자중심이론(인간중심이론), 특성-요인이론을 포함시키고 있다. 중기 상담이론으로는 합리적 · 정서적 상담이론, 행동적 상담이론, 실존주의상담이론, 교류분석, 절충적 상담이론을 열거하고 있으며, 근래의 상담이론으로는 가족상담이론, 단기상담이론, 정신분석이론에 바탕을 둔 대상관계이론 등을 들고 있다.

박성희(2001)는 상담과 심리치료가 다른 것처럼 상담이론과 심리치료이론도 달라야 한다고 주장한다. 심리치료이론은 치료를 전제로 하는 이론이고 상담이론은 인간변화에 관련된 모든 내용을 종합적으로 다루는 학문이어야 한다는 것이다. 상담학의 고유 영역을 확보하고 상담학의 정체성을 확립하려는 이와 같은 제안과 노력이 빨리 이루어지기를 바라고 기대한다. 하지만 이 책에서는 편의상 심리치료이론과 상담이론을 동의어로 사용하여 정리하였다.

상담이론가들은 저마다 인간과 삶의 본질에 대한 관점을 달리 한다. 서로 다른 관점에 따라서 각 이론을 적용하는 상담방법과 상담절차도 서로 다르다. 상담이론을 연속선상에 놓고 볼 때 어떤 이론들은 양극단에 놓여 서로 대립되는 것들도 있고, 어떤 이론들은 서로 비슷한 관점을 지녀 한 상담이론이 다른 상담이론의 상담방법을 자신들의 이론 적용에 빌려오기도 한다. 예를 들어 교류분석이론은 지나치게 인지적이라는 비판을 받고 있는 자신의 이론을 보완하기 위해 정서적인 면을 다루는 빈 의자기법 등을 형태주의이론에서 빌려와 사용하기도 한다.

본 장에서는 상담심리학이론의 사대 조류라고 볼 수 있는 정신분석이론, 인간중심상담이론, 인지적 이론 중에서도 합리 · 정서 · 행동적 상담, 그리고 행동주의상담이론과, 현재 관심을 받고 있는 형태주의상담, 교류분석, 그리고 현실적 상담이론을 중심으로 설명한다. 각 이론들이 창시되고 발전하게 된 배경, 인간에 대한 관점, 심리적 문제의 발생과정, 상담목표, 상담진행과정, 구체적 상담기법 및 절차, 상담에 적용할 때의 공헌점과 제한점 등을 중심으로 설명하고 있다. 각 상담이론에 대한 설명의 끝에는 각각의 이론과 방법을 적용한 사례를 소개하여 이해를 돕고자 하였다.

1 정신분석이론

1) 이론의 발전배경

정신분석이론은 오스트리아의 비엔나에서 자라난 Sigmund Freud(1856~1939)에 의해 창시되었고, 정신분석이라는 용어를 처음으로 사용한 것이 1896년이므로 100년이 넘는 역사를 지니고 있으며 1896년을 정신분석의 시작의 해로 보고 있다. Freud에 의해서 정신분석이론이 창시될 때만 해도 인간의 마음 중 비의식 부분에 대한 이해가 전혀 없었고, 인간이 의식수준에서 알고 있는 것이 인간마음의 전부라고 생각하고 있었다(대한신경정신의학회 편, 1997).

Freud는 증상은 마음속 깊은 곳에 있는 손상경험에서 오며 이 기억을 의식화하면 치료가 된다는 생각을 갖게 되었고 사실상 정신분석이론은 여기서부터 시작되었다. 의식에 접근할 수 없는 무의식의 갈등들이 증상을 일으키며 이것을 의식화시키는 것이 치료라는 정신분석 초기의 개념은 현재까지도 정신분석이론의 기본골격을 이루고 있다(대한신경정신의학회 편, 1997).

Freud는 무의식에 접근하는 방법으로 초기에는 최면을 이용하였으나 내담자[11)]들이

11) 정신분석을 적용하는 정신치료에서는 환자와 치료자, 또는 분석가라는 용어를 사용한다. 하지만 이 책에서는 내담자와 상담자로 통일하여 사용한다.

기억하기에 고통스러워서 생각해 내지 않으려고 저항하거나 치료해 놓으면 자꾸 재발한다든지 하는 이유로 최면을 버리고 소위 압박 혹은 집중 기법을 사용해서 잊혀진 기억들을 살리고자 하였다. 이는 손으로 내담자의 이마나 머리를 감싸고 누르며 무엇을 보게 되거나 머릿속에 생각이 떠오르는 대로 기억해내라고 하는 것이다. 하지만 무엇이든 기억해내라고 재촉하는 것이 내담자가 자신의 생각을 이어가는 데 방해가 된다고 강하게 반발하여, 대신 내담자를 카우치에 눕히고 눈을 감은 상태에서 증상과 관련된 과거의 경험들에 주의를 집중하도록 하였고 그때 떠오르는 것을 말하도록 하였다. 이것이 자유연상법으로 현재에도 사용되고 있고 정신분석의 핵심기법이 되었다. 자유연상을 통해 무의식의 생각이나 감정이 의식으로 나오게 되고 치료가 된다는 것이다.

(1) 정신분석의 역사

정신분석은 역사적으로 4기로 나뉠 수 있다(대한신경정신의학회 편, 1997). 제1기는 Freud가 1882년 의과대학을 졸업하고 선배인 Breuer와 함께 일하던 1800년대 말까지라고 할 수 있는데 신경증의 원인이 트라우마(trauma) 즉, 고통스런 정서적 경험 또는 쇼크를 뜻하는 외상경험에서 오므로 이 기억을 찾아내는 것이 치료라고 생각하던 시절이었다. 하지만 이 외상경험이 실제 일어났던 일보다는 상상에서 오는 경우가 많다는 것을 깨닫게 된 Freud는 무의식에 숨어있는 금지된 욕구, 특히 성욕이라는 개념을 갖게 되었다. 이것이 제2기로 외상이론을 버리고 무의식의 탐구이론이 나오기 시작하였다.

제2기는 「꿈해석」을 쓴 1900년경부터 성격구조론이 나온 1923년까지의 기간을 말한다. 1900년 「꿈해석」에서 Freud는 지정학적 모델을 제시했다. 사람의 마음을 표층에서 심층까지 세 구획으로 나누어 정신은 의식, 전(前)의식, 무의식으로 구성되어 있다는 지리적인 개념을 지닌 가설이다. 의식은 정신의 가장 표면층에 자리잡고 있어 우리가 지금 보고, 느끼고, 생각하는 모든 것들이 있는 장소이고, 전의식은 기억의 저장 창고내에 있는 내용의 것으로 주의를 기울이면 의식으로 쉽게 떠오르는 생각이나 감정이 있는 장소이다. 예를 들어 어릴 적 풋사랑 여학생을 평소에 의식하고 있지는 않지만 주의를 기울이면 금방 기억해낼 수 있다. 무의식은 욕구, 충동 등 본능적 에너지가 지배하는 세계로, 가장 깊은 곳에 위치하고 있는 것으로 강한 저항이 막고 있어서 이것을 극복해야만 의식될 수 있는 것들이 모여있는 마음의 장소이다. 정신분석이론의 대부분이 제2기에서 나왔으며 사실상 정신분석의 뿌리는 제2기에 있다고 할 수 있다.

정신분석의 제3기는 「자아와 이드」를 발표하며 성격구조론을 제시한 1923년으로부터 1939년 Freud의 사망시기까지이다. 성격구조론에서 Freud는 성격이 이드(id), 초자아(super ego), 자아(ego)라는 세 개의 구조로 이루어졌다는 가설을 제안했다. 이드는 원시적인 충동과 욕구로 이루어져 있다. 초자아는 자신에 대한 감독자이며 비난자이다. 양심과 도덕심, 자신이 바라는 이상적인 모습을 제시하는 것 모두 초자아의 기능이다. 자아는 이드의 욕구들과 초자아의 금기 사이에서 현실적인 해결책을 찾고 실행에 옮겨서 갈등을 해소하는 중재역할을 하는 기능을 말한다.

인간이 욕구를 느끼게 되면 초자아는 이것을 도덕적으로 위험한 것으로 인식하여 막는다. 이때 욕구와 금지하는 힘 사이에 충돌이 일어나게 되는데 이것이 갈등이다. 욕구를 위험한 것으로 보게 되면 마음은 불안상태에 놓이게 되고 자아는 마음의 평안을 위해서 불안을 제거하려 한다. 불안을 제거하기 위해 자아는 방어기제를 사용하는데 그 결과로 증상이나 그 밖의 여러 가지 행동들을 취하게 된다.

방어기제(defense mechanism)란 내부 또는 외부의 위험상황으로부터 자신을 보호하기 위한 자아의 한 기능으로서 누구나 사용하고 있으나 무의식적으로 작동하고 있으므로 실제로 의식되지는 않는 심리기제를 말한다. 예를 들어 억압은 모든 방어기제의 기초가 되는 가장 보편적인 방어기제로 용납하기 힘든 생각, 욕망, 충동들을 무의식 속으로 눌러 넣어 버리는 것이다. 방어기제는 많이 쓰느냐, 적게 쓰느냐의 문제이지 방어기제를 사용하지 않는 사람은 없다. 방어기제에는 긍정적인 것도 있다. 예를 들어 승화는 본능적 욕구나 사회적으로 용인되기 힘든 충동들이 수정되어, 사회적으로 용납되고 바람직한 방향으로 표현되는 것을 말한다. 정신분석에서는 변을 갖고 장난치고 싶은 욕망이 조각가나 기생충학자가 되기도 한다고 보고 있다.

정신분석의 제4기는 Freud 사망 이후 현재까지를 말한다. 정신분석은 계속 발전하여 자아심리학[12], 대상관계이론 등이 발전하게 되었다. 대상관계이론은 어린 시절의 어떤 대상인물과의 관계가 내적 대상관계라는 하나의 패턴을 마음속에 형성하게 되어 훗날의 대인관계에 영향을 준다는 이론이다. 예를 들어 어릴 적 어머니와 아들의 관계가 아

12) 자아심리학은 Freud가 이드, 자아, 초자아의 성격구조론을 확립한 후에 Freud의 딸인 Anna Freud와 Heinz Hartmann 등에 의해 자아에 대한 탐구가 활발해지고 자아의 중요성이 강조되면서 발전되었다.

들의 결혼생활에 영향을 줄 수 있다는 것이다.[13] 대상관계이론의 영향을 받아 정신분석이론은 상담자와 내담자 사이의 관계, 즉 전이와 역전이의 기법을 치료에 주로 이용하게 되었다. 전이는 내담자가 과거의 중요인물에게 느꼈던 소망, 환상, 감정이나 생각을 상담자에게 투사하는 현상이고 역전이는 반대로 상담자가 내담자에게 갖는 무의식적인 반응이다.

(2) 방어기제

Freud는 방어기제란 개념을 처음 소개하였고 여러 방어기제 중에서도 억압이 가장 중요하다고 여겨 많은 관심을 기울였다. 그 후 Freud의 딸, Anna Freud는 저서 「자아와 방어기제」(The Ego and the Mechanisms of Defense, 1946)에서 방어기제를 체계적으로 기술하였다.

방어기제의 대표적인 유형은 다음과 같다.

① 억압(repression)

의식에서 용납하기 힘든 생각 · 욕망 · 충동들을 무의식 속으로 눌러 넣어 버리는 것이다. Freud는 억압이 모든 방어기제의 기초가 되는 가장 보편적인 방어기제로 생각하였다. 억압은 무의식적인 과정이며 의식적으로 잊으려고 하는 억제와는 구별된다.

② 합리화(rationalization)

의식하지 못하고 무의식적인 동기에서 나온 행동을 그럴 듯한 이유를 들어 자신의 무능이나 실패를 두둔하고자 하는 것을 말한다. 고의적인 거짓말이나 변명과는 다르다. 여우가 포도넝쿨이 높아 포도를 따먹지 못하니까 포도가 시어서 먹지 못한다고 변명하는 이솝우화의 '여우와 신포도'가 좋은 예이다.

③ 투사(projection)

사회적으로 용납되지 않는 충동이나 생각을 무의식적으로 남에게 전가시킴으로써 불

13) 이때의 상담과정은 아들과 어머니와의 초기관계가 아들의 내적 세계와 이후 성인기에서의 대인관계에 어떻게 영향을 미쳐왔는지 파악하고 수정하는 데 초점을 둔다. 과거와 현재 사이를 오가며 관계를 재설정해야 하기 때문에 특히 아동기 초기의 행동형태가 어떻게 현재에 반복, 재현되고 있는지 이해하는 것이 중요하다.

안을 감소시키는 심리기제이다. 실제로는 자신이 갖고 있는 강한 충동을 다른 사람에게서 발견하거나 다른 사람이 갖고 있는 것으로 간주하여 비난한다. 남자들이 자신을 유혹하고 있다고 믿는 경우 자신의 욕구를 그들에게 투사하는 것일 수 있다. 망상형, 정신분열증 환자에서도 흔히 발견된다.

④ 반동형성(reaction formation)

받아들일 수 없는 충동이나 욕구로부터 벗어나기 위해 그와는 정반대로 행동하는 것을 말한다. 미운 사람에게 더욱 잘해주거나, 지나친 친절을 통해 자신의 잔인성을 감추는 것 등이다. 강박신경증에서 흔히 본다.

⑤ 전치(displacement)

본능적 충동이 원래의 대상보다는 위협이 적은 대상으로 옮겨가는 현상을 말한다. 예를 들어 시어머니에 대한 공격 대신 그릇 닦는 소리를 요란하게 내는 행위가 이에 속한다. 내담자가 과거의 경험을 현재의 상담자에게로 옮겨 경험하는 전이현상도 전치의 결과이다.

⑥ 퇴행(regression)

현재의 심리적 갈등을 피하기 위하여 이전의 발달단계로 돌아가는 것을 말한다. 예를 들어 동생이 태어나자 갑자기 오줌을 싸거나 어리광을 부리는 경우를 말한다.

⑦ 승화(sublimation)

사회적으로 용인되기 힘든 본능적 욕구나 충동들이 수정되어 사회적으로 용납되는 바람직한 방향으로 표현되는 것을 말한다. 공격성을 권투선수로 해소한다던가 성적 리비도를 그림이나 예술로 해소하는 행위가 그 예이다. 변을 갖고 장난하고 싶은 욕망이 조각가, 기생충학자로 승화되는 경우이다.

⑧ 동일시(identification)

동일시는 주위의 중요한 인물들의 태도와 행동을 자기의 마음속에 받아들여 닮는 것을 말하는 데, 단순한 흉내와는 다르다. 아이 때는 부모상을 받아들여 자아와 초자아의 성장과 성격발달에 중요한 역할을 한다. 청소년이 가수나 탤런트 등에 열광하는 것도 일종의 동일시 현상이다.

⑨ 공격자와의 동일시(identification with the aggressor)

두려운 대상의 특징을 닮아 자기 것으로 함으로써, 그 대상에 대한 두려움을 극복하는 것이다. 시집살이를 심하게 당한 며느리가 나중에 시어머니가 되어 더 심하게 며느리에게 시집살이를 시키는 것이 그 예이다.

①⓪ 수동-공격형(passive aggression)

다른 사람에게 간접적인 방법으로 공격성을 표현하는 경우이다. 자신보다 사회적으로 힘이 있는 사람에게 자신의 주장을 표현하면 돌아올 위험이 두려우니까 표면적으로는 복종을 나타내며 은밀하게 저항이나 분노를 나타내는 경우이다. 부모에게 불만을 갖고 있는 학생이 공부를 하지 않거나 성적을 나쁘게 받아옴으로써 부모에게 불만을 수동-공격적으로 나타내는 경우가 이에 해당한다.

①① 수지화(intellectualization)

불편한 감정을 조절하거나 최소화하기 위해 지나치게 추상적으로 사고하거나 일반화함으로써 감정적 갈등이나 스트레스를 처리하려는 심리기제를 말한다. 감정을 억누르고 장황한 논리를 주장하는 경우다. 예를 들어 어머니의 죽음이 받아들이기 어려울 정도로 슬프기 때문에 다른 사람에게 마치 신문에 난 기사를 이야기하듯 하는 경우이다.

①② 이타주의(altruism)

반동형성의 일종으로 볼 수 있으며, 다른 사람을 건설적으로 도와주는 것을 말한다.

①③ 부정(denial)

의식화된다면 도저히 감당하지 못할 생각, 욕구, 충동, 현실적 존재를 무의식적으로 부정하는 것을 말한다. 암으로 죽어가면서도 자신은 암이 아니고 의사의 오진이라고 주장하거나, 애인이 자신을 버렸으나 아직도 자신을 사랑한다고 믿는 경우가 이에 해당한다.

⑭ 신체화(somatization)

심리적 갈등이 신체부위의 증상으로 표출되는 경우를 말한다. 상사와의 갈등이 있을 때 계속 설사를 하는 경우가 이에 해당한다.

Vaillant(1977)는 성숙도에 따라 방어기제를 네 가지로 분류하였다. 자기애적 방어기제, 미성숙 방어기제, 신경증적인 방어기제, 그리고 성숙된 방어기제로 분류하였다. 위의 방어기제 유형에서 부정, 투사는 자기애적 방어기제에 속하고, 공격자와의 동일시, 수동-공격형, 신체화, 퇴행은 미성숙 방어기제에 속한다. 억압, 반동형성, 전치, 합리화, 주지화 등은 신경증적 방어기제에 속하며, 이타주의, 승화 등은 성숙된 방어기제에 속한다.

(3) 성격의 심리성적 발달단계

정신분석이론은 인간의 성격이 구강기, 항문기, 남근기, 잠복기, 생식기라는 다섯 단계를 거치면서 발달한다는 성욕설을 주장하였다. 삶의 본능이자, 성본능이 가지고 있는 정신 에너지인 리비도가 먼저 입에 집중되고 성숙함에 따라 항문, 성기 이런 식으로 다른 신체부위로 옮겨간다. 각 발달단계에서 욕구가 적절하게 만족되면 다음 발달단계로 넘어가며 정상적인 성격형성을 이루지만, 각 단계에서 욕구가 지나치게 만족되거나(방임) 또는 결핍되면(좌절) 다음 단계로 넘어가는 데 지장을 초래하고 성인이 되어도 그 단계에 고착되어 성격형성에 문제를 갖게 된다는 것이다.

고착은 심리성적 발달의 초기단계를 원만하게 거치지 못했을 때 특정발달단계와 대상에 얽매여 있는 상태를 말한다. 예를 들어 구강기때 욕구가 과잉만족되거나 과잉결핍되면 커서 의존적이거나 자기중심적이며 매사에 요구가 많고 받을 줄만 알고 주는 것은 모르는 구강성격으로 나타난다. 폭음, 애연, 과식 등의 습관도 보인다. 반대로 요구가 알맞게 만족된다면 자신감, 관대함, 주고받음, 신뢰감, 독립심 등의 안정된 성격을 갖는다. 항문기에서 욕구가 과잉만족되거나 과잉좌절되면 성장해서 완벽하고 질서정연하며 완고하고 인색한 항문성격이 되거나, 양가감정이 있고 지나치게 청결하거나 또는 반대로 불결할 수 있고, 분노가 많으며 가학적이거나 피학적인 성격이 된다. 반면에 이 시기를 원만하게 넘기면 긍지가 있고 독립적이며, 수치심이 없고 자기 주장을 하는 협조적인 성격이 된다.

Freud의 심리성적 발달단계를 구체적으로 설명하면 다음과 같다.

① 구강기(oral stage)

출생 후 1년에서 1년 반은 입이 정신세계에서 가장 큰 비중을 차지한다. 유아는 모든 욕구가 입과 그 주위에 집중되어 있다. 배고플 때 괴로움을 느끼고 젖을 빨고 삼키는 행동에서 포만감이나 즐거움을 느낀다. 이 단계를 구강적 빨기 단계라고 부르는데, 욕구가 지나치게 만족되거나 결핍되어 이 단계에 고착이 된 사람은 예를 들어 남에게 잘 속거나, 강한 지식 습득의 욕구를 보이는 등 무엇이든지 삼켜버리려는 구강기 특성을 보인다.

이 시기의 후반부에는 구강적 공격성이 나타난다. 젖꼭지를 깨물거나 음식을 씹거나 뱉어내고 울고 떼쓰고 하는 것 등이 그 예이다. 이 단계를 구강적 깨물기 단계라고 부르는데, 욕구가 좌절되거나 방임되어 이 단계에 고착되면 논쟁적이고 비꼬기를 잘하거나 타인을 이용하는 성격으로 나타난다(안범희, 2000).

② 항문기(anal stage)

만 1세 반에서 3세 사이가 항문기이다. 아이의 관심은 배설행위에 집중되고 대소변을 참거나 배설할 때 즐거움을 느낀다. 배설 조절을 통하여 능동적이 되며, 배설행위를 두고 부모와 투쟁을 벌이면서 부모에 대한 애증, 즉 양가감정(ambivalence)을 가지게 된다. 만 1세 반에서 2, 3세 사이의 이 단계를 항문배설기라고 부른다.

후반기에는 공격성이 더욱 강해진다. 배설을 참음으로써 저항하여 부모의 요구에 맞지 않는 곳에 배설함으로써 공격성을 표현한다. 이 단계를 항문보유기라고 부른다.

항문기에 배변훈련이 적당하게 이루어지면 아동의 자율적이고 창조적인 성격이 형성되지만 배변훈련을 너무 빨리 시작하거나 지나치게 엄격하면 완고하고 완벽을 추구하고 고집스럽거나, 때로는 지나친 순종을 보이는 등의 성격을 갖게 된다.

③ 남근기(phallic stage)

만 3세에서 6세 사이가 남근기이다. 성기가 관심의 초점이며, 즐거움의 원천이 된다.

이 시기를 오이디푸스기(oedipal stage)라고도 부른다. 이 이름은 고대 희랍의 소포클레스의 비극 '오이디푸스 왕'에서 자신의 친부모가 누구인지 모른 채, 아버지를 죽이고 어머니와 결혼한 오이디푸스로부터 따온 것이다.

남아는 어머니를 좋아하고 아버지를 경쟁상대로 여기고, 여아는 아버지를 좋아하고 어머니를 경쟁상대로 여기는, 이러한 아버지와 어머니, 아이 사이의 삼각관계를 Freud는 오이디푸스 콤플렉스(oedipus complex)라고 하였다. 오이디푸스 콤플렉스는 여아와 남아의 구별없이 사용되기도 하지만, 보통 오이디푸스 콤플렉스라고 하면 5, 6세의 남아가 어머니를 좋아하는 경우를 일컫고, 여아가 아버지를 흠모하는 현상은 엘렉트라 콤플렉스(electra complex)라고 한다. 엘렉트라는 아버지를 죽인 자신의 어머니를 죽임으로써 아버지의 원수를 갚은 고대 그리스의 전설에 나오는 주인공 이름이다.

오이디푸스의 소망은 동성의 부모를 화나게 했기 때문에 거세당할지도 모른다는 거세공포(castration fear)와 동성의 부모에 대한 사랑 때문에 포기된다. 예를 들어 아들은 아버지에게 거세불안을 느낌과 동시에 아버지를 사랑하기도 하고, 또 아버지와 같은 사람이 되어야겠다는 생각 때문에 아버지를 동일시하게 된다. 동일시를 통해 오이디푸스 콤플렉스는 해소되고, 성 역할분화가 이루어지게 된다. 이 갈등이 제대로 해소되지 않으면 성 역할분화가 제대로 이루어지지 않게 된다. 이 시기에 여아의 경우, 자신은 음경이 없다는 것을 알게 되어, 열등감과 남근선망을 가지게 된다.

동성의 부모를 동일시하며 비로소 양심을 발달시키는 초자아가 확립된다. 그러나 Freud 이후의 연구에 의하면 초자아는 남근기 이전부터 형성되는 것으로 받아들여지고 있다.

남근기의 발달이 순조롭지 않으면 남아의 경우 거세공포가 해결되지 않아 권위에 지나치게 복종하고 두려워하거나 매사에 경쟁적이 된다. 여아의 경우에도 음경선망에 의한 열등감이 해소되지 않아 지나친 경쟁심을 보이기도 한다. 반대로 이 시기를 원만하게 넘기면 자기의 성적 주체성을 확립하게 되고 호기심을 생산적으로 쓸 수 있게 된다. 또한 적당한 정도의 야심을 가지는 성격으로 발전한다.

④ 잠복기(latency stage)

만 6세에서 사춘기 사이에 해당되는 기간을 잠복기라고 한다. 이 시기에는 성적인 관심이 숨어버린다. 이것은 초자아의 확립과 자아의 성숙에 의하여 가능해진다.

이 시기를 무난히 넘기면 학업 등에 성취도가 높고 대인관계가 원만해져서 적응능력이 높아진다. 반대로 어려움을 겪으면 학업 등에 지장이 생겨 열등감이 나타난다.

⑤ 성기기(genital stage)

사춘기 이후가 이에 해당하며 보통 청소년기라고 부르며, 성인으로서의 성이 확립되는 시기이다. 이 시기는 본능적 욕구 특히 성적 욕구가 심해져 이전 단계의 과제들이 다시 재연되는 시기이다. 또한 부모로부터 심리적으로 독립하여 개인적 주체성을 확립하고 급격한 신체발달을 정신적으로 원만하게 통합해야 하는 어려운 과제를 안고 있는 시기이기도 하다. Freud는 성기기로서 성격 발달이 완성된다고 보았다.

Freud는 위와 같은 성욕설 외에도 인간은 삶의 본능인 성본능과 죽음의 본능인 공격본능을 갖는다고 주장하였다. 이러한 성욕설, 성본능과 공격본능이론, 기계론적 인간관에 회의를 느껴 Adler, Horney, Jung[14] 등은 정신분석에서 이탈하여 독자적인 이론을 펼치기도 하였고, 한때는 'Freud는 죽었다' 는 말을 듣기도 하는 등 정신분석이론은 위기를 맞기도 하였다. 하지만 정신분석이론은 정신치료분야에서 오늘날에도 가장 유력한 이론으로 존재하며, 다른 한편으로는 새로운 상담이론이 등장할 수 있는 기본적인 틀과 토대를 마련해 주었다는 커다란 공헌점을 갖고 있다.

(4) 정신분석적 정신치료와 단기역동정신치료

전통적인 정신분석이론을 의료기관이 아닌 상담기관에서 상담에 그대로 적용하는 경우는 거의 없다. 정신분석을 하는 정신치료에서도 그 기간이 3~6년 정도로 너무 길기 때문에 근래에는 과거를 밝히는 데 시간을 덜 쓰고 정신 내적 영역보다 현재의 대인관계영역에 더 초점을 맞추는 정신분석적 정신치료나 단기역동정신치료에 관심이 모아지고 있다.

정신분석적 정신치료는 정신분석의 이론을 기초로 하고 있으나 유아기갈등보다는 현재의 갈등, 현재의 대인관계상의 역동적 패턴에 초점을 맞춘다. 무의식을 분석하지만 유

14) Adler는 각 개인이 고유한 삶의 목적을 갖고 사회에 유용한 방향으로 행동한다는 진제를 갖고 개인심리학을 발전시켰고, Jung은 집단무의식 등을 강조하는 분석심리학을 발전시켰다.

아기때 부모와 경험한 무의식에 대한 분석보다 현재 다른 사람과의 인간관계나 자기 자신과의 관계에서 발생하는 문제의 무의식적 원인을 분석한다. 기법면에서도 카우치를 사용하지 않고 자유연상을 덜 사용하며, 서로 이야기하는 식의 토론기법을 사용하거나, 허용적인 분위기에서 자신의 감정을 토해낼 수 있는 환기요법과 치료자의 건강한 면을 자기 것으로 배우는 동일시 기법 등을 사용한다. 정신분석적 정신치료는 표현요법, 통찰정신치료, 또는 역동정신치료라고도 불린다(대한신경정신의학회 편, 1997).

단기역동정신치료도 바탕은 정신분석이론에 두고 있으나 치료를 제한된 초점과 제한된 목적에 두고 있으며 특히 치료 횟수를 제한하고 있다. 내담자의 모든 정신생활을 다 분석하지 않고 내담자에게 어려움을 주었던 심리적 상처까지만 분석한다. 과거를 밝히는 데 시간을 덜 쓰고 지금-여기에 더 충실하다. 따라서 정신 내적 영역보다 현재의 사건을 분석하여 대인관계 영역에 초점을 맞춰 현재 당장 보이는 상담자-내담자 관계에 초점을 맞춘다. 상담 횟수는 최소 1회기에서 최장 40회기까지의 범위를 가질 수 있으나 대체로 25회기가 보통이다.

2) 인간에 대한 기본관점

정신분석이론은 인간에 대해 세 가지 기본개념을 가정하고 있다. 첫째, 인간행동은 출생에서부터 만 5세까지의 유아기 경험에 따라 크게 좌우되며, 둘째, 빙산의 대부분이 물 속에 잠겨있듯이 마음의 대부분은 의식할 수 없는 무의식 속에 있고, 셋째, 인간은 삶의 본능과 공격본능에 의해 행동한다는 것이다. 이와 같이 인간행동이 생물학적 욕구 및 충동, 그리고 어린 시절에 경험한 무의식 속에 잠재해 있는 심리성적인 사건들에 의해 결정되고, 무의식에 의해 지배받는다는 이론을 심리적 결정론이라고 한다.

3) 심리적 문제의 발생과정

정신분석이론에 따르면 모든 증상은 무의식의 갈등에서 나온다. 갈등은 인간의 욕구와 이를 금하는 초자아 사이의 충돌에서 오는데 이러한 갈등으로 인간의 마음은 불안해지고 이 불안을 제거하기 위해 자아는 갈등을 무의식에 억압해둔다. 이와 같이 의식상태에 붙잡아 두기에 너무 위협적이거나 고통스러운 경험들은 대부분 무의식 상태로 억압되어 있다가 마음의 방어력이 약해진 틈을 타고 의식 상태로 올라오려는 과정에서 비정상적인 행동으로 표출되어 증상을 이룬다.

4) 상담목표

정신분석의 목표는 무의식적 갈등을 의식화 시켜서 개인의 인격을 재구성하는 데 있다. 무의식 자료에 대한 탐구가 계속되어 갈등을 이해하게 되면 통찰이 생긴다. 통찰이 생기면 인격의 병적 부분이 수정되고 건강한 인격을 가지게 되는데 결국 인격의 재구성은 무의식적 내면 세계를 의식화시켜서 적응적이고 문제해결적인 자아의 기능을 강화하는 것이다.

5) 상담의 진행과정

상담자는 내담자로 하여금 과거의 경험과 그때그때의 감정들을 거리낌없이 자유롭게 털어놓도록 격려한다. 아무리 사소하더라도 내담자의 마음에 떠오르는 것은 무엇이든지 말하도록 하는 것이 중요하다. 무의식의 내용이 본래 두렵고 수치스러운 것들이기 때문에 무의식을 탐구하는 과정은 서둘러서는 안되고 고통스런 경험을 꺼내놓지 않으려는 내담자의 저항이 존중되어야 한다. 내담자가 나타내는 저항에 관심을 가지고 내담자가 보고하는 꿈과 자유연상의 의미를 추론하며 상담자에 대해 내담자가 나타내는 감정의 단서에 민감하게 귀를 기울인다. 내담자의 성격구조와 역동을 이해하고 내담자로 하여금 자신의 문제에 대한 통찰을 얻도록 함으로써 내담자가 보다 자신을 이해하고 자신에 대해 솔직해지도록 도와준다. 그 과정에서 상담자는 내담자의 증상과 관계된다고 여겨지는 무의식적 자료들을 하나씩 이끌어 내어 그 의미를 해석한다. 이러한 해석을 통해 내담자는 이제까지는 몰랐던 무의식의 내용들을 이해해 나가게 되며 이렇게 얻은 통찰은 문제증상을 극복하고 자아를 강화하는 힘이 된다.

상담자와 내담자의 상호관계는 전이라는 개념으로 표현된다. 전이란 내담자가 과거에 부모나 다른 사람들에게 지녔던 감정을 상담자에게 옮기는 것을 의미하며 이 전이현상의 해석은 정신분석적 상담의 핵심이 된다. 상담효과가 있으려면 이러한 전이관계를 파헤쳐서 극복해 나가야 한다. 한편 상담자가 내담자와의 관계에서 갈등을 느끼고 내담자를 싫어하거나 좋아할 수가 있다. 이러한 현상을 역전이라고 하는데 역전이가 일어나면 상담자 자신의 감정이 부각되어 객관적이지 못하기 때문에 상담에 방해가 되기 쉽다. 따라서 상담자는 내담자에 대한 자신의 감정에 주의를 기울이면서 역전이가 일어나지 않도록 조심해야 한다.

내담자가 무의식에 대한 완전한 통찰을 이루어 나가기까지의 과정은 오랜 시간을 필요로 한다. 상담목표를 달성하기까지 몇 년간의 기간이 걸리는 것이 보통이다. 따라서 정신분석적 상담은 다른 형태의 상담에 비해 장기화되는 경향이 있다.

6) 상담의 주요기법

(1) 자유연상

보통 내담자는 카우치라 불리는 긴 안락의자에 눕고 상담자는 내담자의 옆이나 머리 뒤에 앉는다. 카우치를 사용하는 이유는 누우면 긴장이 풀리고 어린 시절로 돌아가는 퇴행이 일어나 효과적으로 치료에 활용할 수 있기 때문이다. 내담자의 머리 뒤에 앉는 이유는 내담자로 하여금 혼자라는 감정을 느끼게 하고 내담자의 감정이나 주의를 분산시키지 않고 사고의 흐름을 방해하지 않기 위해서이다. 상담자는 내담자에게 마음을 비우고, 아무리 우스꽝스럽고 사소하고 어리석고 고통스럽고 부적절한 것이라도 떠오르는 대로 무엇이든지 가능한 한 모두 이야기하라고 지시한다. 내담자가 연상하는 내용에서 상담자는 내담자의 증상과 관계되는 무의식적 자료들을 끌어내고 그 의미를 해석해 주며 내담자로 하여금 자신의 문제증상과 관련된 무의식적 내용들을 이해하게 되는 통찰을 얻도록 한다.

(2) 저항의 해석

내담자의 호소문제를 깊게 탐색해나감에 따라 내담자는 무의식에 억눌렀던 여러 가지 고통의 경험에 접근하게 되고 이때 고통스런 갈등의 자료를 꺼내놓기 싫어 내담자는 자신도 모르게 무의식적으로 상담자에게 저항을 보이게 된다. 저항은 치료에 대해 무의식적으로 자신을 방어하는 것으로 보는데, 상담의 진전을 방해하고 상담자에게 협조하지 않으려는 내담자의 모든 무의식적 행동을 저항에 포함시킨다. 내담자의 갈등을 근본적으로 해결하기 위해서 상담자는 내담자의 저항의 이유를 지적하여 내담자로 하여금 직면하게 하여야 한다. 상담자는 내담자가 보이는 가장 큰 저항에 내담자의 주의를 환기시켜 내담자로 하여금 자신의 저항을 볼 수 있는 가능성을 크게 하고, 내담자가 수용할 수 있도록 배려하면서 해석을 가한다.

(3) 전이의 해석

정신분석이 진행됨에 따라 내담자가 과거에 경험한 타인과의 관계, 특히 부모와의 사이에서 이루어졌던 관계가 재현된다. 내담자가 과거의 중요타인에게 느꼈던 감정을 상담자에게 옮기는 것을 전이라고 하는데 전이에는 긍정적 전이와 부정적 전이가 있다. 긍정적 전이는 상담자를 특별히 좋아하고 이상적인 인물로 보게 되는 것을 말하고, 반면 부정적 전이는 내담자가 상담자를 이유 없이 두려워하거나 미워하게 되는 것을 말한다. 두 전이 모두 해결되지 않은 아동기의 갈등이 재현되고 있는 것으로 본다.

상담자의 역할은 내담자가 과거의 어린 시절 중요타인에 대해 가지고 있는 감정과 태도를 현재의 상담자에게 느끼고 있으므로 그 감정과 태도는 시대착오적이고 왜곡된 것임을 해석해 주는 것이다. 내담자가 전이에 대한 바른 통찰력을 갖게 되면 비합리적이고 유아기적 욕구를 벗어나서 성숙하고 현실적인 관계에서 만족을 얻게 된다. 전이단계는 정신분석에서 가장 중요한 고비로서 이 전이단계를 상담자는 잘 다루어야 한다. 상담자의 해석으로 전이감정이 해소되면 내담자는 과거의 영향으로부터 벗어나서 보다 정서적으로 성숙한 인간이 될 수 있다.

(4) 해 석

내담자가 전에는 숨은 의미를 이해하지 못했거나 무의미한 것으로 보았던 심리적인 사건을 설명해 주는 것이 해석이다. 해석은 앞에서 설명한 전이해석이 주요한 해석이고, 전이를 포함하여 저항, 꿈, 자유연상 등에서 나타난 행동의 의미를 내담자에게 지적하고, 설명하고 가르치는 것이다. 해석은 무엇보다 내담자가 해석을 받아들일 준비가 되어 있는 적절한 시기에, 적당한 깊이로 해야 한다. 받아들일 준비가 되어 있지 않은데, 하는 해석을 조기해석이라 한다. 아무리 정확한 해석이라 해도 내담자가 받아들이지 못하면 통찰이라는 효과는 기대할 수 없고 저항만 불러일으키게 된다.

일반적으로 상담자는 내담자 자신이 미처 깨닫지 못했지만 견딜 수 있고 자신의 것으로 인정할 수 있는 자료를 해석한다. 표면적인 것부터 시작해서 내담자가 갈 수 있는 깊이까지만 해석하고, 또한 깊숙한 곳에 있는 정서나 갈등을 해석하기 앞서, 저항이나 방어를 지적하고 나서 하는 것이 좋다.

(5) 꿈의 분석

꿈이란 무의식적 동기를 이해하는 데 중요한 수단이 되기 때문에 정신분석에서는 꿈을 중요시한다. Freud는 꿈을 무의식에 이르는 왕도라고 하였다. 자아가 용납할 수 없는 욕구는 위장되고 상징된 형태로 꿈속에 표현된다. 따라서 꿈의 내용에는 꿈에 나타난 내용 그대로의 현재몽(발현몽이라고도 부른다)과 그 현재몽이 상징하고 있는 잠재몽 두 가지가 있다.

우리는 꿈 속에서조차 무의식에 있는 내용을 그대로 꾸지 못한다. 꿈 속에서 무의식 내용은 현실에서만큼 강하지 않은, 약해진 자아의 검열을 받아서 보다 덜 위협적인 내용으로 바뀌어 꿈으로 나타나게 된다. 즉 자아의 검열을 통과할 수 있는 내용으로 각색된 것인데 Freud는 이와 같이 꿈의 잠재내용이 보다 덜 위협적인 현재내용으로 변형되는 과정을 자아의 꿈작업이라고 하였다.

꿈의 내용은 기억하고 남에게 언어로 전달하는 과정에서 또다시 이차적인 작업을 거치게 된다. 꿈을 두고 연상을 하면 때로는 너무나 의미있는 기억과 만나기도 한다.

Freud에 의하면 잠재몽은 그날 낮에 경험한 일, 잠자면서 듣는 소리나 감각적인 자극, 배고픔 같은 신체적인 상태, 그리고 무의식적 욕구로부터 나온다. 현재몽을 분석하여 그 밑에 숨어있는 잠재몽을 찾아가는 과정이 꿈의 분석인데 현재몽 내용에 대해 자유연상을 시킴으로써 잠재몽을 분석할 수 있다.

정신분석에서 말하는 꿈의 분석은 우리가 흔히 생각하듯 어떤 꿈을 꾸면 이런 의미가 있다라고 해몽하는 것과는 다르다. 꿈의 내용이 상징하는 바는 개인마다 의미가 다르기 때문에 내담자가 자신이 꾼 꿈에 대해 연상하는 내용이 내담자에게 어떤 의미가 있는지 내담자와 함께 분석하며 개인마다 다르게 해석한다. 하지만 꿈이 상징하는 것 중에는 보편적인 의미를 지닌 것으로 해석되기도 한다. 예를 들면 꽃은 여성의 성기를, 뱀은 남성의 성기를 상징한다고 본다.

정신분석이론에서의 무의식은 외면하고 거부할수록 우리를 맹목적으로 지배할 수 있다고 여긴다. 자신에게 낯선 무의식을 의식에 소화하고 통합하여 자기의 삶으로 받아들이게 되면 겉마음과 속마음이 가까워져서 자신에게 좀더 정직해지고 자유로운 삶을 살 수 있게 된다고 본다. 단 하나의 꿈이라도 자신의 삶과 연결시켜 무엇을 의미하는지 이해하는 것이 필요하다고 제안한다(윤순임, 1995).

(6) 훈습과 재교육

정신분석이 진행되면서 내담자는 자신의 갈등과 심리적 방어기제에 대해서 이해하기 시작하고 이에 대한 통찰을 갖게 되지만, 내담자가 한번 통찰했다고 해서 바로 마음속의 갈등이 없어지거나 심리적인 문제가 해결되는 것은 아니다. 지금까지 익숙하게 써왔던 방식대로 자아가 작용하기 때문이다. 내담자가 머릿속에서 뿐 아니라 감정적으로 자신의 갈등을 이해하고 자각하여 내적으로 심리적인 변화가 오기까지는 훈습작업이 이루어져야 한다. 훈습이란 내담자가 이전에는 회피하였던 무의식 자료를 정확히 이해하고 통합하여 활용할 수 있을 때까지 상담자로부터 반복적인 해석을 받는 과정을 말한다. 이 과정을 몸에 밸 때까지 연습한다는 의미로서 훈습이라고 한다.

재교육은 억압된 무의식적 동기와 갈등에 대한 비현실적이고 비합리적인 방어기제를 포기하고 자신의 문제를 보다 현실적이고 합리적으로 다룰 수 있도록 학습하여 나가는 것을 말한다.

7) 정신분석이론의 공헌점과 제한점

정신분석상담이론의 공헌점은 다음과 같다.

첫째, 내담자의 무의식을 다룸으로써 내담자로 하여금 현재문제에 영향을 미치는 과거경험에 대한 통찰을 가져오도록 도와준다는 점이다. 과거경험에 대한 통찰은 결국 내담자의 자아가 좀더 잘 기능하고 강화될 수 있도록 한다.

둘째, 정신분석이론은 저항, 전이, 방어기제의 가치나 역할을 이해하도록 해준다는 점이다. 정신분석이론의 저항, 전이, 역전이, 자유연상 등의 기법과 개념은 다른 상담이론에서도 적용되고 있다. 이러한 적용은 정신분석에서처럼 무의식의 내용을 끄집어내기 위한 것보다 상담과정에서 일어날 수 있는 상담자-내담자와의 관계를 이해하는 측면에서 사용하고 있다.

예를 들어 내담자가 상담시간에 늦게 오거나 상담이 효과가 없다고 불평하며 저항할 경우, 이를 무의식에 눌러놓은 과거경험을 꺼내놓기 싫어서이기보다 현재의 문제에 대한 원인을 직면하는 것이 두려워서라고 상담자는 받아들일 수 있다. 또한 상담자는 내담자와 일정한 심리적 거리를 두고 객관성을 유지하는 능력이 있어야 하는데, 역전이는 이를 방해하므로, 역전이 문제는 다른 상담이론에서도 중요하게 다루어지고 있다.

정신분석상담이론의 제한점은 다음과 같다.

첫째, 정신분석은 시간과 비용이 많이 들고 숙련된 정신분석가의 수도 많지 않기 때문에 매우 제한된 치료방법이라는 점이다. 앞에서 언급한 대로 전통적인 정신분석방법을 의료기관이 아닌 상담기관에서 적용하는 경우는 거의 없다. 정신분석을 사용하는 정신치료에서도 그 기간이 너무 길기 때문에 근래에는 정신분석적 정신치료나 단기정신역동치료에 관심을 두고 있다.

둘째, 심리적 결정론이란 인간존재가 무의식적 역동의 힘에 지배된다는 것인데, 이러한 무의식적 역동은 알기도 힘들고 다루기도 힘들다는 점이다. 인간은 무의식에 의해 지배되기보다는 자신의 운명에 대해 책임을 질 수 있으며 성장과 자아실현을 할 수 있는 존재라는 견해로부터 심리적 결정론은 비판받고 있다.

8) 정신분석이론의 기법적용과 상담사례의 예

다음의 상담내용은 정신분석에서 자유연상이 어떻게 적용되는지를 보여준다. 자유연상과 더불어, 내담자가 보여주는 저항의 해석과 꿈의 분석도 함께 보여준다. 내담자는 공포증을 가진 38세의 여성이다(Wolberg, 이장호, 「상담심리학」, 2000, pp.50-52에서 재인용).

내담자 그래서 걷기 시작했어요. 그러다가 박물관 뒤로 가서 공원을 가로질러 가기로 결정했지요. 그렇게 걷고 있는데 아주 흥분되고 신나는 기분이 들었어요. 관목숲 옆에 벤치가 보이길래 거기 앉았는데, 내 뒤로 뭔가 바스락거리는 소리가 들려 겁이 났어요. 숲 속에 남자들이 숨어 있지 않나 하는 생각이 들었는데, 언젠가 그 공원에 성도착자들이 있다는 기사를 읽었거든요. 내 뒤에 누가 있는 것 같았어요. 불쾌했지만 한편으론 흥분되기도 했답니다. 아버지 생각이 나는군요. 흥분되는 기분이에요. 발기된 남근이 생각나요. 아버지와 연결되어 있어요. 그 점에 대해 뭔가 생각날 듯한데, 뭔지 모르겠어요. 기억의 가장자리에 머물러 있는 것 같아요. (침묵)

상담자 음. (침묵) 기억의 가장자리라구요?

내담자 (급하게 숨을 쉬며 매우 긴장하고 있는 듯이 보인다.) 어렸을 때 아버지와 함께 잠을 잤어요. 재미있는 느낌이 드네요. 피부가 콕콕 쑤시는 것 같은 재미있는 느낌이 들어요. 이상한 기분인데요. 장님처럼, 뭔가 안 보이는 느낌, 정신이 흐릿해지는데요. 내가 보는 것에 얼룩이 번져가는 것 같아요. 공원을 산책한 이후 이런 느낌이 생겼다 말았다 해요. 마음이 빈 것 같아요.[15)]

상담자 마음이 흐릿해지는 것은, 보고 싶지 않은 것을 마음에서 몰아내는 방법일 수 있겠죠.[16)]

내담자 금방 생각이 났는데요. 아버지는 옷을 벗고 있는 상태에서 돌아가셨어요. 마음속에 아버지가 보여요. 그렇지만 아무것도 볼 수가 없었어요. 생각을 분명히 할 수가 없었어요. 나는 자랄 때 남자와 여자의 차이를 알지 못하게끔 자라났지요. 아버지가 무서웠지만, 그래도 아버지를 사랑했어요. 내가 아주 어렸을 때는 토요일과 일요일 밤에는 아버지와 함께 잠을 잤어요. 너무나 따스하고 편안했지요. 그보다 더 따뜻하고 편안한 건 없었어요. 기분도 아주 좋았고, 지금은 온 몸이 콕콕 찌르는 것 같아

---

15) 원저자 Wolberg는 내담자의 이 반응을 억압의 출현이라고 보았다. 억압과 함께 지적 기능이 방해를 받고, 억압되었던 것이 의식화됨으로써 생기는 불안에 대처하는 방편이라고 설명하고 있다.

16) Wolberg는 이러한 내담자의 증상을 저항으로 해석하였다.

요. 아버지와 함께 잠을 잘 수 있었던 날은 멋진 휴일이었죠. 더 이상은 기억이 안 나요. 마음에 얼굴이 있어요. 긴장되고 두려워요.

상담자 그 얼굴이 당신의 삶을 오염시켜 왔군요. 당신은 지금 그 뭔가를 기억해 내는 것이 두려운 모양입니다.17)

내담자 예, 맞아요. 하지만 어떻게 할 수가 없어요. 내가 어떻게 할 수 있겠어요? 어떻게?

상담자 지금 어떤 생각이 마음에 떠오르나요?18)

내담자 지난 일요일엔 위통으로 고생했어요. 우울하고 겁에 질렸었죠. 소리내어 울었어요. 어머니에게 매달리고 싶었어요. 그렇지만 채울 수 없는 욕구를 의식하는 것만으로 무슨 소용이 있겠어요? 그날 밤 꿈을 꾸었어요. 많은 장교들이 내 여동생의 방에 있었어요. 질투를 느꼈죠. 내게는 관심이 없었거든요. 그러다가 내가 물 위에 서 있었는데, 다리가 없는 한 남자가 물 위를 걸어 왔어요. 아주 자신있게 걷더군요. 그에게 다리는 어디 있냐고 물었더니, 자기가 다리가 있을 때는 강하고 남자다웠노라고 말하더군요. 그 다음엔 꽃을 봤어요. 그 다음엔 황폐한 거리에 서 있었어요. 야위고 늙은 말이 도살될 순서를 기다리고 있더군요. 나는 겁에 질렸고, 메스꺼웠어요. 나는 꽃을 안고 있었는데, 모두들 형편없다고 비난했어요. 나는 별로 좋지 않다고 느꼈어요. 그게 전부예요.

상담자 꿈과 관련해 어떤 생각이 떠오르죠?19)

내담자 장교들이 내 동생과 어머니에게는 키스를 했는데, 내게는 안 한 것 같아요. 아버지는 동생과 어머니에게는 모든 것을 주었는데 내게는 아무것도 안 준 것처럼 생각이 돼요. 난 내 동생이 장교들과 함께 있는 방을 들어가 보고 싶었는데, 어머니가 허락해 주지 않더군요. 미칠 것 같았어요. 꿈에 이런 부분도 있었어요. 상자에 콘돔이 들어 있었는데, 내 동생은 그걸 가져도 좋지만 나는 가져서는 안 되는 것처럼 느껴졌어요. 불구가 된 사람처럼 박탈당하고, 무력하게만 느껴졌지요. 물 위를 걷던 사람은 틀림없이 나 자신이었을 거예요. 나는 걷긴 했지만, 마치 절름발이처럼 걸었죠. 강하고 싶어요. 남자들은 강하죠. 아버지는 내가 강하게 성장하도록 해주지 않으셨죠. 내 동생은 남편이 있지만, 나는 없어요. 동생은 모든 것을 가지고 있어요. 나는 아무것도 없어요. 가치 있는 건 아무것도 없어요. 난 항상 강해지길 바랐어요. 난 남자애가 되기도 하고, 또 남근을 가지는 환상을 자주 그려보곤 했지요. 꿈 속의 그 꽃은 아마도 내 여성다움을 가리키는 건가 봐요. 난 내 자신에게 아무런 가치도 두지 않죠. 이제 알겠군요. 아버지가 내게 관심을 기울여 주지 않은 것에 대해 얼마나 괴로워하

17) Wolberg는 내담자의 저항에 초점을 맞춘 것이라고 설명하였다.

18) 자유연상을 하기 위한 전형적인 질문이다.

19) 상담자는 꿈을 분석하기 위해 내담자에게 자유연상을 시키고 있다.

고 원망했는지 알겠어요. (내담자는 계속해서 자신의 근친상간적 소망과 거세불안과 남근선망을 연결지어 나갔다.[20])

다음의 상담내용은 정신분석에서 내담자가 나타내는 전이감정을 명료화하고 내담자로 하여금 자신의 전이감정을 스스로 이해하도록 돕는 전이해석 과정을 보여준다 (Wolberg, 이장호, 「상담심리학」, 2000, pp.53-54에서 재인용).

상담자 난 때로 당신이 나를 마치 살얼음 위를 걷는 것처럼 조심스럽게 대한다는 인상을 받게 되는군요. 뭔가 아직 이야기하지 않은 어떤 감정을 혹 나에게 느끼고 있지 않은지 궁금한데요.

내담자 모, 모르겠어요. 내게도 혼란을 주는 일인데 … 내 마음속이 온통 엉크러져 있지만 뭐가 뭔지 모를 때 (눈물을 흘림) … 울고 싶지 않아요 …. 오늘 왜 이렇게 혼란스러운지 모르겠군요. 정말 모르겠군요. 어제는 그렇게 기분이 좋았는데.

상담자 어쩌면 나에 대한 당신의 느낌을 주제로 끄집어내었기 때문인지도 모르죠.

내담자 (울면서) 화가 나요. 그걸 별로 의식하지 못했어요. 난 당신을 실험하지 않아요. 그저 좀 화가 났을 뿐이죠. (침묵)

상담자 나에 대한 감정을 좀더 이야기해 보시겠어요?

내담자 당신에 대해 감정을 느끼고 싶지 않아요.

상담자 나에 대해 감정을 느끼고 싶지 않다구요?

내담자 예. 이유는 모르겠지만.

상담자 감정을 내보이는 것이 두려워서일까요?

내담자 난 틀림없이 친근한 감정을 느끼는 것을 두려워하는 것 같아요.

상담자 그러세요?

내담자 분명히 그런 것 같아요.

상담자 어째서 그런지 궁금하군요.

내담자 사실은, 어제 그런 생각을 했어요. 전 … 그러니까 … 내가 행동을 잘하면 … 아마도 당신이 나에게 잘해 줄 거라고 … 그러니까 아버지처럼 말이죠.

---

20) 거세불안은 5, 6세의 남자아이가 어머니를 따르고 아버지를 라이벌로 여기기까지 하는 현상인 오이디푸스 콤플렉스 때문에 느끼는 심리현상이다. 어머니를 유혹하는 자신을 아버지가 벌을 줄지도 모른다는 생각을 하게 되고 그 벌은 자신의 성기를 잘라버리는 것일지도 모른다는 불안으로 발전하는 심리현상을 말한다. 남근선망은 반대로 여자아이가 남근기에 이르러 자신에게 남근이 없음을 깨닫고 자기에게 없는 것에 대한 선망을 갖게 되는 심리현상이다. 이는 여자아이가 아버지를 흠모하는 현상인 엘렉트라 콤플렉스 때문에 자신을 그런 형태로 낳은 엄마에게 적의를 느끼며 자기에게 없는 것에 대한 선망을 갖게 되는 심리현상이라고 Freud는 설명한다.

상담자 그러니까 만약 당신이 나에게 친근하게 행동하면 말이죠?

내담자 예. 그렇지만 난 겁이 나요.[21)]

상담자 겁이 난다구요? 뭐에 대해서?

내담자 그게 진지하게 받아들여지지 않을 거라는 … 그렇지 않을까요?

상담자 당신이 내게 친근감을 느낀다면, 나는 물론 당신의 그런 느낌을 진지하게 받아들일 겁니다. 혹시 이런 말씀이신가요? 내가 당신을 거절하거나 혹은 당신에게 상처를 입힐지도 모른다는?

내담자 제 이야기는, 내 자신의 감정에 대해 부끄러움을 느낄지도 모르겠다, 이건 일방적인 관계일지 모른다는 그런 뜻이에요. 마치 당신이 나를 조롱할 것 같은 느낌이 들어요.

상담자 실제로는 내가 어떻게 행동할지 모르지 않아요? 그런데도 마치 내가 당신의 감정을 비웃는 것처럼 느끼셨군요.

내담자 내가 만약 감정을 느낀다면 그 감정에 대한 반응이 있을까요?

상담자 그 말씀은 내가 같은 감정으로 반응할 것인가 하는 뜻인가요?

내담자 맞아요.

상담자 내가 만약 그렇게 한다면 그건 당신을 위한 일이 아닐 것 같군요.

내담자 저도 그렇다고 생각은 해요.

상담자 그러나 당신의 그런 감정에 대해 내게 털어놓고 이야기를 하신다면, 내가 당신의 문제를 해결하는 데 상당한 도움이 될 수 있을 겁니다.

내담자 (낄낄대면서) 지금 굉장히 바보처럼 느껴져요.

상담자 바보같다구요?

내담자 난 정말 당신을 아주 좋아해요.

상담자 (미소지으며) 으음.

내담자 그렇게 느꼈어요…. 당신이 나를 도와줄 수 있을 거라고. 그러니까 마치 내가 아버지에게 바라는 것처럼, 당신이 나를 보호해준다고 느꼈거든요.

---

21) 상담자에 대한 내담자의 반응을 탐색하는 과정을 통해서 내담자는 과거에 충족시키지 못했던 욕구와 현재 상담관계에서 상담자를 보는 방식 사이의 연관성을 알기 시작한다. 이 상담단계에서 내담자는 아버지로부터 보호받고 싶었고 다가가고 싶었지만 자신의 아버지에 대한 감정이 부끄러운 일이고 아버지로부터 거절당하거나 상처를 받을지도 모른다는 두려움을 갖고 있음을 알기 시작한다. 내담자가 지금보다 전이를 더 많이 표현하고 이를 지속적으로 해석하는 과정을 거치면 내담자는 결국 자신에 대한 통찰을 갖게 될 것이다.

2 Adler의 개인심리학

1) 이론의 발전 배경

개인심리학은 오스트리아의 비엔나에서 태어난 Alfred Adler(1870~1937)에 의해 창시되었다. Adler는 1902년부터 Freud와 함께 연구하면서 비엔나 정신분석학회 회장으로 활동하였으나 아동기 초기의 성적 갈등이 정신질환을 초래한다는 Freud의 이론을 비판하면서 1912년에 그의 추종자들과 함께 개인심리학회를 창설하였다.

Adler는 자신의 이론을 개인심리학이라 명명하였는데, 각 개인은 자신의 고유한 삶의 목표와 그 목표를 달성하는 고유한 방식을 갖고 있다는 의미에서 붙여진 이름이다. 누구나 타고나는 열등감에 대처하는 개인의 독특한 방식은 그 사람의 삶의 방식으로서 Adler는 이를 생활양식이라 하였다.

개인심리학이 형성되는 초기에 Adler는 신체적 열등감과 극복 보상에 관심을 두었다. Adler는 인간은 열등한 존재로 태어났으므로 누구나 열등감을 갖게 된다고 하였다. 그러나 중요한 것은 열등감 자체가 아니라, 개인에게 주어진 열등함과 열등한 환경을 어떻게 해석하는가에 달려 있다고 하였다. 즉, 열등감은 객관적인 원인에서보다는 주관적으로 느끼는 것으로서 모든 인간행동에 결정적인 영향을 끼친다는 것이다. 신체적 열등감을 가졌던 경험이 있는 Adler는 열등감은 완전성을 추구하려는 데서 생기며 사람들은 열등감을 가지고 있기 때문에 자신의 열등감을 보상하는 방향으로 행동한다고 하였다.

이러한 보상의 궁극적인 목적을 Adler는 '우월에의 추구'라고 하였다. 우월에의 추구는 삶의 기초적 사실로서 모든 인간이 문제에 직면하였을 때 부족한 것은 보충하며 낮은 것은 높이고 미완성의 것은 완성하며 무능한 것은 유능하게 만들려는 경향성을 말한다(이형득, 1992). 인간의 우월 추구를 향한 보상은 건강한 보상경향과 병리적 보상경향으로 나누어지는데, 이것을 판별하는 기준으로 Adler는 사회적 관심을 제시하였다.

사회적 관심이란 개인의 완전에의 욕구가 완전한 사회로의 관심으로 대체된 것으로, 인간은 사회와 결속되어 있을 때 안정감을 갖게 된다는 것이다. 다시 말해서, 사회적 관심은 인간 개인에 대한 공감을 말하며, 이는 개인의 이익보다는 사회발전을 위해 다른 사람과 협력하는 것을 뜻한다. 신경증적인 사람은 낮은 사회적 관심을 가진 사람으로 사회적 관심이나 유익한 행동에 대한 관심 없이 오로지 자신의 높은 열등감을 없애기 위해 자기중심적인 우월성을 추구하고자 하는 것으로 보았다. 반면, 정상인은 자신의 현실, 타인, 협동에 대한 높은 사회적 관심에 기초한 목표를 가지고 자신을 확신시키는 목표를 향한 투쟁을 통해 자신을 보호한다는 것이다.

또 Adler는 인간은 현실적으로는 전혀 실현 불가능한 많은 가공적인 목표를 가지고 살고 있으며, 인간이 세계나 자신에 대하여 가지고 있는 개념은 모두 주관적이고 허구적인 오류에 속한다고 하였다. 이러한 목적은 어떤 목적론적 계획의 일부로 미래에 존재하는 것이 아니고 주관적 혹은 정신적으로 현재의 행동에 영향을 주는 것으로서 지금 여기에 존재한다는 것이다. 예컨대, "착한 사람은 복을 받고 죄를 짓는 사람은 벌을 받는다."고 믿는 사람은 그가 가진 이러한 가정이 그의 일상생활에 영향을 미치고, "인생은 공평하다." 혹은 "정직이 최선의 길이다."와 같은 신념은 현실보다도 더 효과적으로 사람들을 움직이게 한다는 것이다. 이러한 가공적 목적은 심리적 사건들의 주관적 원인이 되며, 결국 인간은 과거의 경험보다는 미래에 대한 기대에 의해서 행동하게 된다고 보았다.

2) 인간에 대한 기본 관점

Adler는 인간을 개인적이며 독특한 존재로서 더 이상 분해될 수 없는 총체적인 실체이며 목표를 향해 일정한 패턴으로 삶을 살아가는 역동적이고 통합된 유기체로 보았다. 생애 초기 경험이 성인기에 많은 영향을 준다고 본 점에서는 Freud와 같은 견해를 지닌 것처럼 보이지만, Freud와는 달리 인간이 과거에 얽매이지 않고 자신에게 중요하다고 지각되는 미래의 목표를 향해 나아가는 창조적 힘을 가지고 있다고 긍정적으로 보았다.

3) 심리적 문제의 발생과정

Adler에 의하면 심리적으로 건강한 사람은 사회적 관심과 공동체감이 많아서 자신과 타인의 욕구를 동시에 충족시키는 한편, 인생 과제를 완수하기 위해 기꺼이 다른 사람과 협동한다. 개인이 갖는 심리적 문제는 열등감의 그릇된 보상결과로 나타나는 좌절감, 자기집착, 이상보상 등이 그 원인이 되는데, 개인심리학자들은 모든 병리형태를 강화된 열등감이 공동체감의 부족으로 오는 극복되지 못한 상태라고 본다(Dreikurs, 1971). 개인이 자신의 독특한 열등감을 극복하기 위해 자기중심적인 우월성 추구에만 집착하게 되면 파괴적 생활양식을 갖게 되어 신경증에 빠지게 된다.

4) 상담목표

개인심리학에서는 내담자를 병든 존재나 치료받아야 할 존재로 보지 않기 때문에, 증상의 제거보다는 사회에서 다른 사람과 상호작용할 수 있는 사람, 높은 공동체감을 가진 사람이 되도록 재교육하는 데 목표를 두고 있다(김춘경, 2006). Adler 상담의 목표는 내담자가 자신의 열등감을 극복하고, 또한 보다 나은 생활양식을 개발하고 잘못된 생활양식을 수정하며 이를 통해 사회적 관심과 공동체감을 증대시키도록 돕는 데 있다.

5) 상담진행과정

Adler의 상담과정은 네 단계로 구성되어 있다. 관계구축, 분석과 사정, 통찰 그리고 재방향 설정이다.

(1) 관계 형성하기

Adler식 상담에서 상담자와 내담자는 서로 합의한 목표를 향해 나아가는 협력적이고 평등한 관계를 추구한다. 상단자와 내담자가 좋은 치료관계를 형성하기 위한 방법 중의 하나는 상담자가 격려를 통해 내담자로 하여금 신념, 감정, 목표, 그리고 행동을 변화시킬 수 있는 자신의 강점과 개인적인 힘을 자각할 수 있도록 돕는 것이다(김춘경, 2006). 내담자는 자신의 생활양식을 그대로 지니고 아동기 때부터 익숙한 반응, 즉 사람들이 자신에게 이제까지 해온 반응을 상담자도 보일 것이라고 기대하면서 상담에 임하게 된다. 내담자는 이해받지 못하거나 사랑받지 못하고 상담자가 자기를 이용하거나 거부할 것으로 기대할 수도 있다. 그러나 내담자에게 관심을 가지는 상담자의 행동과 주의 깊은 경청 태도를 통해 내담자들은 자신이 변화의 힘을 가지고 있다고 믿는 상담자의 믿음을 알게 되면서 지금까지와는 다른 인간관계를 경험하게 되고 새로운 방식으로 자신을 보는 방법을 배우게 된다.

(2) 심리학적 탐색

심리학적 탐색단계는 내담자의 신념, 감정, 동기, 목표 등을 이해하는 단계이다. 이러한 이해는 내담자의 생활양식을 파악함으로써 얻어진다. 생활양식은 내담자가 자신의 열등감을 극복하기 위해 발달시켜 온 독특한 방식으로서, 어린 시절 자신의 우월 또는 완전의 목표를 이루기 위해 스스로 창조한 삶의 계획이다. 전형적인 생활양식 조사에 들어가는 주요 내용으로는 초기회상, 꿈 분석, 출생 순위, 기본적 오류, 자질 등이 있다.

초기회상은 내담자가 회상하는 실제적인 사건에 대한 기억으로서 개인의 생활양식을 파악하는 데 필수적이다. 이때 기억의 중요성은 문제시 되지 않는다. 중요한 것은 내담자가 초기기억을 어떻게 지각하고 해석하는가이다. 초기회상에 대한 Adler의 이러한 관점은 인지적인 접근에 영향을 미쳤다고 볼 수 있다.

초기회상은 구체적 기억들의 기본적 오류를 드러나게 해주기 때문에 개인 생활양식을 이해하는 데 중요한 단서가 된다. 초기기억은 내담자가 구체적으로 명확하게 기억할 수 있는 것들에 한하며, 단순한 보고가 아니라 특수한 기억으로 기본 신념과 기본적 잘못을 나타내는 것에 한한다(장혁표 외, 1995). 상담자는 "당신의 인생에서 최초의 사건이나 순간으로 기억하고 있는 것은 무엇인가? 당신 자신이 지금 그 순간에 있다고 상상하고, 그 순간에 당신이 느꼈던 감정과 경험했던 것은 무엇인가?" 와 같은 유도질문을 통해 내담자의 초기 아동기 회상을 묻고 기록한다. 첫 번째 초기회상을 기록한 후에 "9살이나 10살 이전의 일로 그 다음에 기억나는 것은 무엇인가?" 를 질문하여 8살까지의 초기회상을 기록한다. 모두 기록한 후에는 이를 바탕으로 기본적 확신의 패턴과 현재의 삶을 어렵게 만드는 주제나 아이디어들을 요약한다.

초기회상으로부터 이끌어낼 수 있는 기본적 오류는 주로 개인의 생활양식의 자기패배적인 측면에 관한 것으로 사회적 관심의 개념과 대립된다. Mosak(1989)은 개인에게 다양하게 나타나는 생활양식의 기본적 오류를 다섯 가지로 구분하였다. 첫째, 과일반화로, "사람들은 적대적이다.", "인생은 위험하다."와 같은 신념들을 말한다. 둘째, 안전추구를 위한 그릇되었거나 불가능한 목표로서, "한 발만 잘못 내밀면 죽을지도 모른다.", "나는 모든 사람을 기쁘게 해야만 한다."와 같은 것을 말한다. 셋째, 인생과 인생의 요구들에 대한 잘못된 지각으로, "인생은 나에게 결코 어떤 기회도 주지 않을 것이다.", "인생은 고행이다."와 같은 예를 들 수 있다. 넷째, 개인 가치의 최소화 또는 부인으로서, "나는 어리석다.", "나는 가치가 없다.", "나는 그저 주부에 지나지 않는다."와 같은 것을 들 수 있다. 마지막은 그릇된 가치로 "남을 밟고 넘어서라도 첫째가 되어야 한다."와 같은 것이다.

출생순위와 가족 내 위치에 대한 지각은 세상과 상호작용하는 방식에 큰 영향을 미친다. 출생순위는 특히 내담자의 생활양식을 탐색하는 데 중요하다. 형제의 특성에 대한 기억, 형제간의 상호작용, 부모와 자녀간의 상호작용의 역동성 등이 내담자의 생활양식을 실징하는 데 큰 영향을 주었다고 본다. Adler는 출생순위에 따른 성격의 특징을 맏이, 둘째, 중간, 막내, 독자의 다섯 가지로 목록화 하였지만, 실제적 출생순위보다는 가족 내의 위치에 대한 개인의 해석이 더 중요하다고 하였다.

Adler는 꿈을 정서의 공장이라고 하였으며, 꿈은 미래 상황에 대한 의미 있는 연습이라고 하였다. 그는 꿈속에 보편적인 상징이 있다고 생각하지 않았다. 꿈은 목적을 갖고 있고 개인의 생활양식을 보여준다고 믿었다. 따라서 상담과정 동안 상담자는 내담자에게 꿈에 대해 말하도록 격려한다. 상담자는 공공 문제의 요점을 빨리 찾을 수 있고 꿈의 메시지를 추출해 내거나 변화를 촉진하기 위해 꿈 언어 자체를 활용함으로써 행동변화를 촉진할 수 있다(김춘경, 2006).

생활양식에 대한 탐색이 끝나면 내담자는 자신의 신념과 감정, 동기와 목표를 이해하고 자신의 잘못된 지각을 검토하고 결정에 도전하며 자신이 지닌 자원, 장점과 강점, 재능을 찾도록 격려 받는다.

(3) 해석을 통한 통찰

생활양식질문을 통하여 내담자의 어린 시절의 정보가 수집되면 상담자는 내담자의 생활양식을 명료화하고 해석한다. 이 과정은 내담자로 하여금 잘못된 목표와 자기 패배적 행동을 통찰하게 해준다. 해석은 상담자가 "~이 아닐까요?"와 같이 단정적이지 않은 형태로 잠정적이고 간접적으로 하며, 내담자 스스로 해석하도록 도와주는 것이 좋다. 해석을 할 때는 행동의 목표를 추구하되 단정적인 해석은 피하고, 내담자가 보이는 여기-지금(here and now)의 행동과 감정을 의식하고 있어야 하며, 내담자의 장점을 지적해주고 격려하는 분위기로 상담을 진행한다. 해석을 통해 내담자는 삶의 방향과 목표에 대한 자각을 하고, 사적 논리를 자각하며, 그것이 어떻게 현재 행동에 작용하는지를 알게 된다.

(4) 재정향과 새로운 선택

상담의 마지막 단계는 해석을 통해 획득된 내담자의 통찰이 실제 행동으로 전환되게 하는 재정향 단계이다. 이 단계에서 내담자는 모험을 택하고 삶을 변화시키도록 격려와 도전을 받으면서 결단을 내리고 목표를 수정한다. 내담자는 내담자의 자기 패배적이고 잘못된 인식이 현재의 삶에 어떻게 방해가 되는지 생각해본다. 내담자는 과거의 잘못된 신념, 행동, 태도를 버리고 대안적인 방안을 찾으며 새로운 생활양식을 갖고 사회적 관심을 갖도록 도움을 받는다.

6) 상담 기법

(1) 격려 기법

격려는 전 상담과정을 통해 적용되는 기본적인 기법이다. 내담자에게 관심을 보이고, 희망을 가르쳐주고, 거기에 문제의 해답이 있음을 보여주고, 긍정적인 것을 강조한다. 격려는 내담자가 자신의 열등감을 극복하고, 자신의 가치를 깨닫도록 돕는 데 중점을 둔다. 상담자가 일관되게 격려를 해주면 내담자들은 그들의 결점을 받아들이고 그들이 할 수 있는 능력을 발휘하여 최선을 다해 노력하게 되며, 때때로 시도한 것이 실패할지라도 크게 좌절하지 않고 또다시 시도할 수 있는 용기를 갖게 된다. 격려에서 중요한 요인은 용기를 갖고 삶에 직면하되 그 용기가 개인적 이익을 위한 것이 아닌 공공의 유익을 위해 나아갈 수 있도록 해주는 것이다(김춘경, 2006).

(2) 질문 기법

질문은 일반적으로 내담자의 문제가 성격상 신체적인 것인지 또는 심리적인 것인지를 결정하기 위한 진단적 도구로 사용되지만, 내담자가 하는 응답에 대하여 반영하거나 해석할 수 있다는 점에서 치료적 가치도 지닌다.

상담자가 "만일 내가 당신의 증상들을 즉시 제거할 수 있는 마술지팡이나 마술약을 가지고 있다면, 당신의 인생에서 무엇이 달라지겠습니까?"라고 질문한다. 이때 내담자가 "나는 더 자주 사교 모임에 갈 것입니다."라고 대답한다면 그 증상은 심리적일 가능성이 크다. 만일 내담자가 "나는 이러한 격심한 고통을 받지 않겠지요."라고 반응한다면, 그 증상은 기질적일 가능성이 매우 크다(장혁표 외, 1995). 이 질문에 대한 응답에 따라 상담자는 내담자의 문제를 다루는 방식을 달리할 수 있으며, 필요한 경우 신체적 치료를 받도록 조치를 취할 수도 있다.

(3) 직면 기법

Adler는 내담자를 병에 희생된 수동적인 존재로 보지 않기 때문에 필요한 경우에는 항상 내담자를 직면시키는 반응을 한다. 직면 기법은 마치 거울인 양 내담자 앞에 그의 잘못된 목표들을 내세우는 데 아주 효과적이기 때문이다.

Dinkmeyer 등은 네 가지 유형의 직면을 언급하였다. 첫째는 내담자 자신만 수용할 수 있는 행동을 만들어내는 데 사용되는 사적 논리에 직면시킨다. 둘째, 내담자의 적극적인 사회적 적응에 방해가 되는 잘못된 신념과 태도에 직면시킨다. 셋째, 상담자가 의문을 가지고 있는 내담자의 감추어진 거부 감정인 사적 목표에 직면시킨다. 넷째, 내담자들이 수동적-공격적인 방식으로 문제를 회피하거나 행동화할 수 있고, 상담자에 대해 능동적-공격적이 됨으로써 자기 파괴적이 될 수 있음을 직면시킨다(장혁표 외, 1995). Adler식 직면 기법은 내담자가 자신이 변화할 수 있다는 능력뿐 아니라 자신의 개인적 논리, 목적, 행위, 그리고 이 모든 것들에 대한 책임을 즉각적이고 보다 집중적으로 깨닫게 되는 것을 도와주는 데 목적이 있다.

(4) '마치 ~인 것처럼' 기법

'마치 ~인 것처럼' 기법은 미래의 사건, 신념 또는 바라는 행동을 예견하고 가장하거나 행동하는 인지적 · 행동적 개입으로 정의될 수 있다. '마치 ~인 것처럼'의 대표적인 질문은 "당신에게 이 문제가 없었다면 당신의 삶이 어떻게 달라졌을까?"라는 것이다. 상담자는 개인의 상담목표를 분명히 한 다음, 내담자가 마치 목표를 이룬 것처럼 행동해 볼 것을 제안한다. 이 기법은 내담자의 현재 신념과 문제인식을 변화시키고, 통찰력을 제공하며, 내담자가 새로운 행동과 신념을 시작할 때 재정향을 용이하게 하거나 실제 행동을 변화시키기 위해 사용한다. 또 자존심, 자신감, 개념, 적성 등의 변화에 용기를 북돋워주거나 문제가 있는 행동의 목적과 목표를 새로운 방향으로 돌릴 때 사용한다.

(5) 역설 기법

이는 Viktor Frankle이 사용한 방법으로서 내담자가 두려워하는 행동이나 사고를 의도적으로 과장하여 하도록 하는 기법이다. 예를 들어, 일을 미루기만 하고 끝내지 못하는 내담자에게는 일을 더 미루도록 요구한다. 시간의 대부분을 걱정으로 보내는 내담자에게는 하루를 온통 모든 것을 걱정하는 데 소비하도록 하는 과제를 준다. 이 절차를 쓸 때는 내담자가 그 실험으로부터 무엇을 배우는가를 알 수 있도록 하기 위해 특정한 시간 동안 어떤 행동 유형을 과장하도록 해야 한다. 유머러스한 방식으로 자기가 두려워하는 행동을 과장해서 하게 되면 내담자의 눈에 그 증상이 어리석게 비치게 된다. 과장된 방식으로 문제에 직면하면 그는 자기가 원하는 것을 얻을 수 있는 대안을 생각하게 된다. 내담자로 하여금 이러한 행동이 얼마나 어리석은가를 명확하게 인식하도록 함으로써 만족스러운 생활양식으로 유도하면 내담자는 그 행동을 변화시키거나 포기하게 될 것이다(장혁표 외, 1995).

(6) 단추 누르기

단추 누르기는 내담자가 서로 양립할 수 없는 정서의 희생자라고 느낄 때 효과적이다. 상담자는 내담자에게 눈을 감고서 자신의 경험 중에서 아주 행복했던 사건을 회상하고, 이러한 회상에 수반되는 감정에 주목하도록 요구한다. 그런 다음, 반대로 굴욕과 실패와 같은 불쾌한 사건을 회상하고 그때 감정을 느껴보도록 한다. 그러고 나서 그들은 행복한 사건을 회상하고 행복감을 다시 경험하도록 한다.

이를 통해 상담자는 내담자에게 무엇을 생각할지를 결정하기만 하면 자신이 원하는 감정을 끌어낼 수 있다는 사실을 가르쳐줄 수 있다. 내담자는 손에 단추를 쥐고서 좋거나 혹은 나쁜 감정을 마음대로 창조하기 위해 그 단추를 누를 수 있는 것이다. 즉, 내담자는 자기 감정의 창조자이지 희생자가 아니라는 사실을 알려주는 것이다. 이 기법은 특히 우울증 내담자에게 효과적이다(장혁표 외, 1995).

(7) 수프에 침 뱉기

Adler는 이 기술을 '깨끗한 양심에 먹칠하기' 라고도 했는데, 내담자의 자기파괴적 행동 뒤에 감춰진 목적이나 의도를 묘사하는 것이다. 상담자가 내담자의 행동(수프)에 대해 숨겨진 의도를 제시해준다(침을 뱉음). 내담자는 여전히 그 수프를 먹으려고 하지만(그 행동을 수행하려고 하지만), 더 이상 예전처럼 편하게 먹을 수는 없을 것이다. 상담자의 목적은 내담자로 하여금 더 이상 수프를 못 먹도록, 즉 자기파괴적 행동을 하지 않도록 돕는 데 있다.

7) Adler 상담의 공헌점과 제한점

개인심리학의 공헌점은 다음과 같다.

첫째, Adler의 개인심리학 이론은 인간의 전체성을 강조하고 한편으로 인간의 주관성을 강조하여 인본주의심리학과 실존주의심리학에 많은 영향을 끼쳤다. 또한 생활양식질문을 통한 내담자의 기본적인 오류, 초기기억에 대한 주관적인 해석 등 내담자의 태도와 신념을 강조함으로써 인지상담에도 많은 영향을 끼쳤다.

둘째, Adler는 인간의 사회적 특성을 강조하고 신경증적 문제가 있는 사람들을 병에 걸린 사람이라기보다는 '낙담한 사람' 으로 보는 등 긍정적인 인간관을 지니고 있어, 상담치료에 긍정적인 면을 불러왔다.

셋째, Adler식 상담은 상담치료에서 개인의 자율성과 독립성을 최대한 개발해줌으로 내담자들로 하여금 상담과정 속에서 건전한 자아정체감을 획득할 수 있게 하는 데 크게 기여하였다.

넷째, Adler식 상담기술은 개인상담, 집단상담, 가족상담, 교사와 부모 교육에 폭넓게 활용되고 있다는 점이다.

Adler식 상담의 제한점을 살펴보면 다음과 같다.

첫째, 가족구도의 해석에 있어서 출생순위에 의한 고정관념에 사로잡히기 쉽다는 점이다. 특히 형제가 많지 않은 현대의 가족구도에 출생순위에 의한 특성으로 내담자를 평가하는 것은 맞지 않을 수 있다.

둘째, Adler식 상담은 상담자의 해석을 통한 내담자의 통찰을 강조하는데, 지능이 평균보다 떨어져 있는 내담자에게 적용하기에는 제한이 될 수 있다는 점이다.

8) Adler식 상담의 상담 기법의 적용: 생활양식질문지의 내용, 생활양식의 요약과 해석

Adler 상담자는 생활양식질문지를 사용하여 내담자의 아동기 경험에 대한 정보를 모을 수 있다. 이러한 정보에 대한 요약과 해석과정은 상담자와 내담자 모두에게 내담자의 현재 삶을 어렵게 만드는 내담자의 태도, 신념, 감정들을 발견하도록 도와주고, 상담의 목표와 방향을 정하도록 도와줄 수 있다. 그 내용에는 형제 서열, 형제의 특성에 대한 기술, 형제간의 상호작용, 부모에 대한 기술, 자신에 대한 기술, 초기회상 등의 내용이 포함된다. 아래의 내용은 생활양식질문지에 포함되는 전형적인 질문들이지만, 단일하고 정형화된 질문지 양식이 있는 것은 아니다. 상담자가 융통성 있게 내용을 더하거나 뺄 수 있다.

가. 생활양식질문지

(1) 형제 서열

내담자에게 먼저 나이순으로 형제관계를 나열하고 형제에 관해 간단히 묘사를 하도록 질문한다. 예를 들면 다음과 같다.

자신의 형제 중 가장 연장자부터 시작하여 이름, 연령, 그리고 자신보다 몇 살 더 많은지(+) 적은지(−)를 표기하세요. 그리고 그 다음 연장인 형제순으로 표기하세요. 자신이 알고 있다면, 사망한 형제나 유산된 아이의 경우도 포함시킬 수 있습니다. 자신을 포함하여 출생순으로 모든 형제들을 기록하시기 바랍니다.

	이 름	연 령(+또는−)	설 명
형제: 1.(맏이)	________	________	________
2.	________	________	________
3.	________	________	________
4.	________	________	________
5.	________	________	________
6.	________	________	________

(2) 형제에 대한 기술

1. 자신과 가장 다른 형제는? ________ 어떤 점에서? ________
2. 자신과 가장 닮은 형제는? ________ 어떤 섬에서? ________
3. 자신은 어떤 아동이었는가?
4. 자신을 포함해서 형제들의 특성을 기술해보세요.

   형제1. (맏이) ________________

   형제2. ________________

   형제3. ________________

   형제4. ________________

   형제5. ________________

   형제6. ________________

(3) 형제들의 특성 비교

형제들의 특성에 대해 아래의 양식을 이용하여 좀더 구체적으로 자세하게 기술하도록 유도할 수도 있다.

각 특성에 대해 최고라고 평가하는 형제와 최저라고 판단하는 형제의 이름(자신을 포함하여)을 쓰세요. 만일 자신이 한 특성에서 어느 극단에도 속하지 않는다면, 가운데 칸에 자신과 가장 유사한 형제를 향하여 화살표를 하세요. 만일 자신이 독자라면 각 특성에 대해서 다른 사람들과 비교하여 어떻게 평정하시겠습니까?

	최고 형제	나	최저 형제
1. 지능	____	____	____
2. 열심히 공부하기	____	____	____
3. 높은 학업성취	____	____	____
4. 집안일 돕기	____	____	____
5. 순종적인	____	____	____
6. 반항적인	____	____	____
7. 기쁘게 하려 노력한	____	____	____
8. 다른 사람을 비난하는	____	____	____
9. 배려하는	____	____	____
10. 이기주의	____	____	____
11. 의지가 강한	____	____	____
12. 예민한-쉽게 상처받는	____	____	____
13. 떼쓰기	____	____	____
14. 유머감각	____	____	____
15. 이상주의	____	____	____
16. 물질주의	____	____	____
17. 기준이 높은	____	____	____
a. 성취	____	____	____

b. 행동 __________ __________ __________

c. 도덕 __________ __________ __________

18. 운동을 잘하는 __________ __________ __________

19. 힘이 센 __________ __________ __________

20. 키가 큰 __________ __________ __________

21. 잘생긴 __________ __________ __________

22. 가장 남성적인 __________ __________ __________

23. 가장 여성적인 __________ __________ __________

24. 여성의 경우, 월경이 시작된 때, 남성의 경우, 첫 사정이나 몽정을 시작한 때를 쓰세요. 누가 이러한 현상들을 설명해주었으며, 그것들에 대해 어떻게 느꼈는가 등등. 자신의 성에 대한 수용, 남성에 대한 태도, 여성에 대한 태도 등은 이러한 사건들과 연합된 태도와 관련하여 더 잘 이해될 수 있다.

____

(4) 형제간의 상호작용

1. 누가 누구를 돌보았는가?
2. 누가 누구와 놀았는가?
3. 누가 누구와 가장 사이좋게 지냈는가?
4. 어느 형제가 가장 많이 싸우고 다투었는가?
5. 아버지가 가장 좋아한 형제는?
6. 어머니가 가장 좋아한 형제는?

(5) 부모에 대한 기술

1. 출생 시 아버지 연령은? ____________ 어머니는? ____________
2. 아버지는 어떤 사람인가? ____________

   직업은? ____________
3. 어머니는 어떤 사람인가? ____________

   직업은? ____________
4. 아버지와 가장 닮은 형제는? ____________

   어떤 점에서? ____________
5. 어머니와 가장 닮은 형제는? ____________

   어떤 점에서? ____________
6. 아버지와 어머니 사이는 어떠했는가? ____________

   a. 누가 지배적이고 결정을 내렸는가? ____________

   b. 아동양육방법에 대해 부모가 서로 일치했는가, 불일치했는가? ____________

   c. 부모가 자주 다투었는가? ____________ 무엇에 관해서? ____________

   d. 이 싸움에 대해 자신은 어떻게 느꼈는가? ____________

   자신은 누구의 편이었나? ____________
7. 누가 아이들에 대해 더 많은 야망을 가졌는가? 어떤 방식으로? ____________
8. 다른 사람이(조부, 삼촌, 숙모, 동거인) 가족과 함께 살았는가? 어린 시절에 다른 중요한 사람이 있었는가? 그들은 누구며, 자신과의 관계는 무엇인지 기술하세요. ____________

   ____

(6) 자신에 대한 기술

자신에 대한 다음의 문장을 완성해보도록 한다.

1. 아이일 때 나는 ____________
2. 나에게 학교는 ____________
3. 내 어린 시절의 두려움은 ____________

4. 내 어린 시절의 야망은 ____________________
5. 또래들 사이에서 내 역할은 ____________________
6. 신체적-성적 발달에 있어서 중요한 사건은 ____________________
7. 사회적 발달에 있어서 ____________________
8. 가정에서 가장 중요한 가치는 ____________________
9. 가족과의 생활에 있어서 나에게 가장 두드러진 것은 ____________________

(7) 초기경험에 대한 회상

어린 시절의 경험에 대해 회상해보도록 한다.

당신은 얼마나 오래 전까지 기억할 수 있습니까? 8~9세경까지 그 당시의 행동과 느낌을 포함하여 구체적인 사건들을 가능한 한 많이 회상하여 보고하세요. 부모나 다른 사람들이 자신에게 말한 내용이 아니라 진실로 회상된 것만을 말해보세요.

연 령

1. ________ ____________________
____
2. ________ ____________________
____
3. ________ ____________________
____
4. ________ ____________________
____
5. ________ ____________________
____
6. ________ ____________________
____

나. 생활양식 요약

Adler식 상담에서는 위의 모든 정보를 수집한 후에 내담자의 가족 생활구조와 내담자의 초기회상을 요약한다. 요약한 후 내담자가 갖고 있는 '기본적 오류', 즉 잘못된 지각과 잘못된 결론에 비추어 해석한다. 기본적인 오류는 어린 시절의 연속된 중요한 경험으로부터 나온 것이다. 또한 내담자가 가진 능력, 자원을 요약하여 상담과정에서 이 능력을 더 키우도록 격려한다. 상담자와 내담자는 생활양식 요약을 검토해 나가면서 내담자의 삶을 통해 나타나는 주제들을 내담자가 이해하도록 돕는다. 가족생활구조, 초기회상, 기본적 오류, 내담자의 자원의 요약에 대한 예는 다음과 같다(코리, 안창일 외 역, 『상담과 심리치료의 제 기법』, 1995, pp. 104-105에서 인용).

루스의 가족 생활구조 요약 루스는 네 아이 중에 맏이로 그녀의 형제들을 돌보는 역할을 했다. 그녀는 아이들에게 거의 애정도 보여주지 않고 아버지가 세워 놓은 규칙과 기준을 두말없이 지키도록 요구하는 엄격한 가족 분위기를 묘사했다. 가족들의 토론의 대부분은 도덕적인 내용이었다. 루스가 재미있게 웃으려고 하면 아버지는 이를 받아들이지 않았다. 죄책감이 가족들을 통제하는 요인이었다. 루스의 주된 문제는 그녀가 무엇이든지 부모의 뜻에 맞게끔 행했음에도 불구하고 그것으로 충분치 않고 부모님들은 더욱더 많은 것을 기대하신다고 느끼는 것이었다.

초기회상의 요약 여기에서의 주제는 냉담하고 기쁘게 해드리기 힘든 아버지에 대한 루스의 두려움이다. 아버지를 실망시키지 않게끔 모든 것을 다했음에도 불구하고, 그녀는 실제로 어떻게 하면 아버지로부터의 비난을 피할 수 있는지 알지 못한다고 판단했다.

기본적 오류의 요약 루스의 사고방식과 프로파일은 다음과 같은 잘못되고 자기패배적인 수많은 지각들을 보여준다.

- 만약 아버지를 기쁘게 할 수 없다면 다른 어떤 남자도 진정으로 기쁘게 할 수 없다.
- 나는 완벽해야만 하고, 내가 완벽하게 되기만 하면 나의 부모님은 마침내 내가 원하는 바대로 나를 사랑해줄 것이다.

- 육체적으로 가까워지거나 애정을 느끼지 말아야 한다. 그렇게 되면 많은 문제가 생길 것이다.
- 교회가 모든 옳은 답을 가지고 있으므로 혼자서 생각할 필요가 없다.
- 가르침을 받은 대로 모든 것을 따르지 않는다면 벌을 받아 마땅하고, 죄책감을 가져야만 한다.
- 나의 본분은 항상 다른 사람을 먼저 생각하고 봉사하는 것이므로, 나 자신에 관해 생각할 권리가 없다.

자원의 요약 개인적인 자원은 상담과정의 일부로서, 조성해야 할 강점들이다. 루스의 사례에서 긍정적인 면과 장점은 다음과 같다.

- 그녀가 비판 없이 받아들였던 가치에 대해 의문을 가지기 시작한다.
- 단순히 다른 사람들을 위해 행해야 하는 기능뿐만 아니라 자신도 권리를 가진 한 사람으로서 가치가 있다는 것을 깨닫게 된다.
- 어머니이며 아내인 것 이외에 그녀가 삶에서 원하는 것이 무엇인가를 생각하기 시작하고 변화를 시도한다.
- 자신의 길을 가고자 애쓸 때 일어나는 약간의 불안과 불확실성을 기꺼이 감수하려 한다.
- 그녀는 꽤 똑똑하고 성실하며 상담을 시작하기 전에 이미 약간의 변화를 가져왔다.

3 인간중심상담

1) 이론의 발전배경

인간중심상담이론은 미국에서 태어난 Carl Rogers(1902~1987)에 의해 1940년대에 창시된 상담이론이다. 처음에는 지시적인 상담이론에 이의를 제기하며 비지시적(non-directive) 상담으로 출발하였고, 이론이 발전해 가는 과정에서 내담자중심(client-centered) 상담으로 그 이름을 바꾸었으며, 근래에는 인간중심(person-centered) 상담이론으로 알려지게 되었다.

비지시적 상담에서는 상담자의 조언이나 설득, 진단과 해석 등의 상담절차를 반대하며 상담자가 허용적이고 비간섭적인 분위기를 창조해야 한다고 강조한다. 내담자중심상담에서는 상담자의 세계를 내담자에게 강요하지 않고 초점을 내담자의 내적 참조체계에 맞춘다. 내담자의 내적 참조체계에 초점을 맞추면 내담자는 현실이나 자신의 주관적 세계의 본성을 더 빨리 이해할 수 있게 된다는 것이다.

인간중심상담은 인간이 자아실현가능성과 성장할 수 있는 잠재성을 갖고 있다고 가정한다. 상담자가 겉과 속이 일치하는 진실된 태도를 내담자에게 보이고, 내담자를 무비판적으로 수용하고 무조건적으로 존중하며, 내담자의 세계를 정확하게 공감적으로 이해하면, 상담자와 내담자간에 신뢰관계가 형성되고, 내담자가 자신의 가면을 벗고 진정한 자기모습을 보게 되어 변화될 수 있다고 본다.

Rogers는 상담자의 기법이나 지식보다는 상담자가 내담자와의 관계에서 보여주는 인간적인 태도가 무엇보다 내담자의 변화를 촉진할 수 있다고 믿었다. Rogers가 강조한 이와 같은 상담자 태도는 어느 상담이론에서나 상담자라면 반드시 지녀야 할, 특히 상담초기에 상담자와 내담자의 신뢰롭고 친밀한 관계형성을 위해 꼭 필요한 태도라는 점에서 Rogers는 상담분야에 커다란 공헌을 하였다고 할 수 있다.

Rogers는 농학에서 역사학, 종교학, 그리고 임상심리학으로 전공을 바꾸며 연구하였다. 1928년부터 1939년까지 로체스터 대학의 아동지도센터에서 일하였고 1939년에서 1963년까지 여러 대학에서 가르쳤다. 1960년대에 참만남집단운동[22)]을 일으켰으며 1968년에 미국의 라 졸라(La Jolla)에서 인간행동연구소를 설립하였다. 인본주의심리학의 대변자로서 심리학과 관련된 모든 영역에 영향을 끼쳤으며 인종 간의 긴장완화와 세계평화에 기여해서 사망하기 얼마 전에는 노벨 평화상 후보에 지목되기도 하였다.

Rogers는 자신의 개념을 검증 가능한 가설로 진술하고 절차에 대해 경험적 연구를 하려는 높은 의지를 보였다. 그는 상담의 효율성을 비판적으로 평가하기 위해 상담장면의 기록을 세밀하게 검토하고, 상담자와 내담자 간의 대화에 연구기법을 적용시키려는 노력을 하였다. 비록 연구방법론적 오류, 예를 들어 상담효과의 평가를 위해 통제집단을 사용하지 않거나 자기 보고에만 의존하는 등 방법론적 오류를 보이기는 했지만, 상담 및 심리치료영역에 대한 연구의 문을 열였다는 점에서 높이 평가받고 있다.

2) 인간에 대한 기본관점

인간중심상담이론은 인간이 자신도 모르는 무의식에 의해 지배받는 것이 아니라 태어날 때부터 타고난 자아를 실현하려는 동기에 의해 행동한다고 가정한다. 인간은 본래부터 심리적 부적응을 극복하고 건강한 정신상태를 되찾을 수 있는 능력을 갖고 있기 때문에 상담자는 내담자 스스로 자신의 가능성과 잠재력을 발견하도록 촉진해주는 역할을 할 뿐이라고 생각한다.

또한 인간행동을 결정하는 것은 과거의 경험이 아니고 지금 그리고 여기에서 어떻게 생각하고 느끼느냐에 있나고 본다. 따라서 상담자는 내담자로 하여금 과거와는 상관없이 현재의 자기 속에서 참된 가치와 의미를 발견하도록 돕는 역할을 한다.

---

22) 참만남집단상담은 집단에서의 집중적인 경험을 통해 집단에 참가한 구성원들의 성장이나 인간관계개선과 발전을 지향하는 데 그 목적을 두고 있다. Rogers는 1940년대 상담자양성을 위한 집중적 집단상담을 경험하였고 그 효과를 발견하여, 1960년대에 들어서 적극적으로 여기에 관여하게 되었다. 참만남집단은 심리적으로 건강한 사람을 대상으로 하고 있으며, 보통 조용한 환경을 갖춘 시설에서 3~6일간 집중적인 집단경험이 진행된다.

3) 심리적 문제의 발생과정

인간중심상담이론에 따르면 사람들의 심리적 문제는 스스로 타고난 가능성과 잠재력을 발견하지 못하고 외적으로 부여된 가치조건들에 맞춰 살려고 할 때 생겨난다. 개인의 가치를 판단하는 외적 조건들이 그 개인의 잠재성과 가능성을 실현시키는 데 잘 조화를 이루지 못하면 심리적 문제가 발생한다고 본다. 즉 외적으로 부여된 가치조건에 따라 형성된 자기개념이 지금-여기에서의 경험을 부정하고 왜곡하게 되면 심리적 문제가 발생한다는 것이다.

4) 상담의 목표

인간중심상담의 상담목표는 내담자로 하여금 자신과 자신의 세계를 어떻게 보는지를 이해하고, 자신의 존재 그대로를 수용하며, 판단이나 평가없이 자신이 느끼는 것은 무엇이든지 자유롭게 표현할 수 있도록 도와주는 것이다. 나아가 내담자로 하여금 다른 사람의 기대나 조건에서 벗어나 잠재된 자기성장과 자아를 실현하도록 돕는 데 있다.

5) 상담의 진행과정

인간중심상담에서는 내담자가 자신의 내면적 경험을 보다 명확히 지각하고 그것들을 부정하거나 왜곡하지 않고 있는 그대로 수용할 수 있을 때 심리적 문제의 해결뿐 아니라 성격변화, 인간적 성장까지 할 수 있다고 본다. 따라서 내담자가 외적 가치조건에 의해 형성된 자기개념과 일치하지 않는 내적 감정들을 명료하게 인식하는 것은 문제해결과 인간적 성장을 위한 시작이 된다.

내담자가 어떤 감정이나 생각들을 부인하거나 왜곡하는 것은 가치조건에 들어맞지 않아 위협을 느끼기 때문인데 상담자는 이런 가치조건들을 해제시키기 위해 전적으로 내담자의 입장에 서서 이해하고 공감해 주고, 내담자의 내면경험을 무조건적으로 수용해주고 존중해주며, 겉과 속이 일치하는 진실된 모습을 일관되게 보여준다. 내담자는 상담자의 이러한 인간적 태도를 보고 배우며, 상담자라는 타인에게 자신이 이해되고 수용되며 존중되는 경험을 통해 자신도 자신의 가면을 벗고 현재의 자신의 모습을 방어하지 않고 바라볼 수 있게 되며, 진정한 자기의 내면을 경험하고 수용하게 된다. 여기서 자신을 의미있게 만드는 것을 깨닫게 되고 스스로에게 부여하는 의미에 따라 자기를 형성해 나가며 성장할 수 있다.

6) 상담기법

Rogers에 의하면 상담자의 지식, 이론 또는 기법보다는 상담자의 태도가 무엇보다 내담자의 긍정적인 변화를 촉진시킨다는 것이다. Rogers가 강조하는 가장 중요한 상담자 태도는 진솔성, 무조건적인 수용과 긍정적 존중, 공감적 이해인데 이 중에서 진솔성이 무엇보다 중요하다고 하였다.

(1) 진솔성

진솔성이란 상담자가 내담자와의 관계에서 내담자에게 대해 느껴지는 것을 긍정적이건, 부정적이건 진솔하게 가식이나 왜곡 없이 그대로 표현하는 것을 말한다. 상담자가 겉으로 드러내는 행동과 표현이 내담자에 대한 내적인 감정이나 생각과 일치되어 나타나는 것을 말한다.

인간중심상담에서 상담자가 내담자에게 상담자 자신의 모습을 있는 그대로 보여주면 내담자는 상담자의 태도를 보고 배우게 된다. 상담자가 전문가의 가면을 쓰고 틀에 박힌 모습만을 보여주거나 자신을 숨기려 한다면 내담자도 있는 그대로의 자신의 모습을 보여주기를 두려워할 것이다. 따라서 상담자가 내담자를 진실하고 솔직하게 대하는 태도를 일관되게 유지하면 내담자 또한 그것을 거울삼아 자신의 느낌이나 생각을 솔직하게 표현하고 진정한 자신의 모습이나 자신의 경험과 진솔하게 접촉할 수 있게 된다.

(2) 무조건적인 수용과 긍정적 존중

상담자는 내담자가 심리적 생존을 위해 따를 수밖에 없었던 가치조건을 벗어날 수 있도록 내담자를 한 인간으로 존중하며 그의 감정 · 사고 · 행동을 평가하거나 판단하지 않고 있는 모습 그대로 수용해주고 존중해준다. 즉 "나는 당신이 ~할 때만 수용하겠다"가 아니라 "나는 있는 그대로의 당신을 수용하겠다"라는 태도를 말한다.

실제적으로 상담자가 이러한 무조건적인 수용과 긍정적 존중을 완전히 실천하기는 상당히 힘든 일이다. 특히 상담자가 생각하기에 내담자가 바람직하지 못한 말과 행동을 하고 있다고 여길 때에는 더욱 그렇다. 상담자가 속으로는 내담자가 잘못된 생각과 행동을 하고 있다고 여기지만 겉으로만 내담자에 동의한다면 이는 상담자의 진솔성과도 어긋난 것이다. 따라서 잘못된 사고나 행동이라고 지적하되 그 지적하는 태도가 내담자를 평가하거나 비판하는 것이 아니고 내담자를 한 인간으로서는 충분히 이해하고 존중함을 나타내면 된다.

상담자가 무조건적인 수용과 긍정적 존중을 일관되게 보여줄 때 내담자는 자신과는 다른 존재인 타인으로부터 자신이 있는 그대로 수용되는 경험을 하게 됨으로써, 자유롭게 자신의 감정을 경험하고 표현할 수 있게 되고, 결국 내담자도 자신을 수용하고 존중하게 된다.

(3) 공감적 이해

Rogers는 공감적 이해란 내담자가 경험하고 있는 주관적 세계를 상담자가 '마치 내담자처럼 내담자의 입장에서' 정확하게 이해하고, 이를 내담자에게 전달하는 것이라고 강조한다.

공감적 이해는 내담자를 단순히 불쌍히 여기는 동정과는 다르다고 하였다. 공감은 내담자의 감정에 접근하여 내담자와 같이 느끼고 그 깊이를 경험하는 것이다. 하지만 동정은 단지 내담자를 불쌍하다고 느끼는 것으로 내담자로 하여금 자신을 불쌍하다고 생각하게 하기 때문에 자아성장을 이끌려는 상담의 목표와는 반대방향으로 내담자의 자아를 약화시킬 위험이 있다(현정환 외, 2002). 따라서 상담자는 내담자의 주관적 세계를 이해하면서도 결코 상담자 자신의 주체성을 잃어버리지 않아야 한다.

공감적 이해는 상담자가 내담자의 감정을 공감하고 있음을 내담자에게 전달할 때 비로소 내담자는 자신이 이해받고 있다는 느낌을 받게 된다. 상담자가 내담자의 내면세계를 공감적으로 이해하고 있음을 전달하는 방법은 내담자의 말과 표현된 감정을 반영하고 명료화시켜 주는 것이다. 또한 높은 수준의 공감적 이해란 내담자가 거의 인식하지 못하고 있는 경험의 의미를 내담자에게 말해주는 것도 포함된다. 이런 과정을 통해 내담자는 상담자를 신뢰하게 되고 자신을 드러내 보이게 되어 자기탐색과 이해를 할 수 있게 된다.

7) 인간중심상담이론의 공헌점과 제한점

인간중심상담이론의 공헌점은 다음과 같다.

첫째, 인간중심상담은 그 어떤 상담기법보다도 상담자의 태도와 행동의 중요성을 강조했다는 점이다. 사실 진솔성 · 공감적 이해 · 무조건적인 수용과 긍정적 존중은 어느 상담이론에서나 상담자라면 꼭 가져야 하는 필수적인 태도이다. 특히 상담자와 내담자 간의 신뢰감 형성이 매우 중요한 상담의 초기단계에서는 필수적이다.

둘째, 상담장면의 기록을 세밀하게 검토하여 상담에 대한 비판적 검토를 하고, 연구기법을 상담자와 내담자간의 대화에 적용시키려는 노력을 함으로써 상담과정과 결과에 대한 연구의 문을 열게 했다는 점이다.

인간중심상담이론의 제한점은 다음과 같다(조현춘 · 조현재 역, 1996).

첫째, 잘못 사용하면 내담자가 도전하도록 격려는 하지 않고 무조건 지지만을 해주게 된다는 데 있다. 내담자와의 상호작용에서 내담자의 감정반영과 공감적 경청 등, 격려나 지지만 하고, 도전적인 직면이나 해석을 삼가하기 때문에 문제에 대한 통찰이나 나아가 내담자의 진정한 성장을 도와주지 못한다는 비판을 받고 있다.

둘째, 상담자가 내담자중심이 되어서 상담자 자신의 인간성이나 독특함을 잃어버릴 수 있다는 점이다. 만약 상담자가 자신의 정체성을 상실한다면 내담자에게 진정한 영향을 주지 못할 수 있다.

인간중심상담자는 자신의 주체성을 잃지 않으면서도 내담자의 경험과 관련되어 적절하게 자신을 공개하거나 자신의 반응을 내담자에게 표현하는 방법을 찾아야 한다.

잘못하면 그저 따뜻하지만, 영향력 없는 무미건조한 상담으로 끝나거나, 상담자가 내담자를 가르치고 영향을 주는 상담자의 교육적 역할은 없어지게 된다고 비판받을 수 있는 것이다. 따라서 근래에 들어 인간중심상담이론은 상담자의 직면과 도전적 역할을 강조하고 있다. 하지만 이는 어디까지나 상담자의 진솔한 태도, 공감적 이해, 무조건적인 수용과 긍정적 존중이 상담의 전체 과정을 통해 바탕이 되어 있다는 전제하에서의 제안이다.

다음은 인간중심상담의 창시자인 Rogers가 상담한 내용 중의 일부이다. Rogers는 내담자가 지루하게 이야기하는 방식에 견딜 수가 없어서 그 점을 직면하였다고 진술하고 있다. 이 상담내용에 대해 Egan(제석봉 외 역, 1999)은 Rogers가 말년에 내담자와의 상호작용에서 탐색과 도전이라는 상담방법을 인간중심상담에 추가하고 있다고 평가하고 있다. 아래의 상담내용을 보면, Rogers가 내담자에게 부정적인 피드백을 주며, 한편으로는 상담자 자신의 감정을 감추지 않고 내담자에 대한 상담자의 진실성을 어떻게 보여주는지 알 수 있다.

> 나는 개인상담을 그만두기 전에도 '직면'이라고 부를 수 있는 것들을 더 많이 하고자했다고 확신한다. 내 감정으로 다른 사람을 직면하는 것 … 예를 들어 나는 어떤 내담자와 상담할 때마다 항상 지루하게 느꼈던 기억이 있다. 나는 그가 올 때마다 힘들었다. 한 시간 이상 함께 있기가 힘들었다. 그것은 전혀 나답지 않은 일이었다. 이러한 감정이 멈춰지지 않았기 때문에, 그에게 말해주는 것이 좋겠다고 생각했다. 나는 내가 그에게 갖는 감정을 알려고 했고, 내담자의 입장에 놓인 그에게 갈등을 불러일으키지 않을 수 없을 것이었다. 그래서 나는 아주 어렵게 말을 꺼냈다.
>
> "나 자신도 이해할 수 없어요. 그러나 당신이 단조로운 목소리로 당신의 문제에 대해 이야기를 하기 시작하면, 난 지루해서 견딜 수가 없어요." 이 말이 그에게 충격을 주었는지 그는 난감해했다. 그리고 나서 자기가 말하는 방식에 대해서 이야기하기 시작했고, 그런 식으로 자신을 표현하게 되는 이유 중의 하나를 점차 이해하게 되었다. 그는 "선생님도 아시다시피, 제가 그처럼 지루하게 말하는 이유는, 어느 누구도 내 말에 진심으로 귀를 기울일 것이라고 기대해 본 적이 없었기 때문인 것 같아요."라고 말했다. … 그 후 우리는 훨씬 더 잘 지낼 수 있었다. 왜냐하면 그의 목소리에서 익히 들어왔던 것과 같은 단조로움이 느껴지면 나는 그것

을 그에게 상기시킬 수 있었기 때문이었다(Egan, 제석봉 외 역, 「유능한 상담자」, 1999, p.265에서 재인용).

8) 인간중심의 상담사례

인간중심상담에서 강조하는 상담자의 태도인 공감적 이해, 무조건적인 수용과 긍정적인 존중, 진솔성은 상담초기에 상담자와 내담자의 질적 인간관계 형성을 위해 매우 중요하므로 어느 상담사례에서나 Rogers의 세 가지 상담자의 태도를 기본적으로 적용하고 있음을 볼 수 있다.

다음 상담내용은 인간중심상담에서 감정의 반영과 명료화, 공감적 이해 등을 어떻게 적용하는지 보여준다. 루스라는 가상의 내담자를 인간중심상담적 관점을 갖고 가상적으로 면담한 내용에서 발췌하였다(Corey, 안창일 외 역, 「상담과 심리치료의 제 기법」, 1995, pp.152-159에서 인용).

루 스 전 느끼기가 어려워요. 때때로 내가 무엇을 느끼는지도 모르겠어요.

상담자 순간순간 당신 내부에서 무슨 감정이 생기는지를 알지 못하는군요.[23)]

루 스 네, 내가 무엇을 느끼는지 알기가 어려워요. 그것을 누군가에게 표현하는 것은 말할 것도 없구요.

상담자 그렇다면 다른 사람들이 당신에게 어떤 영향을 미치는지를 알리는 것도 어려웠겠군요.

루 스 글쎄요. 저는 감정들을 감추려고 애써 왔어요. 감정을 표현하기가 두려워요.

상담자 당신이 느끼는 것이 무엇인지 모르는 것도 두렵지만 안다고 해도 두렵다는 말이로군요.[24)]

루 스 어떤 것은 … 어렸을 때, 화를 내면 벌을 받았어요. 울면 내 방으로 쫓겨가고 울음을 그치라는 얘기만을 들었죠. 행복하고 재미있었을 때에도 얌전히 있으라는 말만 들은 것을 기억해요.

---

23) "~군요"와 같은 표현은 인간중심상담자가 내담자의 감정을 반영하고 명료화하거나 공감적으로 이해했음을 전달하기 위해 쓰는 전형적인 표현 중의 하나이다.

24) 상담자는 내담자의 감정을 반영하면서 내담자로 하여금 자신의 감정을 명료화하도록 돕고 있다.

상담자 그래서 당신은 감정이 문제를 일으킨다는 것을 일찍 배웠군요.[25)]

루 스 무언가를 느끼기 시작할 때면, 나는 머릿속이 텅 비거나 혼란스러워져요. 전 분노, 성적인 욕구, 즐거움, 슬픔, 뭐든지 느낄 권리가 없다고 생각해 온 것이죠. 전 오로지 맡은 일만 했고 아무런 불평도 않고 지내왔어요.

상담자 당신은 아직도 감정을 표현하는 것보다 감정을 숨기는 것이 낫다고 여기고 있군요.

루 스 그래요. 특히 남편과 아이들에게 그래요.

상담자 마치 당신에게 어떤 일이 일어나고 있는지를 그들이 모르게 해온 것처럼 들리는데요.

루 스 글쎄요. 그들은 정말로 나의 감정에 관심이 없는 것처럼 보여요.

상담자 당신이 어떻게 느끼는지 그들이 전혀 관심이 없는 거예요. (바로 그 때 울기 시작한다.) 지금 당신은 무엇인가를 느끼고 있네요. (루스는 계속 울었고, 잠시 침묵이 있었다.)

루 스 나는 아주 슬프고 아무 희망이 없는 것처럼 느껴져요.

상담자 지금 당신은 무엇인가를 느낄 수 있고, 또 그것을 나에게 얘기하고 있네요.

다음은 Rogers가 상담한 또 다른 사례 중의 일부이다. 상담에서 내담자는 백혈병을 앓다가 회복단계에 있는 젊은 흑인 남자이다. 내담자는 자신이 7살 때 가졌던 자아가 소중한 것이었으며, 사회적인 기대가 그 자아를 잃어버리게 했음을 깨닫기 시작했다. 또한 그는 자신에게 행해진 것들에 대하여 느꼈던 분노의 감정에 접근하기 시작했다.

Rogers는 내담자의 표면적인 감정은 분노이지만 더 깊은 곳에는 말할 수 없는 상처가 있다고 평가한다. Rogers는 내담자가 상담을 통해 무참히 짓밟히고 무시당한 자신을 발견하기 시작했다고 설명한다. 또한 감정을 명명하는 등의 지적인 기술보다 감정을 생생하게 이야기할 수 있는 은유적 표현이 훨씬 표현력이 있다고 제안하고 있다. Rogers는 자신이 수용적으로 내담자의 마음을 정확히 비추어 주자, 내담자는 결국 자신의 생각이 잘못된 것임을 깨닫게 되었다고 설명하고 있다(Rogers, 이장호 · 신희천, 「현대상담 · 심리

25) 내담자가 자신의 감정을 탐색하며 몰두하고 있을 때, 상담자가 여기에서처럼 바로 즉시 감정을 반영해주고 의미를 명료화시킬 수도 있다. 하지만 즉각적인 감정반영이나 의미명료화보다도, 상담자가 단순히 "음" 또는 "아, 그랬군요"와 같이 단순음성반응을 보이며 수용적으로 경청하는 것도 내담자와 함께 있음을 전달해주는 표현방법이 될 수 있다.

치료의 이론과 실제」, 1995, pp.256-257에서 재인용).

Rogers	오늘 어떤 이야기를 하고 싶은가요?
내담자	잘 모르겠어요. 생각해 봤는데요. 우리가 지난번에 화난 감정에 대해 이야기 했었는데요. 그것에 대해 많이 생각하고 있어요.
Rogers	나도 많이 생각해보았죠.
내담자	잘 모르겠지만요…. 나는 정말로 화내는 것을 원하지 않아요. 화나는 것이 내 마음속의 일부이고, 그렇게 하기도 했지만 … 아마도 학문적으로 감정적이지 않은 어떤 … 당신은 내가 화내기를 원하지 않는 것이며 나의 그런 부분을 지나쳐 버리려 하는 것이라고 내게 말하지만, 나는 내가 그렇게 할 수 있는지 모르겠어요.
Rogers	당신의 마음은 "오! 냉정해져. 그렇게 강한 감정에 빠지지 마."라고 말하는 군요.
내담자	네, 그래요. 나를 빠뜨리는 함정, 내가 어쩔 수 없는 그런 체계에 나를 밀어넣는 것 같아요.
Rogers	예, 알겠어요. 당신의 마음속에는 "그래. 어서 해"라고 이야기하는 측면이 있는 반면, 또 다른 부분에서는 "아니야"라고 말하고 있군요. 하지만 거기에는 분노가 있군요. 어떤 진정한 분노가 있군요.
내담자	네, 그래요. 맞아요. 이 나라에서는 늘 그래요. 난 언제나 이런 걸 느껴요. 인종문제에 있어서는 두 가지 선택밖에 없어요. 인종차별주의자이거나 반인종차별주의자이거나 하는, 나는 절대로 사회의 반영물이 되고 싶지 않아요. 나는 그것을 원하지 않아요.
Rogers	당신 마음속에서 무엇이 진행되고 있는지 다루어보고 싶은가요?
내담자	그래요. 우리가 이야기했던 것들에 대해서 생각할 때면, 이상하게 들릴지 모르지만 그것은 백혈병보다 더 나쁜 것 같아요.
Rogers	알 수 있을 것 같아요. 우리 사회의 문화와 사람들이 당신에게 행해왔던 것이 실제로는 백혈병보다 더 당신을 고통스럽게 한 거군요. 그런가요?
내담자	그렇게 생각해요. 어느 정도는 백혈병처럼 몸이 약해지는 것이 내 마음속에서도 일어나는 것 같아요.
Rogers	우리 문화가 당신에게 저지른 것이 당신의 마음속에 암을 퍼뜨린 것이군요.

내담자 나는 정말로 말하고 싶어요. 그리고 믿고요. 내 자신의 일부는 나의 문화에 영향을 받고 있고, 그 일부는 나에게 화내는 것은 절대로 좋은 것이 아니라고 말합니다.

왜냐하면 폭력은 허용될 수 없기 때문이지요. 나는 내 감정의 폭력을 사용하고 있습니다. 흑인이 화를 내면, 그들은 화를 내는 것이 아니라, 폭력을 행사하는 것입니다. 내 말이 무슨 뜻인지 아시겠어요?

Rogers 알아요. 믿고요.

내담자 나는 누구에게도 내 자신이 받아들여질 기회를 주지 않았습니다.

Rogers 아마도 당신은 그런 기회를 주지 않았을 거예요. 이젠 분노를 표현할 수 없는 이유를 느낄 것입니다. 나는 이런 모든 이유에 대해 이야기할 것입니다.

내담자 그래요. 나는 잘 모르겠습니다. 아마도 언젠가는 화를 낼 것입니다. 아마도 나는 더 좋게 느낄 것 같아요. 내가 웃을 때, 나는 웃고 있지만 거기에는 커다란 분노가 있어요. 하지만 화내는 것은 내 본모습은 아니에요. 화내는 것은 내 모습이 아니지만, 난 분노를 느껴요.

Rogers 예. 나는 당신이 설명하고 있는 것을 듣고 있습니다. 화를 내는 것은 내 본모습이 아니지만 나는 지금 화가 납니다.

내담자 네, 그래요. 그리고 난 생산적인 방법으로 화를 내려고 하고 있어요. 어떻게 생산적인 방법으로 화내야 하는지를 모르겠어요. 거리에서 사람들을 마주칠 때나, 직장에서나, 사람들은 어떤 속뜻을 담아 보내죠. 무엇을 이야기하든지 간에 어떤 속뜻을 담고 있어요. 전에는 사람들을 소외시키지 않고 함께 일하고, 쓰고, 의사소통하기를 바랐지만, 이제는 그것은 거짓말이라고 생각하기 시작했지요. 겉으로는 괜찮은 척하지만 속으로는 배척하는데, 나는 더 이상 그런 헛소리를 듣고 싶지 않아요.

Rogers 무슨 말을 하는지 알겠어요. 그런데 당신은 강하게 느끼고 있는 것 같군요. 나는 당신이 화가 난다면 이 자리에서 나에게 화를 내도 좋다고 말하고 싶어요.

내담자 그런데 어떻게 해야 할지 모르겠어요.

Rogers 나는 꼭 그렇게 하라는 것은 아니에요. 화가 날 것 같으면 내게 화를 내도 좋다는 것이지요.[26)]

---

26) Rogers는 내담자에게 원하는 만큼 화를 내도 좋다고 했을 때 내담자는 완전히 화내는 것을 멈추어버렸다고 설명한다.

내담자	정말 그렇게 믿으세요?
Rogers	아무렴, 그래요!
내담자	(잠시 중단) 나는 그렇게 반응할 수 있을지 모르겠어요. 왜냐하면 분노의 일부는 상처이기 때문이에요. 화가 나서 내가 정말로 화를 내게 되면 내가 얼마나 상처받는지를 보게 될 거예요.
Rogers	아마도 깊은 곳에서는, 당신이 분노를 표출할 때 경험하게 될 상처를 두려워하는 거군요.
내담자	네, 그래요.
Rogers	음.[27]
내담자	정말 … 아 … 음 … 이런 상황이 오면 내가 흑인이라는 것을 느껴요. 내게 있어서 그건 폭로나 다름없는 것이죠. 그렇게 화를 내는 위험을 … 어쩌면 통제할 수 없을지도 모르지요.
Rogers	(잠시 중단) 정말 알겠어요. 내가 가장 두려워하는 것은 내가 경험했던 상처인데…. 당신이 정말로 화를 낼 수 있는지 더 주의를 기울여 보세요.
내담자	나는 지금 그것을 생각하고 있음을 느껴요.
Rogers	그건 모험이죠.
내담자	맞아요. 나는 전에 그것에 대해 한 번도 생각해 본 적이 없어요. 내가 상처받았었다고 말했지요. 당신은 알거라고 믿어요. 나는 상처받았던 것을 느끼고 있어요.[28]

중 략

Rogers	여전히 많은 것이 안에 잠겨 있군요.
내담자	맞아요. 하지만 도움이 되었어요. 믿을 수 없군요. 내가 스스로를 통제할 수 없었다고 누군가에게 말한 것은 이번이 처음이에요.[29]
Rogers	통제하지 말고 내버려 두어요. 좋은 경험이 될 거예요.

27) Rogers는 '음'과 같은 단순음성반응으로 수용적인 경청을 보여주고 있다.

28) Rogers는 내담자가 자신의 화가 분노표출이 아니라는 사실을 직면해야 자신의 약하고 상처받은 부분을 더 이상 두려워하지 않았다고 설명한다.

29) Rogers는 내담자에게 공감적인 이해를 계속 보여주자 내담자는 점점 내담자 자신의 감정을 표현하기 시작했다고 설명한다.

내담자	나에게 좋은 경험이에요. 매우 좋은 경험이에요. 지금 내 머릿속은 복잡해요. 나는 사람들과의 관계에 몰입하고 싶지 않아요. 나는 사랑을 되찾을 수 없고 사람들을 수용할 수 없어요. 나는 더 이상 몰입하고 싶지 않아요. 나는 아프고 피곤해요.
Rogers	당신은 취약하고, 과거에 상처받았으며, 지금도 상처받고 있는 한 사람으로서 자기 자신을 더 잘 수용하고 있는 것 같군요. 그리고 사랑하기를 원하네요. 일방적으로 하는 사랑이 아니라, 사랑이 되돌아오기를 원하는군요.
내담자	예. 나는 느낄 수 있고, 울 수 있으면 좋겠어요. 우는 것을 두려워하지 않았으면 좋겠어요. 나는 그러기를 원해요. 의사가 칼로 열어젖혀서라도 그것을 끄집어내게 하고 싶어요.
Rogers	수술로 할 수 있는 일이라면 간단할텐데요.
내담자	예. 하지만 당신은 내가 얼마나 상처 받았는지를 정말로 당신에게 이야기하고 싶어한다고 느끼십니까? 난 그렇지 않습니다. 당신에게 이야기할 수 없습니다.
Rogers	이해합니다. 당신은 주변을 맴돌고 있음을 보여주었군요. 하지만 당신은 정말로 스스로를 거기에 내려놓지는 않는군요.
내담자	예. 그것을 어떻게 해야 할지 모르겠어요.
Rogers	"나는 진정으로 거기에 내려가고 싶어요. 하지만 내 속도에 맞추어야 해요. 나는 억지로 할 수 없어요. 하지만 거기에 도달하고 싶어요"라고 말하는 것 같군요.
내담자	예. 나는 정말로 빨리 거기에 닿고 싶어요. 왜냐하면 그것도 나의 일부이기 때문이죠. 나는 고통을 느껴요. 정말이지 그건 암이에요. 만약에 내가 그것을 제거할 수 있다면, 나의 몸에서 모든 암세포를 없앨 수 있을 것 같아요. 나는 믿어요. 나는 내가 살아온 방식과 스트레스를 주던 모든 것을 비난합니다. 나는 병이에요.
Rogers	병을 비난하고 모든 그러한 스트레스를 비난하고 있군요. 그런 의미인가요?
내담자	그래요. 전에 그런 걸 말한 적 없어요. 인종차별주의자를 욕하는 것만은 아니에요. 나는 그런 데 더 이상 얽매이고 싶지 않아요.

4 실존주의상담

1) 이론의 발전 배경

실존주의상담은 실존주의 철학과 종교철학, 인본주의 심리학 등 여러 이론에 근거하여 발전하였다. 실존주의상담은 다른 접근에 비해 철학적인 면이 강조되고, 따라서 구체적인 상담기술보다는 상담태도나 인간관에 더 많은 관심을 가진다.

실존주의에서는 인간을 이 세상에 우연히 내던져진 존재로 본다. 이 세상에 내던져진 존재이긴 하나 상황을 수용하거나 거부하는 것은 각 개인의 선택에 달려 있다. 인간은 무에서 시작된 자유로운 존재이며, 그 책임은 자기에게 있다고 보는 것이다. 인간은 또한 언젠가는 죽을 수밖에 없는 존재이고 죽음에 직면해야 하기 때문에 고립, 허무, 의미나 주체성의 상실, 소외를 의식하지 않을 수 없다. 인간은 실존 자체에 대한 상실을 두려워하는 실존적 불안을 갖게 되고, 의미를 찾지 못하는 실존적 공허를 극복하기 위한 용기가 필요하며, 불안과 공허를 극복하기 위해 삶의 의미를 찾는다.

실존주의적 상담에 영향을 준 철학자들은 Kierkegaard, Nietzsche, Heidegger, Sartre, Buber, Tillich와 같은 종교철학자들이 있고, 이러한 실존주의적 철학이나 종교철학을 적용하여 실존주의적 상담을 주창한 사람들은 Binswanger, Boss, Frankl, May, Yalom 등의 학자가 있다(노안영, 2005). 이 중 대표적인 학자는 Frankl과 Yalom이다.

Yalom은 불안의 가장 기본적 원천인 죽음, 책임을 가정하는 자유, 고립, 삶의 의미를 묻는 무의미성이라는 네 가지의 궁극적 관심사를 제시하면서 이것을 자각하게 될 때 갈등과 불안을 느낀다고 하였다. Yalom은 이와 같은 인간의 실존적인 관심사가 인간의 표면적 문제 뒤에서 막강한 영향력을 행사하기 때문에 심리적 문제를 해결하기 위해서는 이에 대한 이해와 수용이 중요하다고 하였다(노안영, 2005).

Yalom 외에 실존주의의 대표적인 사람이 Frankl이다. 그는 의미치료라고 부르는 실존주의적 상담 접근을 주창하여 상담 및 심리치료이론으로 발전시켰다.

오스트리아의 정신과 의사였던 Frankl은 1942년에서 1945년 동안 아우슈비츠를 포함한 4개의 강제수용소에서 3년을 보내면서 극도의 공포와 긴장상태에서 인간 실존에 대한 체험을 하였다. 이 경험들을 통해 인간 실존에의 근본적이고 고차적인 '의미'를 위한 노력과 투쟁, 즉 인간의 '의미에의 의지(the will to meaning)'라는 원리에 입각한 의미치료를 체계화하였다. 그는 의미치료를 통하여 인간의 신체적 및 심리적 측면을 다루기보다는 인간의 실존적 문제, 즉 인생의 목표와 구체적인 사명, 개인적 책임에 대한 문제를 강조하였다. 의미치료는 인생에 있어서 '의미에의 의지'에 관한 개념을 정신의학에 도입함으로써 상담 및 심리치료의 지식과 통찰력을 넓혀주었다.

Frankl은 처음 의미치료의 다른 명칭으로 1938년 '실존분석'이라는 용어를 사용했는데, 여기서는 Frankl의 '의미치료'를 중심으로 살펴보고자 한다(장혁표 외, 1995).

2) 인간관

실존주의상담은 인간을 동물과는 달리 영성(종교적인 의미와 다른, 정신적 측면)을 지니고 있는 존재로 보았다. 죽음을 눈앞에 둔 수용소에서조차 인간의 존엄성은 유지되고 영적인 자유는 결코 빼앗길 수 없었다. 인간은 자유를 지닌 존재이므로 자신의 삶을 선택할 자유를 지니고 있음과 동시에 자신의 선택에 대한 책임을 지닌 존재이다.

실존주의상담에 의하면 인간은 의미를 찾는 의지를 지닌 존재이다. 의미를 찾지 못하면 인간은 실존적 공허와 실존적 좌절에 빠지게 된다. 인간은 삶의 의미를 찾는 존재로서 자신을 넘어 다른 사람과 세계에서 의미를 찾을 수 있는 존재이다. 자기초월과 삶의 의미는 세 가지 방식으로 가치를 실현함으로써 찾을 수 있는데, 첫째는 창조적 가치로, 무엇을 만들거나 생산하는 것과 관련된 가치이다. 둘째는 경험적 가치로서, 자신이 직접 창조해내지는 않지만 타인이 창조해 놓은 것을 경험함으로써 가치를 느끼는 것이다. 셋째는 태도적 가치로서, 극도로 절망적인 상황에 처하더라도 그 운명을 어떻게 맞느냐 하는 태도를 말한다. 운명을 받아들이는 방법, 고통을 견뎌내고 불행 앞에서 내보이는 의연함 등이 인간의 성숙을 말해준다(이형득, 1992).

3) 심리적 문제의 발생과정

실존주의상담에서는 인간의 주된 문제가 삶의 의미를 발견하지 못하거나 상실한 경우에서 비롯된다고 본다. 의미에 대한 의지가 좌절될 때 결과적으로 무감각이나 권태와 같은 실존적 좌절을 경험하게 되고, 우울, 약물중독, 공격성의 세 가지 신경증을 유발한다고 보았다. 실존주의상담에서 건강한 성격의 사람은 자신에게 초점을 두는 것으로부터 초월해서 타인과 세계와 관계를 맺는 사람이다.

4) 상담 목표

실존주의상담의 목적은 내담자가 자신의 삶 속에서 의미를 찾도록 도와주는 것이다. 존재의 의미를 상실한 채 정신적으로 장애를 느끼는 내담자로 하여금 삶의 의미와 책임을 지니게 되도록 돕는 데 있다. 구체적인 목표는 다음과 같다.

첫째, 내담자로 하여금 자신의 증상과 거리를 유지하도록 돕는다. 내담자에게 신경증이나 정신병과 같이 심리적 차원에서 일어나는 병리적 증상으로부터 자기를 초월하는 인간의 능력을 인식시키고 깨닫게 하기 위해서 그가 집착했던 증상으로부터 자신을 분리하도록 돕는 데 일차적 목표를 둔다. 둘째, 내담자로 하여금 삶에 대한 그릇된 태도를 긍정적 태도로 변화시키도록 돕는다. 셋째, 내담자로 하여금 자신에 대한 책임감을 자각하고 수용하게 한다(장혁표 외, 1995).

5) 상담의 진행과정

구체적인 상담의 진행과정은 내담자의 증상 확인과 증상으로부터의 분리, 의미 자각, 내담자의 그릇된 태도의 수정, 증상의 통제, 의미가능성 확장 등의 단계에 따라 이루어진다. 각 단계들을 구체적으로 살펴보면 다음과 같다.

(1) 증상 확인과 증상으로부터의 분리

내담자의 증상 확인, 내담자의 진단은 상담치료의 첫 단계이다(장선철 · 문승태, 2003). 내담자는 자신을 생물학적, 심리학적, 사회적 운명의 무력한 희생자로 느낀다. 그러므로 상담자는 내담자로 하여금 현재의 상황을 계속하지 않을 것이며, 어떤 상황에서든지 저항할 수 있다는 것을 확신할 수 있도록 도와야 한다. 내담자가 자신의 증상을 병으로 받아들이고, 자신의 증상을 붙들고 있는 한 새로운 관점에서 자기를 이해하기 어렵다. 따라서 상담자는 내담자와의 신뢰관계를 형성하고 난 후 내담자가 자신의 증상으로부터 자신을 분리해서 증상과 동일시하지 않도록 하고, 자신들의 잘못된 가설을 믿지 않도록 돕는다(장혁표 외, 1995).

(2) 의미의 자각

1단계에서 증상이 확인된 후에는 내담자를 증상으로부터 분리하고 삶에 대한 의미를 자각하게끔 돕는다.

첫째, '삶과 죽음의 의미' 에 대한 자각이다. 상담자는 내담자를 도와 그들의 존재에 대한 목표나 목적을 발견하도록 돕는다. 존재라는 것이 가치를 실현하는 끊임없는 노력이라는 점을 깨닫게 하기 위해서 상담자는 내담자가 가진 과제에 대해 책임감을 가지는 것이 얼마나 가치 있는 것인지를 내담자에게 알려준다(장선철 · 문승태, 2003).

인간이 죽을 수밖에 없는 존재라는 사실은 삶에 또 하나의 의미를 준다. 죽음은 삶에 무의미를 주지 않고, 오히려 삶이 일시적이라는 사실에 대해 의미를 부여하는 것이다. 실존주의상담에서는 삶의 이러한 측면을 내담자 앞에 제시하여 스스로 책임감을 자각하도록 한다. 내담자에게 마치 두 번째 인생을 사는 것처럼 살고, 지금 하려는 행동이 첫 번째와 마찬가지로 그릇되게 살려고 하는 것은 아닌지 생각해보도록 한다(김충기 · 강봉규, 2001).

둘째, '일의 의미' 에 대한 자각이다. 책임에 대한 자각은 그 개인에 있어서 고유하고 구체적인 과제, 즉 사명을 자각할 때 생기는 것이다. 그것은 현재 우리가 가지고 있는 직업적인 과업일 수도 있고, 시간과 노력을 들일 만한 가치가 있다고 믿는 어떤 취미일 수도 있다. 일에 대한 실존적 의미의 중요성은 Frankl이 말하는 '실업 신경증(unemployment neurosis)' 을 통해 알 수 있다. 실직자의 가장 뚜렷한 증상은 무감각, 쓸모없음(uselessness)

과 공허감이다. 그들은 실직하였기 때문에 소용없는 존재라고 느끼고, 할 일이 없기 때문에 삶이 무의미하다고 생각한다. 상담자는 실직자에게 불행한 사태에도 불구하고 고된 삶에도 의미를 부여하고 그것에서 의미를 찾을 수 있다는 책임감을 가르쳐준다(김충기·강봉규, 2001).

셋째, '사랑의 의미'에 대한 자각이다. 의미치료에서 사랑은 다른 사람의 내면을 이해하는 것이다. 사랑은 자기의 독특함과 유일함 속에서 다른 사람의 경험을 체험하는 것이다. 사랑은 삶을 의미로 채우는 방법들 중의 하나이다. 사랑이 결여되어 있다면 이것은 숙명보다 신경증적 실패에 기인한 것이다. 신경증적 내담자들은 보답 없는 사랑의 긴장들을 두려워하여 사랑의 기회를 회피한다. 이러한 사람들은 재교육을 통해 준비와 수용할 태세를 취하도록, 그리고 도피 경향을 개방된 상태로 바꾸도록 도와주어야 한다.

상담과정은 내담자가 자기 삶에서 의미를 성취하도록 도움으로써 실존적 좌절 또는 공허감을 채우고 좌절감을 제거하는 것이며, 삶이 자기에게 요구하는 임무들에 대한 책임감을 받아들이도록 도와준다(김충기·강봉규, 2001).

(3) 태도 수정

2단계에서 의미의 자각을 통해 내담자가 증상으로부터 거리를 유지하게 되면 그들은 자신이나 자신의 삶에 대한 새로운 태도를 가지게 된다(김충기·강봉규, 2001). 내담자가 어려움을 느끼는 것은 당면한 문제 때문이 아니라 문제를 바라보는 그릇된 태도에서 비롯된다. 문제는 누구나 겪지만, 문제 자체는 오히려 사람들의 인간적인 내적 힘을 활성화시키고 미래의 과업에 대해 도전하게 한다. 그러나 의미 추구가 아닌 그릇된 태도는 내담자로 하여금 쾌락 추구와 같은 욕구에 심취하게 함으로써 결국 자신이 추구하고자 하는 의미를 성취하지 못하고 실존적 좌절을 경험하게 만들기 때문이다. 피할 수 없는 자기 운명에 대한 내담자의 그릇된 태도를 변화시켜 새로운 사고와 통찰에 이르도록 도움으로써 결국 건강하고 긍정적인 태도를 갖게 한다.

(4) 증상의 통제

태도의 수정이 이루어지면 내담자로 하여금 증상을 약화시키거나 증상 자체를 통제할 수 있다는 사실을 받아들이도록 도와준다. 내담자의 증상이 감소하거나 사라지면 통제할 수 없는 상황에 대해서도 새로운 태도를 형성하게 되며, 이 새로운 태도는 내담자로 하여금 자신의 운명을 받아들이고 그것을 참아낼 수 있게 한다. 상담자는 내담자로 하여금 현재 생활에서 새롭고 긍정적인 요인을 찾아내도록 하고, 미래의 정신건강을 위한 긍정적인 태도를 갖도록 돕는다. 이러한 과정을 통해 내담자는 자신의 삶 속에 내재된 모든 의미를 발견할 수 있는 가능성을 탐색하고, 자신이 처한 특수한 상황에 대해 더 확장된 관점을 가지게 된다(장혁표 외, 1995).

6) 상담 기법

실존주의상담에서는 상담 기법이나 상담 기술보다 상담자의 태도를 더 강조하지만, 상담목표를 달성하기 위해 여러 학파의 상담 기법에 대해서 개방적인 접근을 취하고 있다.

(1) 소크라테스식 대화

실존주의상담에서 내담자와 상담자의 대화는 소크라테스식 대화법의 형식을 따른다. Farby(1980)에 의하면 소크라테스식 대화는 내담자로 하여금 억압하거나 도외시했던 의미에 대한 의지, 파묻었던 경험의 긍정적인 측면을 떠오르게 하고 재연하도록 함으로써 자신의 잠재성에 대한 진정한 평가를 하도록 돕고 가장 깊은 의미로 향하게 한다.

상담자는 치료과정에서 내담자로 하여금 과거의 경험이나 미래에 대한 공상을 탐색하거나 지나간 절정 경험을 재생시키고, 무의미하게 보냈던 상황에 대한 재평가를 하거나 관심을 주지 못했던 자신의 성취에 주의를 돌리도록 한다. 내담자가 가졌던 가치체계, 공허감, 잘못된 선택을 하지 않을까 하는 두려움, 억눌렀던 꿈과 희망, 목표 등에 관해 이야기하도록 하고 질문한다. 이렇게 함으로써 내담자는 증상으로부터 거리를 유지하여 새로운 태도를 갖게 되고, 증상을 통제할 수 있다는 성취감에 관심을 가지면서 상담자와 공동으로 의미를 추구할 수 있게 된다. 이러한 대화는 상담의 4단계 모두에서 사용된다. 결국 이 대화기법은 내담자의 감정을 단순하게 이해하고 수용하기보다는 내담자로 하여금 선택을 하게 하고, 책임과 의무를 받아들이며, 작은 것일지라도 새로운 단계로 나아가면서 문제로부터 벗어나도록 도전하게 하는 데 목적이 있다(장혁표 외, 1995).

(2) 역설적 의도

역설적 의도는 내담자로 하여금 증상에서 도피하려 하거나 그것과 싸우려는 것을 그만두게 하고, 오히려 증상을 과장하거나 직면하게 함으로써 문제해결을 시도하는 것으로, 증상에 집착하고 있는 자신의 모습을 보고 웃을 수 있는 기회를 제공하여 증상에 대한 태도의 변화를 일으키고자 한다.

공포나 불안을 가진 내담자는 두려움을 경험한 사건이 재발될 것이라는 예상 때문에 미리 불안을 갖게 되는데, 이를 예기불안이라 한다. 이러한 예기불안은 '지나친 주의' 나 '지나친 의도' 의 원인이 되며, 이것이 예기불안을 강화하면서 결국 악순환을 반복하게 되고 내담자는 자신의 불안이 재발하리라는 기대사건으로부터 회피하거나 후퇴하게 된다. 역설적 의도는 공포나 강박증의 이러한 잘못된 순환과정을 깨뜨리고 자기-분리의 능력을 발휘하게 하는 것이다.

예를 들어, 공포증 내담자는 일반적으로 불안이 생기는 상태로부터 도피하고자 하는 반면, 강박관념을 가진 사람은 그 강박관념을 극복하고 그것과 싸우려고 한다. 어느 경우에나 결과적으로는 증상을 증대시킬 뿐이다. 이때 증상에서 도피하거나 과도한 주의를 기울이는 내담자로 하여금 그 증상을 직접 대면하게 하여 오히려 그 증상을 과장하게 한다. 불면증으로 고생하는 사람에게 잠을 자려고 노력하는 대신에 오히려 잠을 자지 말 것을 요구하면 잠 못 이루는 자신으로부터 거리를 두고 자기의 문제를 바라보게 되며 증상에 대한 태도 변화를 일으키게 된다.

역설적 의도를 적용할 때는 신체적으로 이완된 후에 적용하면 효과적이다. 역설적 의도가 처음으로 시도되는 경우 성공적이 되도록 노력해야 하는데, 왜냐하면 처음 적용될 때 성공적이어야만 재발 빈도가 줄어들기 때문이다. 또한 역설적 의도가 너무 늦게 적용되지 않도록 주의해야 되는데, 내담자가 예기불안에 이미 사로잡혀 있을 때 증상 재발이 가장 잘 일어나기 때문이다(장혁표 외, 1995).

(3) 탈숙고(dereflection)

탈숙고는 인간의 자기-초월 능력을 사용하여 지나친 자기-관찰(self-observation)로부터 자유롭게 하는 기법이다. 역설적 의도가 예기불안을 없애려는 것인 데 비해 탈숙고는 지나친 자기-관찰을 없애려는 것이다. 지나치게 자기 자신에 대해 살피고 판단을 하게 되면 결국 자기 자신의 틀에 갇히게 되는데, 탈숙고는 지나친 자기 관찰을 다른 데로 돌려 문제를 무시하도록 하는 것으로, 의식을 긍정적이고 생산적인 쪽으로 전환하도록 돕는다. 이 기법은 불면증, 성기능 장애, 약물남용의 치료에 효과적이라고 보고되고 있다. 예를 들어, 불면증인 내담자가 잠을 자려고 노력할수록 오히려 노력하는 의도가 효과가 있는지를 관찰하는 지나친 주의집중 때문에 잠이 더욱 오지 않는 상황을 불러오게 된다. 이때 인간이 가지고 있는 '자기망각'의 능력을 이용하여, 음악을 듣거나 다른 흥미 있는 일을 함으로써 내담자의 주의집중을 문제로부터 벗어나서 다른 긍정적인 측면으로 사고하도록 전환하는 것이다. 상담자는 내담자가 문제에서 벗어나서 바람직하고 건강한 대안행동을 생각하고 그러한 활동을 찾도록 돕는다.

7) 공헌점 및 제한점

실존주의상담의 공헌점은 다음과 같다.

첫째, 삶의 의미를 찾도록 도와주는 실존주의상담목표는 개인의 주체성, 자유, 책임을 강조함으로써 공허감, 무가치감, 실존적 불안을 느끼는 현대인들을 도와준다.

둘째, 결정론적이거나 기계적인 인간관을 반대하고, 자유와 책임을 갖고 가치를 창조하며 삶의 의미와 보람을 추구하는 독특한 존재로서의 긍정적인 인간관을 상담과 심리치료 분야에 제시했다는 점이다.

실존주의상담의 제한점은 다음과 같다.

첫째, 실존주의상담은 철학적 측면에 치중한 나머지 실제적인 상담 기법이나 기술을 제시하는 데 소홀하였으며, 체계적이지 못하고 추상적인 면이 강하기 때문에 상담의 효과를 과학적으로 검증하기 어렵다.

둘째, 인간을 사회적, 심리적으로 높은 수준에서 기능하는 존재로 보고 있지만, 낮은 수준에 있는 사람이나 위기에 있는 사람 또는 가난한 사람들에게 적용하는 데는 한계가 있다(장선철 · 문승태, 2003).

5 행동주의상담

1) 이론의 발전배경

행동적 상담이론은 1950년대와 1960년대 초반에 생겨났으며 행동수정 또는 행동치료라는 이름으로 불려지기도 한다. 현재의 행동적 상담이론은 고전적 조건형성, 조작적 조건형성에 뿌리를 두고 발달하였으며, 근래에는 상당히 확장되어 학습이론에만 의존하지 않고 사회학습이론과 인지이론에 근거한 인지행동적 성향을 띠고 있다.

상담에서 행동주의 영향은 원래 두 가지 방향으로 일어났다. 하나는 Pavlov식 개념에 바탕을 둔 것으로 주된 초점이 정서적 학습에 있으며, 다른 하나는 Skinner식 방법으로서 관찰할 수 있는 행동을 강화를 통해 변화시키는 것을 강조한다.

(1) 고전적 조건형성과 행동치료

고전적 조건형성은 러시아 생리학자 Pavlov가 개의 타액분비에 관한 실험을 하면서부터 연구가 시작되었다.

자연상태에서 음식물이 주어지면 개는 침을 분비한다. 이것은 어떤 학습도 포함되지 않은 무조건 반응이며 이런 반응을 야기한 음식물은 무조건 자극이 된다. 자연상태에서 종소리를 듣고 침을 흘리는 개는 없다. 그런데 중성자극인 종소리를 들려준 직후, 또는 거의 동시에 무조건 자극인 음식물을 제시하고, 또 이를 반복하면 개는 음식물이 주어지지 않고 종소리만 들어도 침을 흘리게 된다. 결국 무조건 자극인 음식이 없이 중성자극인 종소리만 제시되어도 무조건적 반사 반응인 침 흘리기를 일으킨다는 것이다. 이 경우 종소리는 조건 자극이 되고, 소리를 듣고 침 흘리는 것은 조건화된 반응이 된다. 이를 그림으로 표시하면 다음과 같다.

[그림 3.1] 고전적 조건형성의 3단계

특정한 종소리에 침을 흘리도록 학습되어진 개는 유사한 종소리에도 침을 흘리는 반응을 보인다. 이처럼 처음의 자극과 유사한 다른 자극에 대해서도 동일한 반응을 나타내는 현상을 **자극일반화**라고 한다.

특정한 종소리 후에는 반드시 음식물이 제공되지만 다른 종소리에는 음식물이 제공되지 않는 것을 반복하면 개는 음식물이 주어지는 특정 종소리에만 침을 흘리게 되고 다른 종소리에 침을 흘리는 반응은 중지된다. 즉, 두 자극을 **변별**하게 된다.

종소리만 들려주고 음식물이 제공되지 않는 것을 반복하면 개는 어느 정도 기간이 지난 후 종소리에 침을 더 이상 흘리지 않게 된다. 즉, 일단 획득된 조건반응도 무조건 자극과 결합되지 않은 채 중성자극이었던 조건자극만 계속 단독으로 제시되면 학습된 조건반응도 결국 사라져 버리는데 이를 **소거**라고 한다.

고전적 조건형성은 위와 같이 인간이나 동물의 무의식적 반응은 자극에 의해 자동적으로 또는 수동적으로 조건화될 수 있고 학습될 수 있다는 것이다. 고전적 조건형성을 처음에 적용한 사람은 Watson과 Raynor였다. 이는 Little Albert라는 사례로 잘 알려져 있다. 이들은 고전적 조건형성 기법을 사용해서 전에는 흰쥐를 두려워하지 않았던 유아인 Albert가 쥐에 접근할 때 아이가 깜짝 놀랄 정도의 비명을 질렀다. 이를 여러 번 반복하자

Albert는 쥐와 혐오적인 소음을 조건형성시키게 되었고 그 결과 Albert는 쥐에 대한 공포감을 느끼게 되었다. 그 후 Albert의 공포는 일반화되어서 고양이, 솜, 모피 같은 희고 부드러운 털자극이 보여지면 두려움을 느꼈다.[30)]

고전적 조건형성원리에 기초를 둔 접근은 주로 행동치료(behavior therapy)라고 불리는 것으로 정서적 학습에 초점을 둔다. Wolpe, Lazarus, Eysenck 등의 이론가들이 있으며, 고전적 조건형성원리를 이용한 행동치료의 주요기법으로는 Wolpe(1958)의 체계적 둔감법 등이 있다.

(2) 조작적 조건형성과 행동수정

조작적 조건형성은 Thorndike를 시작으로 하여 Skinner(1904~1990, 미국 출생)에 의해 크게 발전되었다. 고전적 조건형성은 외부의 자극에 의해 유출된 이끌려진 반응인데 비해 조작적 조건형성은 자발적, 또는 우연적으로 방출된 반응이다. 즉, 행동은 제시된 자극에 의해서만 유발되는 것이 아니라 유기체 스스로가 자발적으로 수행하는 것도 상당히 많다. 따라서 조작적 행동이란 결과를 산출하기 위해 환경을 능동적으로 조작하는 행위에 의해 이루어지는 것으로 본다.

고전적 조건형성이 자신도 모르는 자극에 의해서 수동적으로 반응을 유발하는 공포와 같은 정서학습을 설명한다면, 조작적 조건형성은 학습과정에 자발적으로 참여하여 의도적으로 행동하는 것을 설명한다. Skinner 상자에서 비둘기는 여기저기 먹이를 먹기 위해 쪼다가 우연히 지렛대를 누르게 되고 먹이 접시에서 먹이가 나와 먹이를 먹게 된다. 이러한 반응과 결과가 여러 번 반복되면서 비둘기는 지렛대 누르기와 먹이와의 관계를 점차적으로 학습하게 된다. 이 관계를 학습한 비둘기는 지렛대를 누르게 되고 조작적 조건형성은 이루어지게 된다.

조작적 조건화에서 행동은 바로 뒤에 오는 사건에 의해 강화되거나 약화된다. 어떤 행동이 긍정적인 결과를 낳았다면, 즉 행동 뒤에 어떤 보상이 주어지거나 혐오적인 자극이 제거되면 그 행동은 다시 일어날 가능성이 증가되고, 어떤 행동이 부정적인 결과를 낳았다면, 즉 행동 뒤에 벌이 주어지면 그 행동은 다시 일어날 가능성이 줄어든다.

---

30) Little Albert 사례는 연구를 하기 위해 어린아이에게 과연 이런 공포학습실험을 해야 하는지, 실험에 대한 윤리적 문제가 나올 때마다 거론된다.

강화란 행동의 발생 빈도를 증가시키는 것으로 정적강화와 부적강화가 있다. 정적강화란 어떤 행동 후에 긍정적이고 유쾌한 것이 제공되어 그 행동이 다시 일어날 확률이 증가하는 것을 말한다. 아이가 시험을 잘 보아서 부모가 칭찬하면 계속 아이의 공부하는 행동이 증가하는 경우이다. **부적강화**는 어떤 행동을 하고 나면 싫은 대상이나 자극이 제거되므로 그 행동을 다시 할 확률이 증가하는 것을 의미한다. 아이가 시험을 잘 보아서 이 일로 매일 싸우던 부모의 싸움이 줄어들었다면 아이는 계속 공부를 열심히 하려고 할 것이다. 이때 부모의 싸움은 아이에게 혐오자극이 된다.

정적강화와 부적강화 모두 행동을 증가시키는 것을 목적으로 하고 있고, 특히 부적강화는 행동의 빈도를 감소시키려는 의도를 가진 벌과는 구별된다. 예를 들어 한 아이가 교실에서 떠드는 행동을 할 때마다 교사가 벌을 줄 목적으로 교실 밖에 세워 두었더니, 떠드는 행동이 줄어들기는커녕 오히려 늘어났다. 아이는 교실 밖에 서 있으면 하기 싫은 공부를 잠시 하지 않아도 되기 때문에 계속 떠들게 된 것이다. 이때 아이에게 공부하는 것은 혐오자극이 되고 교실 밖에 세워 둔 것은 부적강화의 역할을 한 셈이다. Skinner는 행동을 통제하는 가장 좋은 방법은 벌이나 부정적 강화가 아닌, 긍정적인 강화를 통해 바람직한 행동을 조건화하는 것이라고 강조하였다.

벌은 원하지 않는 행동을 감소시키고자 할 때 주어지는 것으로 불유쾌한 자극을 제공하는 수여성 벌과 유쾌한 자극을 박탈하는 박탈성 벌이 있다. 아이가 좋지 않은 행동을 했을 때 매를 드는 것은 수여성 벌의 예이고, 좋아하는 TV를 보지 못하게 하거나 외출을 금하는 것은 박탈성 벌의 예이다.

강화물의 종류는 과자나 사탕과 같이 생리적 욕구를 만족시켜주는 일차적 강화물과, 원래는 중성자극이던 것이 강화하는 능력을 지닌 다른 자극과 연결되어 있는 이차적 강화물이 있다. 교사가 학생에게 주는 스티커처럼 원하는 것과 바꿀 수 있는 상표, 돈이나 승인, 칭찬, 미소 등이 이차적 강화물의 예이다.

강화계획이란 강화가 잘 일어나도록 하는 조치를 말하는데 행동이 일어날 때마다 한 번도 빠트리지 않고 강화하는 연속강화와 간헐적으로 강화하는 부분강화가 있다. 연속강화는 초기단계에서 어떤 행동을 시작하게 하고 강화시키기에 좋은 방법이지만 행동을 지속시키는 데는 부분강화가 더 효과적이다. 예를 들어 부모나 교사가 아이에게 한 번도 빠트리지 않고 보상을 주는 것은 실제로 어렵기 때문에, 간헐적으로 강화하는 것이 행동을 지속시키는 데 더 효과적이다.

강화계획에는 시간 간격을 기준으로 하는 것과 반응횟수에 따른 비율을 기준으로 하는 것이 있다. 고정간격강화는 일정한 시간이 경과할 때마다 강화가 주어지는 방식이고, 변동간격강화는 일정시간을 기준으로 강화가 주어지나 그 시간 간격이 평균시간을 전·후로 하여 불규칙성을 보이는 것이 특징이다. 고정비율강화는 일정 수의 반응을 나타낼 때마다 보상을 받게 된다. 변동비율강화는 강화가 반응의 빈도를 기준으로 하여 주어지나 그 빈도의 기준이 불규칙하다. 높은 수준의 수행을 위해서는 비율강화가 효과적이고, 소거를 덜 일으켜 반응의 지속성을 높이기 위해서는 변동강화가 효과적이다.

조작적 조건형성은 고전적 조건형성에서 설명했던 일반화, 변별, 소거와 같은 개념을 같이 포함한다.

위와 같은 조작적 행동과 강화원리를 이용한 Skinner식 방법론은 '행동수정(behavioral modification)' 으로 불린다. 바람직한 행동을 하도록 하기 위해 최종 목표까지 단계를 나누어 그 각각의 단계들을 강화하는 조성(shaping), 또는 강화물로서 상표를 이용하는 상표제도 등 많은 행동적 상담기법이 조작적 조건형성원리를 적용하였다.

(3) 인지행동적 접근

행동주의상담이론 중에서도 인지적 성향을 지닌 인지행동적 접근은 행동변화를 위한 자극과 반응관계에서 인지과정, 즉 사고과정의 역할, 태도, 가치 같은 중재개념을 강조한다. 예를 들어 비둘기가 지렛대를 누른다든지 하는 행동은 과거에 강화를 받았기 때문이 아니라 먹이가 주어질 것을 예상하거나 기억하기 때문이라고 설명한다. 사회학습과 모델링을 강조한 Bandura와 인지적 행동수정을 강조한 Meichenbaum 등을 여기에 포함시킬 수 있다.

Bandura와 Walters의 사회학습 이론은 관찰학습과 모방, 대리학습에 초점을 맞춘다. 관찰학습은 다른 사람의 행동을 관찰함으로써 학습하는 것이다. 모방은 다른 사람이 행동하는 것을 보고 들으면서 그 행동을 따라서 하는 것이다. 대리학습은 관찰자가 한 모델이 어떤 행동에 대해 강화를 받는 것을 보고, 이것이 그 관찰자에게도 강화로 작용하는 것을 말한다. 예를 들어, 형이 엄마의 심부름을 하고 엄마의 칭찬을 듣는 것을 동생이 보았다면 그 동생은 대리로 보상을 체험하게 된다. 급우가 교사에게 규칙을 어겨 벌을 받는 것을 보면 급우의 벌을 대리로 경험할 수 있으므로 그 아동은 규칙을 지키게 된다.

실제 인물이나 상징적 모델이 보여주는 행동을 관찰할 때, 새로운 행동이나 태도, 정서적 반응이 학습되거나 기존의 행동이 교정된다고 여긴다. 모델을 보는 것은, 부정적이든 긍정적이든 행동에 영향을 줄 수 있다는 것이다.

인지행동적 접근은 사람들이 느끼는 방법과 행동은 주로 상황에 대한 자신들의 주관적 평가에 영향을 받는다고 여긴다. 인지행동적 접근은 기본적으로 행동을 변화시키기 위해 내담자의 부정적 자기진술, 자기패배적 신념, 잘못된 사고에 초점을 맞춘다. 표현훈련, 자기조정프로그램, 스트레스관리훈련 등은 인지행동적 접근을 취한 것이다. 이러한 프로그램들은 내담자들이 공격적인 행동, 시험공포, 발표할 때의 두려움 같은 문제 상황에 대한 실제적인 대처기술을 획득하는 데 강조점을 두고, 특히 자신에게 하는 내적 언어를 변화시키고 인지재구조화를 꾀하는 데 중점을 둔다.

인지행동적 접근에 대해서는 다음 절에서 설명할 Ellis의 합리·정서·행동적 상담에서 좀더 구체적으로 다루어질 것이다.

행동주의상담이론은 모두 행동자체의 변화에 초점을 두고 그 절차와 기법은 학습원리에 바탕을 두고 있다. 문제가 되는 대부분의 행동·인지·정서는 학습된 것이며 새로운 학습을 위해 수정될 수 있다는 것이다. 또한 내담자가 표현하는 행동 그 자체가 문제라고 여기며, 바로 정신역동에서 증상이라고 불리는 그 문제에 내재된 갈등이나 원인은 탐색하지 않는다. 문제의 원인과 과정을 이해하면 개인이 더 잘 변화할 수 있다는 다른 이론적 접근에 비해, 행동주의적 접근은 문제원인이나 과거경험에 대한 통찰 없이도 행동변화가 일어날 수 있다고 가정한다.

행동주의상담에서는 관찰 가능한 문제행동을 명세화하고, 행동수행수준을 기록하고 상담목표를 명확하게 구체적으로 정한다. 학습원리를 적용해서 바람직한 행동을 강화하고 부적절한 행동이 소거되며, 학습되어 수정된 행동이 일상생활에서 일반화되기를 바란다. 바람직한 목표수준까지 행동을 변화시킬 수 있도록 상담기간 내내 행동변화와 상담의 효율성을 계속적으로 평가해 나간다.

2) 인간관

행동주의상담에서는 인간행동과 성격의 대부분이 환경적 영향을 받고 학습에 의해 형성된 것으로 보고 있다. 인간이 사회 문화적 조건의 영향을 받는다는 원래의 가정에서 근래에는 인간이 환경을 만들기도 하고 동시에 환경에 의해 인간행동이 통제된다는 견해로 가고 있다. 개인의 행동과 환경의 결과에서 일어나는 끊임없는 상호 작용을 강조한다.

3) 심리적 문제의 발생과정

행동주의상담에서는 인간의 정상적인 행동이 학습되는 것과 동일한 방식으로 인간의 부적응적 행동도 학습과정을 통해 얻어진다고 본다. 따라서 어떤 부적응적 행동이 학습과정을 통해서 학습된다면 그런 부적응적 행동은 학습원리에 의해 수정될 수 있다고 가정한다.

예를 들어 개에 대한 공포가 없던 아이의 경우, 아이의 손을 잡고 걷던 엄마가 가게 앞에 묶여 있는 개를 볼 때마다 "아이 무서워라" 하고 아이를 얼른 등에 업는다면, 아이는 개에 대한 공포를 엄마로부터 학습하게 된다. 그러나 만약 아이에게 개에 대한 공포가 형성된 후에라도 아이의 아빠가 가게 앞에 묶여져 있는 개를 볼 때마다 매번 반갑게 쓰다듬어주는 모습을 계속해서 보여주거나, 아이가 어쩌다 개에게 조금이라도 다가가면 그 아이가 좋아하는 과자를 사주어서 아이의 개에 대한 공포를 서서히 사라지게 할 수 있을 것이다. 행동주의상담에서는 이와 같이 공포와 같은 부정적 정서가 학습을 통해 습득되었다면 습득된 공포정서도 학습원리를 통해 제거될 수 있다고 믿는다.

4) 상담목표

행동주의상담에서 가장 중요한 핵심은 무엇보다 행동적인 상담목표를 구체적으로 명확하게 정하는 것이다. 행동주의상담목표는 부적응 행동을 적응적 행동으로 대치시키는 것이다. 이를 위해 상담자는 상담목표를 구체적으로 명확하고 측정 가능한 목표로 세분화시켜서 체계적으로 달성할 수 있도록 도우며, 상담과정에서 목표달성 여부를 확인하여 계속적으로 평가하고, 필요하면 수정한다.

5) 상담진행과정

행동주의상담은 실험에 의해 끄집어낸 학습원리를 사람들의 부적응 행동을 변화시키는 데 적용한다. 부적응적 행동을 환경이나 상황에 의해서 생긴 어떤 학습된 행동으로 본다. 그러므로 행동주의상담자는 교정을 필요로 하는 문제표적행동이 무엇인지 밝히는 것으로 시작한다. 내담자의 개인력을 듣고 문제행동에 대한 인과관계를 알아본다. 상담자와 내담자는 서로 신뢰하는 관계를 발전시키고, 상담목표에 상호 동의한다. 상담목표는 명확하게 정해지고, 문제표적행동은 세밀하게 기술되며 명료하게 정의되어 변화하고자 하는 행동은 실제로 관찰가능하고 측정가능한 것으로서 상담자와 내담자가 서로 동의할 수 있어야 한다. 행동수정 프로그램에서는 문제표적행동이 얼마나 자주 일어나는가 하는 것을 객관적으로 측정하여 수행의 기저선으로 삼는다. 바람직한 목표수준까지 행동을 변화시킬 수 있도록 적절한 기법이 시행되며, 행동변화와 상담의 효율성은 상담기간 내내 계속 평가된다.

행동주의상담에서의 일반적 상담절차를 구체적으로 열거하면 다음과 같다.

첫째, 부적응적 행동이나 문제행동이 무엇인지 찾아낸다.

둘째, 문제행동이 일어나는 맥락에 대한 정보를 찾아내서 문제행동을 일어나게 하는 선행상황(Antecedents: A)과 문제행동(Behavior: B), 그리고 문제행동의 결과(Consequences: C)를 구체적으로 밝힌다. 행동주의상담에서 모든 행동은 그 행동의 앞, 또는 뒤에 일어나는 사건의 영향을 받아 동기유발 된다고 전제하기 때문이다.

셋째, 발견한 문제행동의 빈도와 강도, 문제행동의 지속기간을 확인하고, 측정한 문제행동의 빈도를 기저선으로 잡아 상담효과의 기준으로 삼는다.

넷째, 무엇이 내담자의 행동변화를 가져다줄지 강화인자를 조사한다.

다섯째, 상담목표를 구체적으로 정확하게 기술한 다음, 문제에 적당한 구체적 상담절차와 기법을 정하고, 상담결과를 객관적으로 평가한다. 이렇게 설정된 목표는 상담과정을 통해 목표달성 정도가 계속적으로 확인되고, 필요하다면 수정된다.

예를 들어, 한 아동의 공격적 행동이 하루에 열 번 일어났다고 한다면 이를 기저선으로 잡고 상담목표는 하루에 한번 정도로 공격행동이 줄어드는 것으로 세운다. 상담방법은 아동이 공격행동을 하지 않았을 때 부모가 아동에게 보상을 주는 것으로 정한다. 2주가 지나 측정한 결과 아동의 공격행동이 하루에 여섯 번 정도로밖에 줄어들지 않았다면, 상담의 효과가 미약하거나 상담목표를 단기간 내에 지나치게 높게 정한 것으로 평가한다. 따라서 상담목표를 아동의 공격행동이 하루에 세 번 정도로 줄어드는 것으로 바꾸고, 상담방법도 아동이 공격행동을 하지 않았을 때 보상을 주는 것뿐 아니라, 공격행동을 한 경우에도 벌을 주는 방법을 함께 병행하는 것으로 바꾸며 그 효율성을 계속 평가해 나간다.

6) 상담 기법

(1) 이완훈련

이완훈련은 사람들이 일상생활에서 유발되는 스트레스에 대처할 수 있도록 가르치는 방법으로 보통 근육을 수축하고 이완하는 행동을 번갈아 하면서 조용한 환경에서 수동적이고 이완된 자세를 취한다. 이때 깊고 규칙적인 호흡도 이완을 일으키는 일과 같으며 즐거운 사고나 심상에 초점을 두어 정신적으로 그곳에 가보는 것을 배우기도 한다. 내담자가 고조되는 긴장을 실제적으로 느끼고 경험하며 긴장된 상태와 이완된 상태 간의 차이를 경험하는 것도 도움이 된다.

이완훈련은 뒤에서 설명할 체계적 둔감법의 일부분으로 사용되었지만 최근에는 분리된 기법으로 혹은 다양한 임상문제에서 다른 기법들과 연합하여 사용되고 있다.

(2) 체계적 둔감법

체계적 둔감법은 고전적 조건형성의 원리에 기초를 둔 것으로 공포 및 불안을 극복하기 위해 단계적으로 치료하는 방법이다. 완전히 이완된 상태에서 불안을 일으키는 자극에 노출되면 불안의 부정적 측면이 이완상태에 의해 억제되는데 이를 상호억제의 원리라고 한다. 즉 불안을 이완과 대치시키는 것이다. 심한 불안을 일으키는 상황을 상상 속에서 견딜 수 있다면 실제생활에서도 거의 불안을 느끼지 않을 것이라는 가정을 갖고 있다. 체계적 둔감법 순서를 구체적으로 살펴보면 다음과 같다.

첫째, 내담자에게 정서반응이나 행동의 학습과정에 대한 기본적인 지식을 알려준다.

둘째, 내담자에게 체계적 둔감법을 사용하여 학습된 부정적 정서를 극복할 수 있다고 설명한다.

셋째, 내담자에게 이완훈련을 한다. 내담자를 이완시키는 가장 강력한 방법으로 근육긴장이완법을 활용하는데 이는 내담자로 하여금 몸의 여러 근육 부분을 바짝 긴장하게 한 후에 갑자기 풀어놓도록 반복 훈련하는 것이다.

넷째, 내담자와 불안자극에 대한 위계를 구성한다. 불안을 일으키는 모든 상황을 알아본 후 이를 10~20단계로 나누어 불안을 일으키는 정도에 따라 위계를 정한다.

다섯째, 내담자에 대한 긴장이완훈련과 불안위계구성을 마친 후 둔감절차로 들어간다. 내담자가 이완된 상태에서 낮은 위계에 있는 자극부터 제시한다. 생생하게 상상할 수 있도록 제시한 후 내담자가 불안을 느끼면 신호하도록 한다. 내담자가 정해진 몇 초 동안 불안을 느끼지 않으면 다음 단계의 불안자극으로 넘어간다. 하지만 내담자가 불안하다고 신호를 하면 상상을 멈추게 하고 긴장된 근육 부분을 이완훈련을 하도록 지시한 다음 다시 그 장면에 대한 상상을 시도한다. 여러 차례 시도해서 불안을 경험하지 않으면 다음 불안장면을 상상하도록 한다. 이런 식으로 불안이 가장 약하게 경험되는 장면의 상상에서 가장 강하게 불안이 경험되는 장면의 상상까지 진행한다. 이렇게 불안반응위계의 상위장면까지 진행되면 불안반응이 거의 제거된다.

(3) 모델링

모델링은 Bandura가 주장한 관찰학습에 의한 것으로 타인의 행동에 대한 관찰을 통해서 학습이 일어날 수 있다고 가정한다. 모델링은 내담자가 어떤 행동을 실제로 하기보다 다른 사람의 모범적 행동을 모방하거나 관찰함으로써 바람직한 행동양상을 배우는 것이다. 실제적으로 바람직한 행동을 상담자가 보여줄 수도 있고 필름이나 상상에 의해서도 제시될 수 있다.

(4) 행동계약

상담자와 내담자가 구두나 문서로 계약서를 작성한다. 내담자의 목표행동을 명세화하고, 행동수행수준을 명확하게 해서, 행동수행의 대가로 보상을 약속하고 계약서를 작성한 다음, 내담자가 일정기간 과제를 수행하고 상담자가 이를 확인하는 방법이다. 내담자가 직접 계약서작성에 참여하고 서명하기 때문에 내담자의 상담동기가 높아지는 장점이 있다.

(5) 타임아웃

바람직하지 않은 행동을 하게 되면 모든 정적강화를 차단하여 문제행동을 감소시키는 방법으로, 벌의 일종이다. 실제로 부적절한 행동을 하면 일시적으로 격리해 두는 방법을 많이 사용한다. 주의할 점은 부적절한 행동이 일어나고 있는 장소에 강화요인이 존재해야 하며 격리된 장소에 강화자극이 없어야 한다. 예를 들어 교실에서 떠드는 아동에게 뒤에 가서 서있게 하는 경우 '공부도 하기 싫었는데 잘됐다' 라고 생각하거나 뒤에 가서 뭔가 재미있는 것을 하게 된다면 이는 벌이 아니라 '다음에도 떠들어서 뒤에 가서 놀아야지' 하고, 공부하기 싫은 혐오자극을 제거해주게 되어 떠드는 행동을 증가시키는 부적강화가 된다.

(6) 긍정적 강화

어떤 행동의 결과로 음식이 주어지거나, 고통이 감소되거나, 칭찬 같은 긍정적인 일이 일어난다면 그 행동은 강화되고 전보다 더 자주 일어난다는 이론으로 행동을 증가시키기 위해 내담자에게 보상을 주는 방법이다. 예를 들어 상표제도(token economy)는 내담자가 목표로 하는 행동을 할 때마다 토큰을 주어 나중에 이것으로 원하는 물건을 살 수 있게 하거나 어떤 특권을 허용해서 목표로 하는 행동이 증가되도록 하는 방법이다. 이때 토큰은 긍정적 강화물로 사용된 것이다.

(7) 혐오치료

제거되어야 할 행동을 할 때마다 혐오스러운 자극을 가해서 바람직하지 못한 행동을 제거시키는 행동수정 방법이다. 혐오자극으로는 전기쇼크, 구토를 유발하는 약물, 체벌,

사회적 비난 등이 있다. 알코올중독, 담배, 과식과 같은 문제행동치료에 효과가 있다고 보고되고 있다. 그러나 전기쇼크 같은 혐오자극을 가해야 하는지 윤리적인 문제가 따를 수 있고, 처벌이 항상 문제행동의 감소를 보이는 것은 아니고 오히려 강화할 수도 있다고 보고되어, 혐오자극의 사용여부에 대해서는 논란이 되고 있다.

상담장면에서는 실제적인 혐오자극 대신에 혐오스런 장면이나 자극을 반복적으로 상상하도록 하는 방법을 흔히 쓴다. 먼저 이완훈련을 통해서 내담자가 이완상태가 되도록 하고 내담자로 하여금 바람직하지 못한 행동을 하는 문제장면을 상상하도록 한 다음 내담자가 상상을 통해 문제행동을 하려 한다고 보고할 때 내담자를 불안하게 하고 혐오스럽게 할 수 있는 장면을 상상하도록 지시한다.

예를 들어 내담자의 먹는 습관을 조정하도록 도와주기 위해 상담자는 먼저 내담자에게 점진적 이완훈련을 시킨다. 그리고 내담자가 간식으로 여러 가지 과자나 땅콩을 먹는 순간을 상상할 때 상담자는 "땅콩을 입으로 가까이 가져가는 순간, 당신은 목구멍에서 무엇이 올라오는 것 같이 느끼다가 그만 저녁에 먹은 것을 토하게 되었습니다. 저녁때 먹은 콩나물 대가리들과 밥알들이 게거품 같은 물기와 엉켜 있습니다. 정말 역겨운 장면입니다. 자, 이제 땅콩을 접시에 놓는 순간, 당신의 역겨움이 없어지기 시작합니다. 창문을 열고 시원한 공기를 마시니 기분이 상쾌해졌습니다. 얼마 후 다시 땅콩접시로 눈길이 가지만 보기도 싫어져서 얼굴을 돌리고 시선을 책장 쪽으로 옮깁니다…."라고 상상하게 한다(이장호 외, 1999).

(8) 자기주장, 자기표현과 사회적 기술훈련

다양한 사회여건과 대인관계에서 적절하게 반응하고 자신의 생각을 적절한 방식으로 표현하면서 자신의 목표를 달성하도록 하는 방법으로, 인지적 행동상담원리에 기초한다. 적절한 자기주장과 자기표현을 방해하는 부정적 자기대화나 패배적 신념, 잘못된 사고 등에 초점을 둔다. 건설적인 자기대화를 하고 비합리적이고 패배적인 신념에 도전해서 새로운 사고를 택하도록 격려한다.

자기표현, 자기주장, 사회적 기술훈련 등은 집단훈련을 통해 특히 도움을 받는다. 예를 들어 상담자는 자기표현이 어려운 간단한 일반적 장면을 제시한 다음, 적절하게 표현하지 못하는 비표현 행동양식이나 또는 공격적인 행동양식, 그리고 적합한 표현 행동양식과의 차이를 설명한다. 한 집단원은 표현이 어려운 자신의 상황을 제시하고 이를 역할 연기 등을 통해 표현해본다. 집단원의 표현양식에 대해 상담자와 다른 집단원은 피드백을 제공하며, 그 집단원은 새로 획득한 표현기술을 실습하고 행동시연을 한다. 과제를 통해 배운 것을 일상생활에 적용해본 다음 그 타당성에 대해 상담시간에 다시 논의하며 수정하는 과정을 거친다.

(9) 자기관리

자기관리방법은 내담자가 자신의 행동을 관리할 수 있도록 돕는 과정을 말한다. 내담자가 변화하기 위해 스스로 환경을 수정하고 행동의 결과를 조정하며 관리하는 것이다. 내담자에게 자기관리가 어떻게 진행되는지 자기관리과정을 교육하고, 실생활에서 과제 형태로 실습하도록 한 후, 상담자와 내담자가 함께 진행상황을 점검해본다.

자기관리는 자기관찰단계와 자기평가과정, 그리고 자기강화단계를 거쳐 진행된다. 자기관찰단계는 문제행동과 관련된 자신의 생각, 감정, 행동, 환경과의 관계 등을 관찰해 문제행동이 어떻게 어느 정도 진행됐는지 기본적인 정보를 수집하는 단계이다. 행동일기가 가장 간단한 자기관찰의 방법 중의 하나이다. 선행단서와 결과를 포함해서 구체적 행동들을 기록하는 것인데, 예를 들어 먹는 습관을 변화시키려면 행동일기에 먹은 음식의 종류와 칼로리 양, 음식을 먹기 직전의 사건이나 상황, 먹은 빈도 등을 기록한다.

자기평가과정은 자기관찰을 통해 설정된 목표와 실제 행동하는 것과의 차이를 비교하는 과정이다. 자기강화단계는 행동변화가 일어나고 있음을 깨닫고 이를 동기화하기 위해 자기보상이나 자기체벌 등을 사용해 행동변화를 위한 스스로의 노력을 더욱 강화하는 과정이다. 자기관리과정은 목표가 성취될 때까지 이 세 단계를 반복한다.

(10) 홍수법

불안을 일으키는 상황에서 도망치는 것은 그 불안을 오히려 강화한다는 전제를 갖고 내담자로 하여금 도망가지 못하게 하여 불안을 없애고 회피하는 행동이 조건화되는 것을 막는 방법이다. 조금씩 무서운 상황에 접근하게 한다거나 이완훈련 등을 하지 않는다. 홍수법은 내담자가 불안을 일으키는 상황에서 진정할 수 있고 끝까지 견딜 수 있어야 된다고 여긴다. 예를 들어 죽음과 관련된 것에 극단적인 불안을 보이고 죽음과 관련된 것을 보기만 해도 강박적으로 손을 씻어야 되는 내담자에게 처음부터 가장 불안위계가 높은 시체를 만지게 하는 것이다. 이 기법의 변형으로 내폭법이 있는데 이는 두려운 상황이나 여건을 실제 상황에서보다는 상상 속에서만 직면하도록 한다.

이러한 방법은 심장질환이 있거나 취약한 적응상태를 보이는 내담자와 심한 불안이 위험한 결과를 초래할 수 있는 사례에서는 사용될 수 없다고 보고된다(김영환, 1992).

(11) 중다양식 치료

중다양식 치료는 Lazarus(1989, 1995)가 개발한 방법이다. 내담자들은 다양한 구체적 문제로 고통을 받고 있으므로 모든 내담자에게 일률적인 방법으로 치료하는 것이 아니라 내담자에 따라 기법들을 절충한 다양한 양식으로 접근해서 치료해야 한다고 제안한다. 따라서 앞에서 설명한 행동적 상담방법을 모두 사용한다.

상담자는 우선 인간의 일곱 가지 주요 기능에 대해 질문함으로써 인간성격의 주요기능에 대한 종합적인 평가로 시작한다. 일곱 가지 주요기능은 행동, 정서, 감각, 심상, 인지, 대인관계, 생리나 약물에 관한 영역을 말한다. 예를 들어 행동에 관해서는 어떤 행동을 그만두고 싶은지, 정서에 관해서는 내담자를 슬프게, 미치게, 즐겁게 만드는 것은 무엇인지, 심상에 관해서는 반복되는 꿈이나 분명한 기억들이 있는지 또는 자신의 어떤 점이 좋고 어떤 점이 싫은지, 인지에 관해서는 자신에 관한 가장 비합리적인 사고는 무엇인지, 생리현상이나 약물에 관해서는 복용하고 있는 약은 무엇인지 또는 섭식습관이나 운동은 하고 있는지 등에 질문한다.

질문 후 개인의 주요 기능에 대한 프로파일이 완성되면 주요기능들 사이의 상호작용을 검사하고 여기에 따라 모든 행동주의 상담방법을 동원해서 효과적인 해결방법을 고안한다.

7) 행동주의상담의 공헌점과 제한점

행동주의상담의 공헌점은 다음과 같다.

첫째, 행동주의상담은 구체적이고 관찰 가능한 행동에 초점을 두고, 목표와 절차를 정확하고 분명하게 세부적으로 기술하도록 요구하기 때문에, 상담자로 하여금 체계적으로 쉽게 상담기법을 적용하도록 해주고, 또한 상담효과의 측정을 용이하게 해준다. 따라서 비교적 단기간에 상담효과를 볼 수 있다.

둘째, 상담성과에 대한 경험적인 연구와 객관적인 평가를 강조한 점이다.

셋째, 행동주의상담은 불안이나 우울, 공포증, 성행동장애 같이 명백히 구분되는 문제행동과 외적 스트레스와 관련이 있는 행동을 수정하고 치료하는 데 효과적이었다는 점이다.

행동주의상담의 제한점은 다음과 같다.

첫째, 현재의 문제행동에 영향을 주는 과거의 경험이나 원인에 대한 탐색을 하지 않기 때문에 감정의 정화나 인지적 통찰을 제공하지 못하고 나아가 궁극적인 인격적 성숙을 이끌지 못할 수 있다는 점이다. 표면적인 문제행동이 감소되거나 없어지더라도 그 효과가 지속적이지 못하거나, 문제행동은 다시 새로운 다른 행동으로 쉽게 대치될 수 있다는 점이다.

둘째, 상담자가 내담자의 현재의 문제행동과 그 해결에만 초점을 두기 때문에 상담과정에서 감정과 정서의 역할을 경시한다는 점이다. 이는 내담자로 하여금 상담을 통해 자신의 정서를 경험하는 기회를 주지 않을 뿐 아니라 상담자와 내담자의 인간관계를 고려하지 않게도 할 수 있다.

8) 행동주의상담 사례와 행동주의상담 기법 적용의 예

다음의 내용들은 행동주의상담과 인지행동상담을 적용하는 방법이나 사례에 관한 것이다.

(1) 이완훈련

Jacobson(1934)은 근육이완방법을 다음과 같이 제시하였다. 여기서 p는 5초간 정지하라는 뜻이다(Jacobson, 김계현, 「상담심리학」, 1998, pp.111-113에서 재인용).

① 다음의 지시를 신중히 들어주시오. 이들 지시는 당신에게 근육이완의 능력을 길러줄 것입니다. 제가 쉴 때에도 당신은 하고 있던 행동을 계속하시오. 자, 이제 눈을 감고 심호흡을 세 번 하시오(p)(p).

② 왼손으로 주먹을 꽉 쥐시오. 그리고 조이시오. 어떻게 느껴지는지 유의하시오(p). 이제는 늦추시오(p).

③ 다시 한번 왼손을 꽉 쥐고 당신이 느끼는 그 긴장을 의식해보시오(p). 그리고 이번에는 꽉 쥔 왼손을 갑자기 풀고 당신의 손가락으로부터 긴장이 사라진다고 생각하시오(p)(p).

④ 오른손의 주먹을 꽉 쥐시오. 할 수 있는 한 꽉 쥐시오. 그런 다음 당신의 손가락과 손 그리고 팔목의 긴장에 집중하시오(p). 이제 늦추시오(p).

⑤ 다시 한번 오른손을 꽉 쥐시오(p). 이번에는 갑자기 늦추시오(p)(p).

⑥ 왼손으로 주먹을 꼭 쥐고 왼팔의 이두박근을 굳어지게 팔을 구부리시오. 긴장을 유지하시오(p). 이제 모두 늦추시오. 따스한 감각이 당신의 이두박근, 팔목, 그리고 손가락들 사이로 빠져나가는 것을 느끼시오(p)(p).

⑦ 이제는 오른손으로 주먹을 쥐고 오른팔 이두박근의 근육을 단단하게 하기 위해 팔을 구부리시오. 그것을 그대로 조이고 긴장을 느끼시오(p). 긴장을 푸시오. 당신의 팔에 흐르는 느낌에 집중하시오(p)(p).

⑧ 이제는 동시에 두 손을 쥐고 긴장을 느끼도록 두 팔을 완전히 구부리시오. 그리고 그 상태에서 당신이 느끼는 긴장에 관해 의식하시오(p). 이제 늦추시오. 그리고 이젠 당신의 근육을 통하여 따스함과 이완된 감정을 느끼시오. 모든 긴장은 손가락으로 빠져나가고 있습니다(p)(p).

⑨ 이제는 당신의 이마를 찌푸리고 당신의 눈을 조여 사팔눈이 되게 하시오. 그리고 더욱 심하게 하시오. 당신의 이마와 눈을 따라 긴장을 느끼시오. 이제 늦추시오. 당신의 눈을 통해 지속되는 감정을 의식하시오. 갑자기 긴장을 푸시오(p)(p).

⑩ 됐습니다. 이제는 당신의 턱을 다물고 목의 근육을 단단하게 하도록 턱끝을 드시오. 그런 상태에서 꽉 다물고 목에 긴장을 주고, 입술을 꼭 다무시오(p). 이제는 늦추시오(p)(p).

⑪ 이제는 모두 동시에 이마에 주름을 잡고, 두 눈을 위로 치켜뜨고 턱은 꽉 다물고, 턱 끝은 올리고, 목에 힘을 주고, 입술도 다무시오. 그런 상태에서 당신의 이마와 눈, 턱, 입술을 통해 긴장을 의식하시오. 계속 지속하시오. 이젠 늦추시오. 이완되는 감정을 느끼시오(p)(p)(p).

⑫ 이제는 당신의 양어깨와 등을(특히 당신의 어깻죽지 부분이) 팽팽해짐을 느낄 수 있을 때까지 앞으로 조이시오. 꼭 조이시오. 이제는 푸시오(p)(p).

⑬ 이번에도 당신의 양어깨를 같은 식으로 다시 조이시오. 그와 동시에 최대한도로 당신의 배를 들이미시오. 그리고 당신의 배근육을 긴장시키시오. 당신의 배에서 긴장을 느끼시오. 계속 지속하시오(p). 이제 근육을 푸시오.

⑭ 한 번 더 당신의 어깻죽지를 앞으로 조이시오. 그리고 최대한도로 당신의 배를 들이미시오. 그리고 당신의 배근육을 긴장시키시오. 상반신에서 긴장을 느끼시오. 이제 푸시오(p)(p).

⑮ 이제는 지금까지 우리가 실시해 온 근육운동의 전체를 재음미하고자 합니다. 우선 먼저 심호흡을 세 번 하시오(p)(p). 됐습니까? 두 주먹을 꼭 쥐고 양팔을 굽히시오. 그리고 이두근을 단단하게 조이십시오. 이마에 주름을 잡고 양눈을 치켜 뜨시오. 위·아래턱을 꽉 맞물고 턱 끝을 올리시오. 그리고 입술을 꼭 다무시오. 양 어깨를 앞으로 조이고 배를 홀쭉하게 하고 그리고는 다시 배를 나오게 하시오. 그렇게 하여 극심한 긴장을 처음부터 끝까지 느끼시오. 이제는 긴장을 푸시오. 심호흡을 하고 긴장이 풀림을 느끼시오. 팔, 머리, 어깨, 배 등은 온몸 전체의 근육에 긴장이 풀린다고 생각하시오. 완전히 긴장을 푸시오(p)(p).

⑯ 이제부터는 다리를 훈련합시다. 의자 앞에 왼쪽 뒤꿈치를 놓으시오. 그리고 바닥을 꼭 누르시오. 장단지와 넓적다리가 심하게 긴장되도록 발가락을 올리시오. 발가락을 위로 쫙 편 채 뒤꿈치로 바닥을 강하게 누르시오(p). 이제는 근육을 푸시오(p)(p).

⑰ 한 번 더 왼쪽 발뒤꿈치를 의자 앞에 놓으시오. 그리고 바닥을 강하게 누르시오. 그리고 장딴지와 넓적다리가 심하게 긴장되도록 발가락을 쫙 펴시오. 뒤꿈치로는 바닥을 누르고 발가락을 올리시오(p). 근육을 푸시오(p)(p).

⑱ 이제는 오른쪽 발뒤꿈치를 의자 앞에 놓으시오. 뒤꿈치로 바닥을 강하게 누르고 장딴지와 넓적다리가 심하게 긴장되도록 발가락을 올리시오. 뒤꿈치로는 바닥을 누르면서 발가락을 위로 펴시오. 그리고 다리가 탄탄하도록 조이시오(p). 이제 근육을 푸시오(p)(p).

⑲ 이제 양다리를 함께 훈련합시다. 양발의 뒤꿈치를 의자 앞에 놓고 힘을 주어서 바닥을 강하게 누르시오. 그리고는 가능한 한 팽팽해지도록 발가락을 세우시오. 계속 그렇게 하고 있으시오(p). 이제 근육을 푸시오(p)(p).

⑳ 이제 심호흡을 세 번 하시오(p). 이젠 이미 열거한(왼쪽 손과 이두근, 오른쪽 손과 이두근, 이마, 눈, 턱, 목, 입술, 양 어깨, 배, 왼쪽다리, 오른쪽 다리) 모든 근육을 긴장시키시

오. 정확하게 연습하시오(p). 이제는 근육을 푸시오(p)(p). 심호흡을 세 번하고 완전한 긴장과 완전한 이완을 반복하시오. 심호흡을 하면서, 그리고 긴장과 이완을 반복하면서, 자신의 모든 근육이 이완되고 있다는 느낌에 주목하시오. 이제 긴장하고 그리고 이완시키시오(p). 이제는 정상적으로 호흡하고 신체와 근육이 긴장상태로부터 완전히 해방된 상태를 즐기시오(p)(p)(p)(p)(p)(p). 이젠 테이프를 끄십시오.

(2) 체계적 둔감법

다음의 내용은 Wolpe가 자신이 개발한 체계적 둔감화 요법을 사용하여 치료하는 것을 보여준다. 내담자는 우울증적 공포를 지니고 있는 40세의 기혼녀이다. 17세 이후 공공장소에서 기절할 것이라는 불안과 공포를 가지고 있었고, 실제로 의식을 잃은 적은 없었으나 불안으로 인해 쇼핑이나 아이들을 데리고 수영장에 가는 일 등을 할 수 없었다. 초기의 치료기간 동안 내담자는 주장훈련을 받았으며, 초기단계로부터 후기에 이르기까지 강도 높은 근육이완 훈련을 받았고, 불안의 정도를 0~100에 이르는 척도로 보고하도록 교육받았다. 면담에서 내담자가 언급하는 수치들은 이 척도에 따른 것이다(Wolpe, 안범희, 「성격심리학」, 2000, pp.259-266에서 재인용).

상담자 오늘 어때요?

내담자 아주 좋아요! 저는 0의 상태에까지 이르렀고, 전반적으로 낮은 수치를 유지했어요. 이래 보기는 처음이에요.

상담자 어제는 무얼 했지요?

내담자 실컷 쇼핑을 했습니다. 이곳을 떠나 있는 동안 못했던 많은 잔 볼일들을 보았지요.

상담자 그 일들은 어땠습니까?

내담자 좋았어요. … 아무 말썽도 없었어요. 아이들을 데리고 수영장에 가서 한 시간을 보내고는 딸과 함께 몇몇 백화점에 가서 시간을 보냈어요. 밖으로 외출할 당시에는 사소한 걱정을 했지만 그 걱정은 정말 얼마 가지 않았어요.

상담자 몇 점이 나왔습니까?

내담자 15점이에요. 평상시보다는 적은 점수지요.

상담자 글쎄요…. 만일 우리가 한달 전으로 돌아간다면 외출할 때 몇 점 정도 나왔을까요?

내담자 40점이나 … 그 정도일 거예요.

상담자 걱정이 그리 오래 가지 않았다고 했는데, 어느 정도 지속되든가요?

내담자 백화점에 도착할때까지였는데 쇼핑을 시작하자마자 다시 편안해졌어요.

상담자 지난 날 수치가 40이었을 때 불안은 얼마 동안이나 지속되었지요?

내담자 집에 도착할 때까지 그랬어요.

상담자 나를 보고 나서 어떤 다른 불안이 조금이라도 있습니까?

내담자 아뇨.

상담자 자, 우리가 다룬 처음 영역의 것 중의 하나에 관해서인데 그것은 영구차 따위의 것들과 관계된 것이지요. 나는 공동묘지나 그와 유사한 장소를 지나치면서 당신이 보인 반응에 관해 당신이 주목할 만한 어떤 것이 있었는지 알고 싶군요.

내담자 저는 주목조차 하지 않았어요. 저는 그 옆으로 운전하긴 했는데 반응은 없었지요.

상담자 좋아요, 과거에는 그것에 신경을 썼죠?

내담자 네, 무엇이건 있으면 저는 항시 계속해서 그것을 보았지요.

상담자 당신이 아시다시피 공포를 일으키는 원천이 되는 것에는 두 가지가 있습니다(긴토의는 오해로 인한 공포와 직접적으로 조건형성된 공포 사이의 구분을 강조하면서, 앞서의 주도적 대화와 이에 뒤따른 체계적 둔감화 사이에 다리를 놓는 조정 역할을 한다).

상담자 자, 우리의 일로 돌아가야 할 것 같군요. 당신의 얼굴과 턱, 혀의 모든 근육을 푸세요(멈춤-15초). 목과 어깨와 팔의 근육을 이완시키세요(멈춤-15초). 자, 당신이 이처럼 아주 편안한 동안에 몇 가지 장면을 상상하도록 하겠습니다. 우선 당신이 차를 타고 공동묘지를 지나고 있다고 상상하세요. 그리고 1500야드쯤 되는 곳에 조객들의 행렬이 보인다고 상상하세요(멈춤-5초). 그만, 얼마죠?

내담자 0이요(멈춤-10초).

상담자 400야드 되는 곳에 조객들의 행렬이 보인다고 상상하세요. 물론 당신은 상여꾼들이 관을 운반하는 것도 보고 있습니다(멈춤-5초). 그만, 얼마죠?

내담자 0이요(멈춤-10초).

상담자 자, 죽은 사람은 당신이 아는 노인이지만 그리 잘 알지는 못한다고 가정하세요. 그리고 당신은 이 행렬의 일원으로 20야드쯤 뒤에 있다고 생각하세요(멈춤-5초). 그만, 얼마죠?

내담자 5요.

상담자 이제 긴장을 푸십시오(멈춤-15초). 계속합시다. 다시 당신이 상여꾼들 뒤로 20야드쯤 떨어져서 행렬에 속해 있다고 상상하십시오(멈춤-5초). 그만, 얼마죠?

내담자 0입니다(멈춤-5초).

상담자 긴장을 푸세요(멈춤-10초). 이제 내용을 바꾸어봅시다. 나는 당신이 다시 한 번 Wanamakers의 6층에 있다고 생각하길 바랍니다. 당신은 출납계에 줄을 서 있는데 당신은 그들에게 조금 어지럼증을 느낀다고 말합니다(멈춤-8초). 그만, 얼마입니까?

내담자 5요.

상담자 긴장을 푸십시오(멈춤-10초). 같은 일을 다시 상상해보십시오(멈춤-8초). 그만, 얼마죠?

내담자 0입니다(멈춤-10초).

상담자 자, 당신이 "나는 어지럼증을 느껴"라고 말하는 것을 두 친구와 낯선 사람 하나가 들었다고 상상합시다(멈춤-5초). 그만, 얼마죠?

내담자 0이요(멈춤-10초)

상담자 이번에는 네 명이 "나는 조금 어지럽다"고 하는 당신의 말을 들었다고 상상해보십시오(멈춤-5초). 그만, 얼마죠?

내담자 5입니다.

상담자 긴장을 푸십시오(멈춤-20초).

상담자 긴장을 푸십시오(멈춤-20초). 같은 장면을 다시 상상해보세요(멈춤-5초). 그만, 얼마죠?

내담자 0이요(멈춤-10초).

상담자 자, 이번에는 여섯 사람이 당신이 "나는 조금 어지럽다"고 하는 것을 듣는다고 가정해 봅시다(멈춤-5초). 그만, 얼마죠?

내담자 0입니다.

상담자 다시 긴장 푸시고(멈춤-10초), 아홉 사람이 듣는다고 해봅시다(멈춤-5초). 그만, 얼마죠?

내담자 0이요.

상담자 마음 푸근히 하십시오(멈춤-10초). 이번에는 우리가 전에 해본 적이 있는 일을 다시 해봅시다. 당신이 병원 병실에 있고, 거기에는 네 명의 수혈중인 환자가 있다고 상상해보십시오(멈춤-5초). 그만, 얼마죠?

내담자 5요.

상담자 긴장 푸세요(멈춤-20초). 같은 장면을 다시 상상해보세요(멈춤-5초). 그만, 얼마죠?

내담자 0이에요.

상담자 당신이 병실에 있고, 배의 고름을 짜는 환자가 하나 있다고 상상하세요(멈춤-5초). 그만, 얼마죠?

내담자 5입니다.

상담자 같은 걸 상상해보세요(멈춤-5초). 그만, 얼마죠?

내담자 0이요(멈춤-10초).

상담자 자기 몸에 붕대를 감고 아주 걱정스레 있는 어린이가 있는데, 그 붕대엔 많은 피가 배어 있다고 상상하세요(멈춤-5초). 그만, 얼마죠?

내담자 5입니다.

상담자 느긋이 하시고(멈춤-20초), 다시 같은 걸 상상하십시오(멈춤-5초). 그만, 얼마죠?

내담자 0이요(멈춤-10초).

상담자 당신이 집에 있으면서 King of Prussia에 있는 Korvettes에 쇼핑하러 가야겠다는 것을 생각하고 있다고 상상하세요(멈춤-5초). 그만, 얼마죠?

내담자 5요.

상담자 긴장 푸시고(멈춤-20초), 그걸 다시 상상해보세요(멈춤-5초). 그만, 얼마죠?

내담자 0입니다(멈춤-10초).

상담자 자, 당신이 집에 있으면서 King of Prussia에 있는 Korvettes에 있는 Korvettes 뿐만 아니라 Gimbles와 Wanamakers에도 쇼핑하러 가야겠다고 생각중이라 상상해보세요(멈춤-12초). 그만, 얼마죠?

내담자 5요.

상담자 자, 긴장을 푸십시오(멈춤-20초). 그걸 다시 상상해보세요(멈춤-5초). 그만, 얼마입니까?

내담자 0이요(멈춤-10초).

상담자 이번에는 당신이 3백명 틈에 끼어 잠시 독서를 하고 있다고 상상해보세요(멈춤-12초). 그만, 얼마죠?

내담자 0입니다.

상담자 좋습니다. 자, 내가 다섯까지 세겠어요. 그때 눈을 뜨십시오, 당신은 아늑하고 상쾌함을 느끼게 될 것입니다. 하나, 둘, 셋, 넷, 다섯(내담자가 눈을 뜬다). 어떻습니까?

내담자 매우 아늑합니다.

상담자 오늘의 치료에 대해 말하고 싶은 것이 있습니까?

내담자 글쎄요, 그러한 일을 상상하는 데 별로 어려움을 느낀 것 같지 않아요.

상담자 그것은 분명합니다. 참 잘했습니다. 내일은 마지막 치료가 될 것 같습니다. 당신이 더 필요하다고 느끼면 마지막이 아닐 수도 있죠. 나중에 한두 번 더할 수도 있습니다.

(3) 인지행동적 접근

인지행동적 상담의 대부분은 잘못된 인지의 수정, 사회적 기술 및 대인관계 기술의 습득, 자기관리의 기술을 배우도록 하는 데 초점을 두고 있다. 다음의 상담내용은 인지행동적 접근을 적용한 자기관리 프로그램에 대한 사례이다(Corey, 안창일 외 역, 「상담과 심리치료의 제 기법」, 1995, pp.237-249에서 인용).

자기관리를 통한 체중 문제 다루기

내담자 나의 체중문제는 꽤 오래됐어요. 우울할 때는 더 많이 먹고, 그래서 더 우울해지죠. 몸무게를 줄이기 위해 뭔가를 하고 싶어요.

상담자 당신은 체중을 줄여 변화하고 싶은 마음이 꽤 큰 것 같군요. 당신도 알다시피 이런 문제를 우리는 체계적으로 해결해 나가게 될 겁니다.

내담자 네. 제 결심은 굳어요. 처음엔 항상 잘해보려 하지만 제대로 안되면 곧 의기소침해지고, 곧 포기해버리고 말죠. 또 그렇게 될까봐 두려워요.

상담자 당신 생각은 비판적인 것처럼 들리는데요, 마치 실패는 뻔하다는 식으로요. (상담자는 내담자의 부정적인 예측과 자기충족적인 예언[31)]에 대하여 토론하였다. 그리고 이를 대치하는 혼잣말[32)]을 찾아보았고, 실패보다는 성공을 바라보도록 하였다.)

내담자 프로그램을 끝마치는 데는 도움이 필요해요. 계속 그것을 할 수 있도록 당신이 끌어주었으면 좋겠어요.

상담자 나는 체중조절을 위한 자기관리 프로그램을 당신과 함께 기꺼이 개발할 거예요. 그리고 당신과 계약을 맺을 겁니다. 그러나 내가 당신을 끌고가는 역할을 맡는다는 것은 별로 내키지 않네요.

상담자는 무엇보다도 먼저 내담자의 일주일 간의 식사습관을 기록하여 기초 자료를 모으고 이와 동시에 현실적인 목표를 세웠다. 첫째로 내담자는 한 달에 9kg(20파운드)을 빼겠다고 선언하였다. 상담자는 일단 내담자에게 의사를 만나 체중조절 프로그램을 실시해도 괜찮은지 알아보라고 했다. 그리고 비현실적인 계획을 세우면 의기소침해지고, 그래서 결국 전체 프로그램을 포기하게 된다는 우려를 표현했다. 신체검사를 받고 의사와의 상담 후 내담자는 체중을 한 달에 2.2kg(5파운드) 정도 줄이기로 합의하였다.

상담자와 내담자는 식사습관을 어떻게 바꾸어야 하는지에 대하여 토론하였다. 바로 이 시점에서 내담자의 자기관찰이 중요하다. 왜냐하면, 언제, 무엇을, 어떻게 먹는가와 먹고 싶도록 만드는 사건을 파악할 수 있기 때문이다. 내담자가 증가하거나 감소하기를 원하는 구체적인 행동을 결정하였다. 음식섭취량을 기록하고, 고칼로리의 음식을 피하

31) 자기충족적인 예언이란 사실이 아니지만 기대하였기 때문에 기대한 대로 실현되는 것을 말한다.

32) 혼잣말은 self-talk로서 '자기대화' 라고도 번역한다.

는 것 이외에 매일 자전거를 타는 데 동의했다. 처음에는 15분 정도, 그 다음엔 25분으로 하고, 그 후에 45분으로 늘릴지 어떨지를 상담자와 상의해서 정하기로 했다. 내담자는 실패할 정도로 높은 목표를 세워서는 안 된다는 것을 배우게 되었고, 낮은 목표부터 세워 성공한 다음에 좀더 높은 목표를 세워야 한다는 데 동의하게 되었다.

전체 기간 동안 내담자는 차트와 그래프를 작성하였고, 매일 몸무게를 달았다. 이렇게 하여 자신이 목표에 도달했는지에 대한 피드백을 받게 된다. 내담자는 계획에 충실했고, 한 달 후에는 2.2kg(5파운드)을 줄이겠다는 목표보다 많은 3.6kg(8파운드)을 줄였다. 내담자는 자신이 계획을 충실히 따랐다는 데 자부심을 느꼈고, 상담자로부터 받은 강화와 지지에 대해 기분이 좋았다.

상담자는 내담자에게 자기 관찰방법을 가르치고 또 목표에 얼마만큼 도달했는지 확인하는 한 방법으로 일기를 쓰도록 제안했다. 그 일기에는 어떤 상황에서 어떻게 행동했는지를 기록하도록 했고 문제상황에 부딪혔을때 어떻게 느꼈고, 어떻게 생각하는지도 포함하도록 하였다.

6 인지상담

인지상담이론에는 가장 먼저 출현하였고 가장 널리 알려진 Ellis의 합리 · 정서 · 행동적 상담이 있고, 우울증 치료에 관심이 많았던 Beck의 인지치료, 그리고 자기대화(self-talk)와 인지구조의 변화를 통한 스트레스 예방훈련을 강조한 Meichenbaum의 인지적 행동수정이론 등이 있다. 본 절에서는 먼저 Ellis의 합리 · 정서 · 행동적 상담이론을 중심으로 설명한 다음, 우울증 치료를 위한 Beck의 인지이론과 스트레스 예방을 위한 Meichenbaum의 인지적 행동수정이론을 뒤이어 설명한다.

1. Ellis의 합리 · 정서 · 행동적 상담

1) 이론의 발전배경

합리 · 정서 · 행동적 상담은 인지적 상담이론 중의 하나로서, 1960년대 초에 등장한 비교적 젊은 이론이다. 인지상담이론의 아버지로 불리는 Ellis(1913~)는 미국에서 태어나 원래 정신분석훈련을 받고 1947년부터 1953년까지 정신분석적 심리치료를 실행하였다. 하지만 정신분석이 내담자를 변화시키기에 부족하다는 판단 아래 1955년 합리적 치료(Rational Therapy: RT)를 창시하였다. 그 후 자신의 이론이 정서적 측면을 무시하는 것으로 오해되는 것을 피하기 위해 1961년 합리적 정서적 치료(Rational Emotive Therapy: RET)로 이름을 바꾸었고, 1993년에는 자신의 이론을 합리 · 정서 · 행동치료(Rational Emotive Behavioral Therapy: REBT)라는 이름으로 바꾸었다.

합리 · 정서 · 행동적 상담 관점에서 보면 심리적 문제는 비합리적 사고에서 발생한다. 모든 것이 지금 처해 있는 상황과는 달라야 하고, 반드시 달라야 하며, 다르지 않으면 절대로 안 된다는 사고에서 비롯된 것으로 본다.

합리·정서·행동적 상담 관점으로 볼 때 정신분석가들은 내담자의 어린 시절을 변화시키기 위해 마치 무언가를 할 수 있는 것처럼 과거사에 초점을 맞추는 오류에 빠져 있다. 또한 형태주의상담과 같은 이론들은 내담자들이 감정을 인식하고 표현하고 정화하도록 하는 노력을 너무 강조해서 내담자에게 초기 사건들과 과거의 감정들을 다시 경험하도록 강요한다는 것이다(조현춘 · 조현재 역, 1996).

합리·정서·행동적 상담은 감정을 정화하는 것만으로 정서적 결과가 사라지지는 않아 인지적 통찰이 뒤따라야 한다고 생각한다. 합리·정서·행동적 상담에서는 무엇보다 부정적으로 정서적 또는 행동적 결과를 일으키는 비합리적 신념을 논박함으로써 비현실적이고 미성숙하고 절대적인 사고 양식을, 성숙하고 논리적이고 실용적인 사고방식으로 바꾸면 정서적 건강을 회복할 수 있다고 믿는다.

2) 인간관

합리 · 정서 · 행동적 상담에서는 사람이 합리적이고 올바른 사고를 할 수도 있지만 비합리적이고 바르지 못한 사고를 할 수도 있다고 가정한다. Ellis는 인간은 성장이나 실현경향을 가지고 태어났으나 다른 한편으로는 타고난 바르지 못한 사고와 학습한 자기패배적 양식 때문에 성장잠재력을 실현할 수 있음을 회피하는 경향 또한 가지고 있다고 믿는다(Ellis & Dryden, 1987).

Ellis에 의하면 인간은 생각하고 느끼고 행동할 때 선천적으로 서로 영향을 주고받는다. 더 나아가서 인간의 감정과 행동은 모두 인지에서부터 나오기 때문에 생각을 변화시키면 잘못된 행동과 감정도 변화시킬 수 있다고 믿는다. 따라서 상담자의 역할은 내담자가 가지고 있는 잘못된 생각을 올바른 생각으로 바꾸는 데 있고 이를 위해 상담자는 교육적이고 지시적이고 문제해결 중심의 기법을 사용한다.

3) 심리적 문제의 발생과정

합리 · 정서 · 행동적 상담에서는 심리적 문제를 유발하는 것은 생활사건 자체가 아니라 그 사건을 왜곡하여 생각하기 때문이라고 여긴다. 왜곡되고 잘못된 생각은 비합리적인 신념들이 뿌리잡고 있기 때문이라고 본다. 비합리적 신념은 처음에는 아동기 동안에 부모와 같은 중요한 인물로부터 주입되어 학습되었고 또한 아동 자신이 창조한 비합리적 독단이나 미신을 통해서도 학습된 것이다. 인간은 자기암시와 자기반복의 과정을 통해 잘못된 신념을 능동적으로 자신에게 가르친다는 것이다(Corey, 1991).

예를 들어 아내는 남편에게 사랑받는 것이 행복하겠지만 남편이 아내를 반드시, 그것도 언제나 사랑할 수 있는 것은 아니다. 아내가 자신이 남편으로부터 사랑을 받아야만 하고, 그렇지 않으면 여자로서, 아내로서 아무런 가치도 없으며, 다른 여자보다 매력이 없어서일 거라고 생각하는 것은 일종의 자기대화로서 자신의 다른 여러 좋은 면을 보지 못하게 차단하고 결국 우울에 빠지게 된다.

인간이 지속적으로 내면화시키며 필연적으로 자기패배감을 불러일으키는 비합리적 신념에는 여러 가지가 있다. 당위적 사고와 과장, 자기비하, 낮은 인내성 등이 여기에 속한다(Ellis & Dryden, 1987).

첫째, 당위적 사고는 "반드시 … 해야 한다"는 사고로 강한 요구가 포함되어 있는 경직된 사고이다. 예를 들어 '나는 남편으로부터 반드시 사랑을 받아야 해' 라고 생각하는 비합리적 사고보다 '나는 남편으로부터 사랑을 받으면 참 행복하겠다' 처럼 좀더 현실적인 생각이 합리적인 사고이다.

둘째, 과장은 세상이 끔찍하고 무시무시하고 재앙으로 가득찼다고 믿는 신념을 말한다. 모든 일을 재앙처럼 생각하는 것으로 "~ 하면 큰일이다"라고 생각하는 것이다. 예를 들면 '내가 이혼을 당한다면 정말 끔찍하다' 라고 생각하는 것은 비합리적 사고이고 '이혼은 내 인생을 혼란스럽게 만들겠지만 내게는 견딜 수 있는 힘이 있고 나름대로 행복을 찾을 수도 있을 거야' 라고 생각하는 것이 합리적인 생각이다.

셋째, 자기비하나 타인비하는 한 가지 부정적인 면을 기초로 자신이나 타인, 상황을 모두 부정적인 것으로 생각해 버리는 것이다. 예를 들어 '이혼을 당하다니 모든 사람이 나를 비웃을 거야' 라고 생각하는 것은 비합리적 사고이고, '어쩔 수 없어서 이혼한 나를 이해해주는 사람들이 있을 거야. 그런 사람들이 모인 모임에 나가봐야지' 라고 생각하는 것은 합리적인 사고이다.

넷째, 낮은 인내성은 좌절에 대한 인내심 부족으로 원하거나 요구하는 것이 주어지지 않았을 때 그 상황을 견디지 못하고 어떤 만족감도 느끼지 못하는 것이다. '내가 이혼을 당하는 것을 나는 참을 수 없다' 라고 생각하는 것이다.

합리적 사고는 결국 논리적이고, 현실과 일치되며, 실제 생활에 도움이 되는 실용적 사고를 말한다.

4) 상담목표

인지상담의 목표는 내담자의 사고과정에서 나타나는 비합리적 사고를 수정하여 합리적 사고로 바꾸고 내담자의 자기패배적 사고를 극소화시켜 현실적으로 삶을 살 수 있도록 돕는 것이다. 인생에서 잘못된 것에 대해 자기 또는 타인을 비난하는 경향을 감소시키고 미래에 다가올 어려움을 효과적으로 다루는 방법을 내담자에게 가르치는 것이다.

5) 상담의 진행과정: ABCDE 모형

ABCDE 모형은 선행사건에 대한 비합리적 사고가 어떻게 정서적 문제를 일으키고 비합리적 사고를 어떤 방법으로 합리적 사고로 바꾸어 정서적 건강을 회복하는지에 대한 설명을 해준다.

ABCDE 모형에서 A는 내담자가 생각하는 문제장면이나 선행사건(Antecedents)을 말하고, B는 선행사건에 대한 내담자의 신념(Beliefs)을 뜻한다. C는 선행사건 A에 대한 비합리적 신념 때문에 생긴 정서적 · 행동적 결과(Consequences)를 말하고, D는 비합리적 신념 B에 대한 상담자의 적극적 논박(Dispute)을 뜻한다. 그리고 E는 비합리적 신념을 논박한 후의 효과(Effect)이다.

ABCDE 모형에서 내담자가 겪는 심리적 문제 C는 선행사건 A때문이 아니라 그 사건에 대해 내담자가 가진 신념 B때문이라는 것이다. A-B-C 후에 논박 D가 오는데 D는 내담자의 비합리적 신념을 적극적으로 논박함을 말하며 논박을 통해 비합리적 신념이 합리적 신념으로 변하거나 대치되어 정서적 건강을 회복하게 하는 효과 E를 얻는다는 것이다. 즉 상담자는 내담자가 가지고 있는 비합리적 사고에 논박을 가해 선행사건에 관한 내담자의 사고방식을 바꿈으로써 내담자의 정서적 · 행동적 결과를 적응적인 것으로 변화시키는 것이다.

ABCDE를 도표로 나타내면 다음 [그림 3.2]와 같다.

[그림 3.2] ABCDE

ABCDE 모형에 따른 분석의 예는 다음 [표 3.1]과 같다.

[표 3.1] ABCDE 원리

A. 선행사건	B. 선행사건에 대한 비합리적 생각 또는합리적 생각	C. 선행사건에 대한 두 생각의 결과
철수와 영수는 수업시간에 서로 이야기를 하다가 선생님의 질문을 받고 그에 대해 엉뚱한 대답을 했다. 그래서 친구들은 큰 소리로 웃었고 두 사람은 선생님에게 꾸중을 들었다.	**합리적 생각** 1. 수업 중에 친구와 이야기하지 않는 것이 바람직하다. 2. 내가 수업을 방해한 것 같다. 3. 선생님이 나를 못마땅하게 여겼을 것 같다. **비합리적 생각** 1. 절대로 선생님께 꾸중을 들어서는 안된다. 2. 선생님의 질문에 대해서는 반드시 정확한 대답을 해야만 한다. 3. 친구들은 틀림없이 나를 비보라고 할 것이다.	**적절한 정서적 결과** · 부끄럽다. · 미안하다. · 기분이 나쁘다. **적절한 행동적 결과** · 수업시간에 좀더 열심히 듣는다. · 다음에는 자신있게 대답한다. **부적절한 정서적 결과** · 선생님이 싫다. · 우울하다. · 웃는 친구들이 밉다. **부적절한 행동적 결과** · 그 선생님을 만나면 피한다. · 그 과목 공부를 소홀히 한다. · 친구들과 어울리기를 피한다.

D. 비합리적 생각에 대한 논박(의문문으로 진술)

1. 친구들 중에는 선생님의 꾸중을 듣는 친구도 많은데 나만은 절대로 꾸중을 들어서는 안 된다는 이유가 있는가?
2. 학생으로서 선생님의 질문에 늘 정확한 대답을 할 수 있는 사람이 있는가?
3. 대답 한번 잘못했다고 바보가 된다면 이 세상에 바보 아닐 사람이 있겠는가?

E. 비합리적 생각에 대한 논박의 결과로 나타난 효과

인지적 효과 (합리적 생각과 유사)	정서적 효과 (적절한 정서)	행동적 효과 (적절한 행동)
· 선생님께 꾸중을 듣지 않는 것이 좋지만 꾸중은 나에게 도움이 되기도 한다.	· 선생님께 죄송스럽기는 하나 선생님을 싫어하지는 않는다.	· 다음 수업시간부터는 수업중에 친구와 이야기하지 않는다.
· 인간은 실수를 할 수도 있다. 그래서 늘 정확한 대답을 할 수만은 없다.	· 조금 기분이 불쾌하나 우울해지지는 않는다.	· 더 열심히 수업을 듣는다.
· 친구들이 나의 엉뚱한 대답에 대해 웃는 것이지 나를 바보로 보고 웃는 것은 아니다.	· 부끄럽기는 하나 친구들이 미워지지는 않는다.	· 다음 발표를 잘 하기 위해 예습과 복습을 한다.

김성회, 「상담이론」, 1992, p.304에서 재인용

ABCDE 모형에 근거한 상담진행절차는 다음과 같다.

① 합리·정서·행동적 상담에 대한 책자나 테이프, 상담자의 설명 등을 통해 합리·정서·행동적 상담의 관점, 논리 등에 대해 내담자에게 교육시킨다. 내담자는 비합리적 신념과 합리적 신념을 구분하는 것을 배운다.

② 면담과정에서 내담자의 자기보고 및 상담자의 관찰을 통해 심리적 문제를 야기한 비합리적 신념을 발견하고 내담자가 이를 인식하고 인정하도록 한다. 또한 내담자가 반복적으로 자기패배적인 대화나 사고를 통해 비합리적 신념을 유지하는 것을 인식하도록 한다.

③ 내담자의 비합리적 신념에 대해 내담자가 포기할 때까지 상담자가 논박한다. 또한 합리적 신념에 대해 예를 보여주거나 시범을 보인다.

④ 내담자가 자신의 비합리적 신념을 합리적 신념으로 바꾸도록 연습시킨다. 합리적 신념을 큰 소리로 되뇌이게 하거나 자기패배적인 자기대화를 합리적인 자기대화로 바꾸어 말하게 한다. 일상생활에서 비합리적 신념을 찾게 해 스스로 논박하는 인지적 과제를 내준다. 면담을 통해 과제를 제대로 수행했는지 그 여부를 검사한다.

⑤ 합리적 행동을 개발하고 상담과정에서 개발한 행동을 시연하도록 한다. 시연이란 예상되는 상황에 대해 미리 상담시간에 그 기술을 실습해보는 것이다.

⑥ 새로 학습한 결과를 실제에 적용하도록 격려하고 반복적으로 학습하도록 지지한다.

인지상담이론은 전통적 정신분석이론과는 달리, 대체로 상담의 진행 기간을 짧게 잡고 있어 단기상담이라고 할 수 있다. 또한 인간중심상담이론이 내담자에 초점을 맞추는 것에 비해 인지이론은 문제해결 자체에 초점을 둔다. 인지상담이론은 따라서 교육적이고 지시적이며 간결하고 구체적인 상담기법을 적용하고 있다. 그런데 상담진행과정에서 상담자가 내담자를 설득하거나 지시하는 것이 잘못하면, 내담자를 평가하거나 무시하는 것처럼 여겨져 상담에 부정적 효과를 가져올 수도 있다. 따라서 합리 · 정서 · 행동적 상담에 대한 충분한 교육이나 상담자와 내담자간의 신뢰로운 촉진관계가 성립되고 난 후의 직면이나 논박이 필요하다.

6) 상담기법

(1) 인지적 기법

합리 · 정서 · 행동적 상담에서 상담자들은 적극적이고 지시적으로 내담자의 비합리적 사고를 논박하거나 합리적 사고를 설명하고 가르친다.

① 비합리적 신념을 논박하기

논박은 상담자가 내담자의 비합리적 신념을 적극적으로, 반복적으로 반박하는 것을 말한다. 상담자가 통찰력 있게 질문하고 내담자는 이에 답함으로써 내담자로 하여금 자신의 오류와 모순을 발견하도록 한다. 이와 같이 질문을 통해 논박하는 방법을 소크라테스식 질문방법이라고 한다. 내담자의 비논리성과 비현실성, 비실용성(내담자의 비합리적 생각이 내담자에게 실제로 아무런 도움이 되지 못하는)에 대해 질문한다. 예를 들어 "인생이 당신이 원하는 대로 되어야 한다는 근거가 어디에 있는가?"라고 질문해서 원하기 때문에 반드시 그렇게 되어야 한다는 절대적 사고를 지적하고 "인생이 내가 원하는 대로 되면 좋겠지만 언제나 좋은 방식으로만 풀리는 것은 아니다"라는 "절대적이 아닌 바람"의 합리적이고 논리적인 사고로 대답하도록 내담자를 유도한다. 또한 "그런 자기 패배적인 생각을 계속하는 것이 실제 당신에게 도움이 됩니까?"라고 질문해서 실용성에 대해 논박한다.

예를 들어 한 내담자가 "나는 종합시험에 떨어졌기 때문에 졸업도 못하고 박사학위를 받을 수 없어 앞길도 막혔으므로 나는 인생의 완전한 실패자다."라는 비합리적 신념을 갖고 있다면 상담자는 내담자의 비합리적 사고를 다음과 같이 논박할 수 있다.

	논리성	현실성
논박	박사종합시험에 한 번 떨어졌다고 해서 앞길이 막혔다고 단정짓는 것이 논리적입니까? 그리고 그것이 인생의 완전한 실패라고 결론지어 버리는 것이 논리적입니까?	박사종합시험에 한 번 떨어졌다고 해서 앞길이 완전히 막혔고, 인생의 실패자라는 근거가 어디에 있습니까?
	실용성	**합리적 대안**
	당신이 그런 생각을 계속해서 하는 것이 당신에게 어떻게 도움을 줍니까?	지금 이 시점에서 어떻게 생각하는 것이 좌절을 경험한 당신을 수용하고 격려할 수 있습니까?

합리 · 정서 · 행동적 상담은 신체와 외모에 열등감을 가지기 쉬운 청소년에게 잘 적용될 수 있다.

이런 내담자에게도 논박을 통해 비합리적 사고를 직면시킬 수 있다. 예를 들면 만약 자신의 키가 작아 고민인 청소년 내담자에게 상담자는 "너보다 키가 큰 사람을 만났다고 해보자. 그 사람이 너를 더 작게 만드니?"라고 질문할 수 있다. 모의고사 점수가 낮게 나와 고민인 학생에게는 "친구가 너보다 더 높은 점수를 받았다고 해서, 그것이 너를 우둔하게 만드니?"라고 질문할 수 있다(박경애, 1997).

② 인지적 과제

인지적 과제는 상담자가 내담자에게 일상생활에서 자신의 비합리적 신념을 찾게 하고 목록을 만들어 그런 상황에 처했을 때 자신을 논박하도록 하는 숙제를 내주는 것을 말한다. 숙제를 통해 내담자가 부정적인 감정을 느끼고 부적응적인 행동을 하게 될 때 떠오르는 스스로에게 하는 자기대화나 이 대화 속에 숨어 있는 자기패배적인 사고나 비합리적인 사고를 찾아오게 하는 것이다. 예를 들어, 내담자가 속상하고 화가 났을 때마다 ABC를 분석하고 스스로 자가논박을 통해 정서적이고 행동적인 효과를 찾아보게 할 수 있다.

이를 위해 "혼자서 해봅시다" 양식(Self-Help Worksheet), 자기언어와 핵심 비합리적 사고 찾기 양식, A-B-C-D-E 기록지 등을 이용할 수 있다. Beck의 인지치료에서 주로 사용하는 자동적으로 떠오르는 역기능적 생각을 기록해오게 할 수도 있다. 역기능적 생각 기록지는 주로 어떤 상황에서, 자동적으로 떠오르는 부정적이고 비합리적 사고가 무엇인지, 이때 느끼는 감정은 어떤 것인지를 확인하게 함으로써 내담자의 생각-감정-행동 간의 관계를 알 수 있다. "혼자서 해봅시다" 양식과 자기언어와 핵심 비합리적 사고 찾기 양식에 대해서는 [표 3.2]와 [표 3.3]을 참조하기 바란다.

상담자는 내담자가 가지고 있는 비합리적 신념과 관련된 합리적 신념을 일상생활에서 큰 소리로 되뇌이게 하는 과제를 내줄 수 있다. 또한 상담은 교육과정이기 때문에 REBT에 관한 책을 읽는 숙제를 내주기도 한다. 상담내용이 녹음된 테이프를 들어보면서 자신의 비합리적 신념을 비판하고 새로운 사고방식을 생각해보게 한다. 이러한 인지적 과제들은 상담을 통해 과제수행여부와 느낀점, 어려운 점들을 논의하는 과정이 필요하다.

[표 3.2] 혼자서 해봅시다(RET SELF-HELP) 양식

<table>
<tr><td colspan="3">(A) 내가 정서적으로 혼란해지거나 자멸적으로 행동하기 바로 전에 일어났던 생각들, 감정들, 혹은 사건들을 활성화시키기 : ____________________</td></tr>
<tr><td colspan="3">(C) 결과 혹은 상황-혼란된 감정 혹은 자멸적인 행동-내가 행했고 바꾸고 싶은 것들 : ____________________</td></tr>
<tr><td>(B) 신념들-비합리적인 신념들(IBs), 나의 결과(정서적 혼란 혹은 자멸적인 행동)로 이끄는 비합리적인 신념.
이러한 사건들을 활성화 시키기(A)에 적용되었던 모든 것에 동그라미 하시오.</td><td>(D) 논쟁 : 동그라미 친 비합리적인 신념에 대한 논쟁들.
예 "왜 나는 매우 잘해야만 할까?" "내가 나쁜 사람이라는 것이 어디에 씌어져 있을까?" "내가 인정받아야 하고 받아들여져야만 한다는 것에 대한 근거는 어디에 있나?"</td><td>(E) 나의 비합리적인 신념들(IBs)을 대체할 효과적인 합리적인 신념(RBs).
예 "나는 매우 잘하고 싶지만 꼭 그래야만 될 필요는 없어."
"나는 나쁘게 행동하는 사람이지만 나쁜 사람은 아냐."
"내가 승인받고 싶기는 하지만 꼭 그래야 할 근거는 없어."</td></tr>
</table>

1. 나는 잘해야 하거나 혹은 아주 잘해야 한다! 2. 내가 약하게 혹은 어리석게 행동했을 때 나는 나쁘거나 가치 없는 사람이다. 3. 나는 내가 중요하다고 생각하는 사람에게서 승인받아야 하고 받아들여져야 한다. 4. 나는 나에게 매우 중요한 몇몇 사람에게서 사랑받을 필요가 있다! 5. 내가 거절당한다면 나는 사랑받지 못할 사람이거나 나쁜 사람이다. 6. 사람들은 나를 공정히 대해야 하며 필요한 것을 나에게 공급해야 한다! 7. 사람들은 나의 기대에 맞게 살아야 하며, 그렇지 않으면 그것은 무서운 일이다! 8. 부도덕하게 행동하는 사람은 쓰레기 같은 사람들이다! 9. 나는 정말로 나쁜 일이나 매우 잘못한 사람들을 보면 참을 수가 없다! 10. 나의 인생에는 심각한 어려움이나 문제가 없어야 한다. 11. 주요한 일들이 내 뜻대로 이루어지지 않으면 그것은 무서운 일이거나 끔찍한 일이다! 12. 나는 인생이 정말로 부당하면 참을 수 없다! 13. 나는 즉각적인 만족이 상당히 필요하고 내가 그것을 얻지 못했을 때에는 비애를 느껴야 한다! 부가적인 비합리적인 신념들 : ______________________		
(F) 감정과 행동 - 나의 효과적 합리적인 신념들에 도달한 후에 내가 경험했던 감정들이나 행동들 : ______________________		
현재의 나 자신이 방해를 덜 받을 수 있고 미래에는 자멸적인 행동을 덜 할 수 있도록 나는 열심히 노력할 것이다. 여러 상황에 접할 때 나 스스로 이성적인 신념을 갖도록 강력하게 반복하면서.		

Corsini, 이혜성 역, 「다섯 명의 치료자와 한 명의 내담자」, 1997, pp.178-179에서 재인용

[표 3.3] 자기언어와 핵심 비합리적 사고 찾기 양식

당신이 정서적 격분이나 부적응적인 행동을 할 때 떠오르는 자기언어와 사고를 찾아봅시다.

〈자기언어와 핵심 신념의 탐색방법〉

1. 사건의 내용을 구체적으로 적는다.
2. 그 상황에서 일어났던 정서를 자세히 적는다.
3. 그 상황에서 일어났던 생각들을 순서대로 적는다.
4. 가능하면 정서가 일어났던 상황이 끝난 뒤에 바로 적도록 하고, 어려울 경우에는 하루 중 적당한 시간을 내어 매일매일 적어보도록 한다.
5. 처음에는 긍정적이든 부정적이든 아무 상황이라도 적어보도록 하여 익숙하게 한다.
6. 점차 자신의 증상과 관련된 상황을 기록하도록 한다.
7. 반복되는 자기언어 내용에 유의하여 그 기저의 핵심 비합리적인 신념을 추론해본다.

사건(A)	정서(C)	행동(C)

자기언어	핵심신념

박경애, 「인지 · 정서 · 행동치료」, 1997, pp.421-425에서 인용

숙제는 어디까지나 숙제이기 때문에 내담자에 따라서는 숙제를 잘 해오지 않거나, 저항을 보이기도 한다. 상담자는 숙제를 하기가 왜 어려웠는지 등을 평가하고 숙제를 잘 해오도록 격려할 수 있다. 상담자가 내담자와 대화를 통해 할 수도 있으나 '과제점검목록표' 와 같은 질문지 양식을 통해 할 수도 있다. 다음은 '과제점검목록표' 이다(Dryden, 1995; 박경애, 「인지 · 정서 · 행동치료」, 1997, pp.297-298에서 재인용).

[표 3.4] 과제점검목록표

당신이 숙제를 하기로 동의한 후에 1번에서 7번까지를 채워 넣으시오. 당신이 숙제를 마쳤을 때 8번에서 10번까지를 채워 넣으시오.

1. 내가 하기로 동의한 숙제 :

2. 숙제의 목적 :

3. 숙제의 빈도 :

4. 숙제할 장소 :

5. 숙제할 때와 시간 :

6. 숙제할 때 따르는 장애 :

7. 장애의 극복 방법 :

8. 내가 실제로 행한 것 :

9. 내가 하기로 동의한 숙제를 하지 않은 이유 :

10. 숙제를 통해서 배운 것

Dryden (1995), 「단기 REBT」, 박경애, 「인지 · 정서 · 행동치료」, 1997, p.297에서 재인용

[표 3.5] 내담자가 숙제를 수행하지 않은 이유점검목록표

1. 숙제가 도움이 되지 않기 때문에 할 이유가 없다.	T	F
2. 숙제의 내용이 명확하지 않았다. 내가 숙제하는 이유를 분명히 이해하지 못했다.	T	F
3. 상담자가 제안하는 특별한 방법이 유용하다고 생각하지 않는다. 나는 정말로 숙제의 가치를 찾을 수 없다.	T	F
4. 숙제는 나에게 너무나 어렵다.	T	F
5. 나는 기꺼이 숙제할 용의가 있으나 자꾸만 잊어버린다.	T	F
6. 나는 충분한 시간이 없다. 나는 너무나 바쁘다.	T	F
7. 만약 상담자가 요구한 것을 행한다면 내 자신의 생각을 따라가는 것보다 더 현명하지 않다.	T	F
8. 나는 정말로 내 자신이 스스로를 도울 수 있다고 생각하지 않는다.	T	F
9. 나는 상담자가 나를 조정 · 통제하려는 인상을 갖는다.	T	F
10. 상담자가 나를 인정하지 않을까봐 걱정한다. 내가 하는 것이 상담자를 위해서 충분하다고 생각한다.	T	F
11. 나는 숙제하는 것에 대해서 감정이 좋지 않다.	T	F
12. 내가 숙제를 하는 것이 나를 화나게 한다.	T	F
13. 그것은 너무나 과중한 과업이다.	T	F
14. 숙제는 나로 하여금 다시 학생이 된 기분이 들게 한다.	T	F
15. 숙제는 주로 상담자의 이익을 위해서 하는 것 같다.	T	F
16. 자조적 숙제는 상담에서 중요한 위치를 차지하지 않는다.	T	F
17. 이 숙제를 통해 변화된 나의 모습은 더 이상 나에게 이익이 되는 것 같지 않다.	T	F
18. 나는 과거에 숙제를 통해서 별 혜택을 받지 못했기 때문에 지금도 마찬가지일 거라고 생각한다.	T	F
19. 나는 이러한 접근법에 동의하지 않는다.	T	F
20. 그밖의 다른 이유가 있다면 기술하시오.		

Dryden (1995), 「단기 REBT」, 박경애, 「인지 · 정서 · 행동치료」, 1997, p.298에서 재인용

③ 내담자의 언어를 변화시킴

합리 · 정서 · 행동적 상담에서는 사고가 언어를 조성하고 언어는 사고에 영향을 준다고 생각하기 때문에 상담자는 내담자로 하여금 자신의 언어패턴을 바꾸고 새로운 자기진술을 만들어가도록 한다. 예를 들어 여러 사람 앞에서 발표하기를 두려워하는 내담자에게 발표하려면 생각나는 자기진술을 쓰게 하고 그 진술을 합리적인 것으로 대체해서 하루에 몇 번씩 되뇌이게 한다. 예를 들어 "나는 발표할 때 실수할 것이다. 그러면 다른 사람은 나를 어리석게 볼 것이다. 나를 바보로 여길텐데 끔찍하다"라는 자기진술을 "나는 발표할 때 실수할 수도 있다. 그렇다고 다른 사람이 나를 바보로 여기지는 않을 것이다. 왜냐하면 누구나 여러 사람 앞에서 발표할 때는 떨리기 때문이다. 실수하지 않으면 좋겠지만 실수했다고 세상이 끝난 것은 아니다"라고 바꿔 스스로 대화하게 한다.

④ 유머의 사용

합리 · 정서 · 행동적 상담에서는 사람들이 생활사건에 대해 너무 진지하게 생각하고 어떤 이해나 유머감을 잃기 때문에 정서적 혼란이 생긴다고 본다. 상담자는 내담자의 부정적 감정이나 비합리적인 생각에 대해 과장되게 표현하거나 합리적이고 유머러스한 노래로 바꿔 부르게 한다. 농담을 사용해서 내담자의 비합리적 신념의 요소를 보여주고 본질적인 오류에 관하여 위협적이지 않은 방법으로 제시하기 위해서이다.

Ellis는 합리적 유머노래(Rational Humorous Song)를 치료기법으로 활용하였다(Ellis, 1981). 예를 들어 REBT에서는 내담자 자신이 반드시 잘해야만 한다고 믿는 완벽주의 유형을 직면하게 하기 위해 "(양키 두들 댄디의 가락에 맞추어서) … 나만을 나만을 완전히 사랑해줘요—정말로 정말로 노력해줘요. 그러나 만약 당신 또한 사랑을 요구한다면, 사랑하는 그대여! 내가 죽을 때까지 당신을 증오할 거예요 …"와 같은 노래를 고안하였다(박경애, 1997). 노래를 통해 다른 사람은 내담자를 죽도록 사랑해야 하지만, 내담자 자신은 절대로 할 수 없는 그런 사랑을 다른 사람이 내담자에게 요구한다면 그 사람을 증오하겠다는 내담자의 비합리적이고 자기중심적인 생각을 직면해주고 있다.

(2) 정서적 기법

합리 · 정서 · 행동적 상담에서 사용하는 정서적 기법에는 합리적 · 정서적 상상법, 수치심 공격하기 등이 있다. 정서적 측면을 다루는 이러한 기법들은 카타르시스처럼 감정을 정화하고 편안함을 경험하게 하려는 것이 아니라 이를 통해 내담자의 사고를 변화시키려는 것이다.

① 합리적 · 정서적 상상법

내담자에게 새로운 정서패턴을 갖도록 하기 위한 강력한 연습방법으로써 상담자는 내담자에게 가장 최악의 상태가 일어날 때를 상상해보라고 한다. 상담자는 내담자가 그 상황에 어떤 부적절한 감정을 느끼며 그러한 감정을 얼마나 강하게 느끼는지 상상하게 한다. 그리고 나서 그 부적절한 감정을 적절한 감정으로 변화시키고 그런 과정에 내담자가 사용한 방법을 확인하며 일상생활에서도 그런 과정을 연습하게 하는 방법이다. 보통 일주일 동안 생활속에서 시도해보도록 과제를 내주고 일주일 후 상담시간에 과제수행여부와 수행시 어려웠던 점을 검토하고 조금씩 신념과 행동을 변화시켜나가도록 한다. 이러한 과정을 반복하고 훈습시킨다. 이러한 방법은 대인관계에 유용하게 적용된다.

다음은 합리적 · 정서적 상상법의 단계를 나타낸다.

준비단계 : 눈을 감고, 숨을 길게 들이쉬었다가 한껏 내쉬십시오.

[1단계] 가장 최악의 상태를 상상하시오.

나의 애인이 나를 버리고 내 친구와 결혼하였습니다.

[2단계] 그때 당신의 느낌이 어떻습니까?

너무나 불쾌하고 우울하고 세상 살 맛을 모두 잃어버렸습니다. 한 마디로 망연 자실했습니다.

[3단계] 당신의 느낌을 부정적이지만 건강한 정서로 바꾸어보십시오.

네. 굉장히 속상하고 마음이 아팠습니다.

[4단계] 부정적이지만 건강한 정서로 바꾸기 위해서 어떤 노력을 했습니까?

나의 애인이 나를 버리고 내 친구와 결혼을 한 것은 상상하기 어려운 일이지만 있을 수도 있는 일이라고 생각했습니다.

[5단계] 계속해서 그 생각을 유지하도록 어떤 노력을 하시겠습니까?

앞으로 이 생각이 내 생각이 될 때까지 하루에 10번씩 마음속으로 되뇌이고, 영어 단어를 외우듯이 계속해서 써보겠습니다.

[6단계] 당신이 좋아하는 것과 싫어하는 것은 무엇입니까?

좋아하는 것은 음악듣기이고 싫어하는 것은 설거지하기입니다.

[7단계] 당신이 만약 숙제를 다 하면 음악을 하루에 30분 이상씩 듣고 숙제를 못하셨으면 설거지를 하루에 3번씩 하십시오.

(박경애, 「인지 · 정서 · 행동치료」, 1997, pp.264-265에서 인용)

② 수치심 공격하기

이 방법은 다른 사람들이 잘 수용할 수 없는 수치스러운 행동을 억지로 시킴으로써 수치심에 대해 무뎌지게 하는 연습이다(정원식 외, 1999). 사소한 사회적 규범을 어기는 행동을 내담자가 해보도록 하는 방법으로서, 예를 들어 내담자는 버스나 기차에서 큰 소리를 지를 수도 있고 강연회에서 바보스런 질문을 할 수도 있다. 하지만 실제 어떤 현실적 해가 될 정도로 과도한 연습은 하지 않도록 한다. 이러한 숙제를 함으로써 내담자는 다른 사람이 자신의 행동에 실제로 그렇게 많은 관심을 가지고 있지 않다는 것을 알게 되고 수치심은 자신이 만들어낸 것임을 깨닫게 된다.

③ 행동적 기법

행동적 방법에는 역할연기, 숙제, 모델링, 체계적 둔감법, 여론 조사하기, 범람법 등이 있다. 행동적 기법은 합리 · 정서 · 행동적 상담에서 뿐 아니라 행동주의상담에서도 널리 사용되고 있다. 예를 들어 숙제내주기, 모델링, 체계적 둔감법, 범람법 등은 행동주의상담의 주요한 상담방법들이다.

역할연기는 내담자가 어떤 상황에서 무엇을 느끼는가를 알아보고 이때 부적절한 감정을 적절한 감정으로 바꾸기 위해 자신이 할 수 있는 행동이 무엇인지를 알 수 있도록 그 행동을 상담실에서 시연해보는 것이다. 예를 들어 내담자가 문제로 느끼는 상황에서의 대상이 되어보거나 또 반대의 역할을 해보는 것이다.

체계적 둔감법은 행동주의상담에서 대표적으로 사용하는 상담기법으로 인지적 상담기법으로도 사용되고 있다. 체계적 둔감법은 불안과 이완을 통해 불안한 대상을 이완과 대치하는 것으로 이에 대해서는 행동주의상담이론에서 자세하게 설명하였다. 합리·정서·행동적 상담에서 행동적 기법의 목적은 행동적 상담의 목적인 문제행동을 다른 행동으로 대치하기 위한 것이 아니다. 앞에서 언급한 정서적 기법의 목적과 마찬가지로, 행동 기법을 통해 내담자의 인지적 가정이 잘못된 것을 이해하고 비합리적 사고를 합리적 사고로 바꾸기 위한 것이다.

여론 조사하기는 여론 조사를 통해 내담자가 자신의 사고를 현실적으로 검증받는 방법이다. 예를 들어 자신의 얼굴이 못생겨 데이트를 못한다고 여기는 내담자에게 주위 사람들로 하여금 자신의 얼굴에 대해서 그리고 내담자 자신의 매력에 대해 물어서 그 결과를 보고하며 자신에 대해 객관적으로 볼 수 있도록 한다.

범람법은 어떤 대상이나 상황에 공포를 느끼는 사람에게 그 상황에 억지로 빠지게 함으로써 둔감해지도록 하는 방법이다. 예를 들어 엘리베이터 공포를 가진 사람이 하루에 20번 또는 30번씩 위로 아래로 오르내림으로써 공포를 경감시키도록 한다.

이러한 기법들은 어디까지나 내담자가 수용할 수 있는 범위에서 행해져야 하는 방법들이다. 또한 합리 · 정서 · 행동적 상담이론과 상담기법의 효과 등에 대한 충분한 설명과 교육이 이루어지고, 상담자와 내담자 간에 신뢰로운 관계가 형성되고 나서 실시해야 한다. 그렇지 않으면 내담자가 오히려 문제상황에 더욱 공포를 느끼는 등 부정적인 결과를 가져올 수도 있기 때문이다.

7) 합리 · 정서 · 행동적 상담의 공헌점과 제한점

합리 · 정서 · 행동적 상담의 공헌점은 다음과 같다.

첫째, 사고를 느낌이나 행동경험과 마찬가지로 가치 있는 것으로 평가한 점이다. 내담자가 어릴 적 경험한 부정적인 감정을 현재로 불러와 다시 경험함으로써 감정의 정화를 느낀다고 해도 그 감정정화가 어떤 의미를 갖는지 인지적 통찰이 뒤따라야 한다. 그렇지 않으면 감정정화의 효과는 일시적인 카타르시스에 그치게 된다. 합리 · 정서 · 행동적 상담은 이러한 사고의 틀을 제공하고 내담자로 하여금 자신의 사고의 합리성을 검토하도록 한다.

둘째, 과거사건과 중요 타인들이 한 개인의 신념을 형성하는 데 중요한 역할을 하지만 자기파괴적이고 비합리적인 태도를 지속하는 것은 우리 자신에 있다는 책임감을 강조한 점이다.

셋째, 비합리적 사고로부터 바뀐 합리적 사고와 인지적 통찰을 행동으로 옮길 수 있도록 숙제와 같은 기법을 사용한다는 점이다. 숙제기법은 내담자가 새로운 행동을 실제로 연습하고 조건화되도록 돕는다. 숙제기법은 다른 상담이론에서도 널리 사용되는 기법이다.

넷째, 합리 · 정서 · 행동적 상담은 절충적인 접근을 사용한다는 점이다. 특히 행동주의상담으로부터 여러 가지 상담기법을 빌려와 적절하게 사용하고 있다.

다섯째, 상담자가 직접적으로 개입하지 않더라도 내담자 스스로 변화를 가져올 수 있는 방법을 가르친다는 점이다. 숙제, 상담내용의 녹음, 행동기록, 책 등을 통해 내담자가 상담자에게 지나치게 의존하지 않고 스스로 변화할 수 있게 한다(조현춘 · 조현재 역, 1996).

합리 · 정서 · 행동적 상담의 제한점은 다음과 같다.

첫째, 상담자와 내담자 간에 신뢰로운 관계가 형성되기도 전에 논박 등을 사용하여 내담자로 하여금 성급하게 직면하게 하는 것은 내담자에게 심리적 상처를 줄 수 있다는 점이다.

둘째, 상담자의 직면적이고 설득적인 자세는 상담자의 가치관을 내담자 스스로 내면화하지도 못한 채 내담자가 받아들일 가능성도 있다는 점이다. 특히 무엇이 합리적이고 현실적인 사고인가에 대한 가치판단적 의문은 항상 대두되는 점이다.

셋째, 합리 · 정서 · 행동적 상담은 내담자의 과거나 초기 외상경험을 무시해서 내담자의 과거에 끝나지 않은 갈등이 현재에도 영향을 미치는 한 내담자의 변화가 오랫동안 지속되기를 바라는 것은 어렵다는 점이다.

8) 합리 · 정서 · 행동적 상담의 기법적용과 사례의 예

(1) 합리적 · 정서적 상상법

다음은 합리적 · 정서적 상상법을 사용하는 상담자와 내담자의 대화내용이다(Corsini, 이혜성 역, 「다섯 명의 치료자와 한 명의 내담자」, 1997, pp.173-175에서 인용).

상담자 당신이 갖고 있는 신념이란 직장에 지각하는 것이 두렵고 끔찍하게 느껴진다는 것입니다. 다시 말해서 당신을 불안하게 느끼게 하는 것은 지각 자체가 아니라 당신의 생각이란 말입니다.

내담자 무슨 뜻인지 알 것 같습니다.

상담자 우리가 좀더 주의깊게 그 점에 대해 생각해본다면 지각이 두렵거나 끔찍한 것이 아닌 단지 운이 나쁜 일이라고 말할 수도 있지 않겠어요?

내담자 그래요. 내가 생각하기에도 지각이 이 세상이 끝날 것 같은 일은 아닌 것 같군요.

상담자 그럼요, 절대 아니죠. 혼란스러운 순간에 자신에게 이렇게 말해보세요. 내가 직업을 잃게 되는 것은 파멸이고 큰 재난이다.

내담자 네. 그게 사실이라고 생각해요.

상담자 어떤 기분이 드나요?

내담자 아주 불안해요.

상담자 맞습니다. 실험을 한번 해봅시다. 자, 눈을 감으세요. 눈에 보이는 것처럼 선명하게 상상해보세요. 당신은 직장에 매우 늦게 도착했어요. 그리고 당신 상관은 당신에게 무척 화가 나 있습니다.

내담자 (잠시 후에) 네, 상상할 수 있어요.

상담자 좋아요. 그런 상황에서 당신의 느낌은 어떻죠?

내담자 매우 불안해요.

상담자 좋아요. 이제 같은 이미지를 유지하면서 불안과 공포에서부터 단순한 실망과 걱정으로 감정을 변화시켜보세요. 당신이 불안이 아니라 실망감이나 걱정을 느끼게 되었을 때 내게 이야기해주세요.

내담자 (한참 있다가) 예, 이제 됐어요.

상담자 아주 잘했습니다. 이제 눈을 뜨고 당신의 감정을 어떻게 변화시켰는지 이야기해주시겠어요?

내담자 난 내 자신에게 말했어요. "직장에 또 늦은 것은 매우 잘못한 일이지. 하지만 난 훌륭한 근로자라구. 만약 그들이 나를 파면시킨다면 나도 할 말이 있어."

상담자 그러면 상황은 당신이 보는 것만큼 그렇게 절망적이지는 않군요. 좋아요. 상황을 좀 더 실제처럼 해보는 한 가지 방법이 있어요. 자, 당신이 해고당했다고 가정해봅시다. 불안으로 절망스러워하지 않고 단순히 걱정하는 상태로 머무르려면 어떻게 해야 할까요?

내담자 나는 내 자신에게 "이것은 인생의 종말이 아니야. 난 다른 일자리를 구할 수 있을 거야."라고 말할 수 있을 거라 생각해요.

상담자 좋아요! 그러나 당신 자신에게 "어떤 상황이라도 나는 절대로 지각해선 안 되고, 해고당해서도 안 돼!"라는 식으로 말하면 공포와 좌절상태에 빠지지만, 지금 당신은 "될 수 있으면 늦지 말아야지. 그리고 될 수 있으면 해고당하지 않는 게 좋겠지."라고 말하면서 단순한 걱정과 실망을 만들어내고 있다는 것을 알아야 해요. 당신은 항상 당신 내부의 명령과 '해야 해!'라고 하는 것을 찾아내서 '될 수 있으면 좋지.'로 바꿔야 해요. 당신이 될 수 있으면 지각하지 않고 해고되지 않는 게 좋다고 생각할 때에야 그것이 그토록 끔찍한 재난이 아니라는 것을 알 수 있을 겁니다. 그리고 만약 해고되더라도 참아낼 수 있을 것이고요.

내담자 선생님이 말하고자 하는 바를 알겠어요. 하지만 아직도 그것에 대해 불편한 감정이 있어요.

상담자 … 당신은 합리적으로 생각은 하고 있으면서도 부정적인 느낌을 경험하고 있는 겁니다. 사실 항상 긍정적인 감정만 갖는다고 해서 건강한 것은 아니에요. 당신이 사랑하는 사람을 잃었거나 직업을 잃었을 때 당신이 행복하리라고 기대할 사람은 없을 거예요. RET[33]는 이미 불행한 처지에 있는 사람이 비이성적인 생각때문에 쓸데없이 지고 있는 짐을 벗어던지게 하는 것입니다. … 만약 당신 근심과 불안 때문에 지쳐버리게 되면 당신의 작업성과는 고통스러운 것이 될 거예요. 그리고 그만큼 해고될 가능성도 많아지는 것이죠. 하지만 정시에 출근하는 불편과 함께 사는 것도 가능한 일이라고 받아들인다면 두려움을 경감시키고 좌절에 대한 참을성도 대항할 수 있을 거예요. 당신은 지각하지 않기 위한 노력이라는 단기적 고통이 나중의 장기적 결과에 비해 훨씬 나은 것임을 알 수 있게 될 거예요.

내담자 사실 나는 지각하는 일에 대해 무언가를 해보려는 것보다 근무외 시간에 일하는 걸로 더 많은 에너지를 허비하고 있어요. … 참 논리적으로 들리네요. 하지만 내 사고나 감정을 변화시킨다는 것은 매우 어려울 것 같은데 ….

상담자 옳은 말씀이에요. 그리고 당신을 꼭 변화시킬 필요는 없어요. 이것은 단지 하나의 대안입니다. 당신의 사고, 또는 지각이나 당신의 직업에 대해 아무것도 하지 않기로 작

---

33) Ellis의 이론을 RET에서 REBT라고 명명하기 전에 상담한 사례이기 때문에 RET라는 용어를 사용하고 있다.

정할 수 있어요. 하지만 내가 보기에 그건 당신이 평생 동안 해 왔었거나, 아니면 아무것도 해오지 않았던 것(웃음), 그래서 그것이 형편없는 결과를 가져왔다고 보여지기 때문에 RET를 시도해볼 가치가 있다고 생각합니다. 당신의 생각은 어떤가요?

내담자 선생님 생각이 옳아요.

상담자 오늘 시간을 마치기 전에 과제를 내주고 싶은데요.

내담자 과제라고요?

상담자 네, 변화를 위해선 계속되는 훈련이 필요하다는 걸 기억하시죠?

내담자 오, 그래요.

상담자 나는 당신이 RET의 혼자서 할 수 있는 방법들(Self-Help)을 연습했으면 합니다.[34] 다음 주 동안 적어도 두 번은 이것을 해 오셔야 합니다.

(2) 인지상담을 적용한 사례

다음은 인지상담을 적용한 사례의 예이다(박경애, 「인지 · 정서 · 행동치료 사례집」, 1997, pp.20-29에서 인용).

1. 접수면접과 1회상담

내담자의 주요 호소문제, 이에 대한 개인사적 배경, 내담자의 가정환경, 내담자의 행동변화에 대한 동기 등이 주로 탐색되었다. 상담자는 내담자의 주요 호소문제의 주범은 내담자가 분석한 대로 그가 **세상을 보는 시각**이 그렇게 만들었음을 분명히 하였다. 내담자는 전적으로 이에 동의하였다. … 중략 … 또한 내담자가 상담은 소위 "이상한, 정신병자" 같은 사람들이 오는 곳이라는 인상 때문에 상담 오기를 주저했다는 말을 듣고, 잘못된 인식을 바로잡고 앞으로의 상담에 대한 구조화[35]를 하였다. 특히 앞으로 숙제가 매 회기 때마다 나갈 터인데 그것을 적극적으로 해 왔을 때 행동의 변화가 빨리 이루어질 수 있음을 강조하였다. 첫 번째 숙제로 문장완성검사[36], 인지상담의 기본 이론에 대한 이해를 다룬 책 읽어 오기, 그리고 앞으로 긴장되거나, 장에서 소리가 나는 등의 밖으로 나타나는 증상이 있을 때마다 그때의 상

---

34) 앞에서 언급한 '혼자서 해봅시다 양식'을 참고하기 바란다.

35) 상담의 구조화란 앞으로 상담이 어떻게 진행될 것인지, 상담진행방식에 대해 안내와 설명을 하는 것을 말한다. 구조화에는 상담자와 내담자의 역할과 의무, 비밀보장문제, 규칙, 상담비와 상담시간 등에 대한 설명과 내담자와의 동의 등이 포함된다. 구조화는 상담의 첫 회기 또는 1~2회기에 걸쳐 하게 된다.

36) 문장완성검사는 완성되지 않은 비교적 짧은 문장, 예를 들어 "나는 자주 사람들로부터 …" 등을 제시하여 공백부분을 연상한 다음 완성하게 하는 검사이다. 자기 자신의 이야기를 자유롭게 써넣게 함으로써 하나의 문장으로 완성시키는 검사이다.

황과 그때 드는 생각에 대해서 탐색해 올 것을 과제로 내주었다.

2. 2회상담

상담자는 먼저 숙제의 점검부터 시작하였다.

내담자가 두 가지 상황에 대해서 기록해 온 것을 상담자가 다음과 같이 정리하였다.

증상(C)	상황(A)	생각(B)
불안감, 장소리, 진땀, 한기, 신경이 쭈뼛해짐	첫 수업시간에 교수님께서 교재 설명을 하시는데 아랫배 장쪽에서 조그맣게 꾸르륵 소리가 남	이 장소리를 주변의 사람들이 듣게 된다면, 난 웃음거리가 될 것이다.
답답함, 근심 걱정, 장이 꼬이다 손이 차가워짐	학교로 가는 도중	새 학교, 새 교수님과 내가 학교생활에 잘 적응할 수 있을까, 만약 적응하지 못한다면 큰일이다. 나는 인생의 낙오자다.

내담자의 숙제를 보고 상담자는 내담자에게 인간의 세 가지 심리구조인 "사고", "정서", 그리고 "행동"간의 관계에 대해서 설명해주었다. 내담자는 지난 번 과제로 내준 책을 읽고 설명을 들어서인지 이해가 빨랐다. 또한 내담자 스스로 자신의 문제를 해결하려고 노력하는 과정에서 어렴풋하게나마 자신이 잘 보이려고 하거나 완벽하려는 경향성 때문에 문제가 계속 커져 왔음을 인식하고 있었기 때문에 이 관계(사고가 정서나 행동에 미치는 영향)를 정확하게 파악하였다. 상담자는 이 세상에 인간의 이름으로 존재하는 생명체는 완벽할 수 없음을 힘주어 강조하였고 내담자는 수긍하였다.

내담자는 자신이 보이고 있는 여러 가지 부적응적인 행동이나 증상 때문에 많이 위축된 자신의 모습을 호소하였다. 상담자는 인간의 존재 **자체**와 인간이 하는 **행동**을 분리해서 생각할 것을 강조하였다.

내담자는 자신의 이런 증상들을 타인이 알게 될 때 괴롭다고 하였다. 상담자는 그러면 입장을 바꾸어서 다른 사람들이 장에서 소리가 나거나 진땀을 흘리는 것을 보게 된다면 그 사람을 한심하게 생각할 것인지에 관하여 물어보았다. 내담자는 남이 그러면 아무렇지도 않지만 내가 그러면 절대로 안된다고 생각한다고 하였다.

상담자는 내담자에게 **이중기준**(double standard)**의 근거가 어디에 있느냐고** 물었다. 즉 **타**

인에게는 너그러우면서 자신에게는 너그럽지 못한 이유가 어디에 있느냐고 물었다. 상담자는 그것은 자신이 아주 훌륭한 사람이기 때문에 실수를 하면 안 되고 타인은 나만큼 훌륭하고 잘난 사람이 아니기 때문에 실수를 허용하는 것이 아니냐고 직면하였다. 이 부분에서 내담자의 잠깐 동안의 사색이 이루어졌다. 그가 소유하고 있는 추론적 수준의 비합리적 "내 장소리를 다른 사람들이 듣게 되면 웃음거리가 될 거야"를 "내 장소리를 다른 사람이 듣게 되더라도 대부분의 사람들은 그냥 지나칠 거야. 만약 그 소리 때문에 나를 웃음거리로 만든다면 그것은 그 사람들의 문제가 아닐까?" 라는 대안적인 생각으로 바꾸도록 하였다.

그 다음의 비합리적 생각 "내가 학교에 적응할 수 없으면 큰일이고, 인생의 낙오자가 될 거야." 라는 비합리적 생각을 "나만 이것에 대해서 걱정하는 것이 아니고 우리반의 거의 모든 학생들이 나와 유사한 걱정을 하고 있을 것이다. 내가 낙오자가 될 합당한 근거나 이유는 전혀 없다." 라는 합리적 신념으로 대치해서 생각하도록 종용하였다. 그리고 핵심 비합리적 신념인 "나는 항상 다른 사람들에게 잘 보여야만 한다."도 "나는 항상 다른 사람들에게 잘 보일 필요는 없다. 잘 보이게 되면 좋지만 그렇지 못하더라도 나의 가치가 하락하는 것은 아니다. 그리고 사실상 다른 사람은 내가 생각하는 것만큼 나에게 관심도 없고 나에게 신경을 쓰지도 않는다." 라는 생각을 꾸준히 마음속으로 되뇌일 것을, 언어는 생각의 표상임을 강조하면서 요구하였다.

그리고 그래프를 그려서 숙제의 수행 정도를 점검해 오도록 하였다. 또한 이번 상담 회기를 녹음한 테이프를 들어보는 숙제를 내주었다. 그녀는 자신의 증상만 고치면 모든 것을 다 할 수 있을 것 같다는 말과 다음 상담 시간에 늦으면 큰일이라는 말을 하였다. 상담자는 내담자가 상담시간에 지각을 한다 해도 큰일이 아니라고 교정해주었다. 그러면서 상담자는 이제부터 아주 구체적이고 정확한 언어를 사용할 것을 요구하였다. 사실 따지고 보면 이 세상에는 그리 큰일날 일도 하늘이 두 조각날 일도 없는데 우리가 과장해서 언어 표현을 하는 것뿐임을 상기시켰다. 숙제로 상담 회기를 녹음한 테이프를 듣는 것을 내주었다.

2회기 상담을 마치고 상담자와 내담자가 합의하여 다음의 **상담목표**를 설정하였다. 상담의 결과적 목표는 다음과 같다.

① 정서적 결과목표 : 내담자의 삶 속에서 이유없이 엄습하는 긴장감, 불안감, 위압감에서 벗어난다.

② 행동적 결과목표 : 신체화 증상에서 벗어난다.[37] (예 장소리, 식은땀 등) 대인관계를 자유롭게 맺는다.

상담의 과정적 목표는 '신념의 변화'로 정하였다.

결과적 목표를 달성하기 위해서 선행되어야 하는 과정적 목표, 즉 변화되어야 할 비합리적 신념과 그에 대한 합리적 대안 신념은 아래와 같다.

비합리적 신념	합리적 신념
· 내 장소리를 다른 사람들이 듣게 되면 웃음거리가 된다.	내 장소리를 다른 사람들이 듣게 되더라도 대부분의 사람들은 그냥 지나친다. 만약 그 소리로 나를 웃음거리로 만든다면 그것은 그 사람들의 문제일 뿐, 내 문제는 아니다.
· 나는 항상 다른 사람에게 잘 보여야만 한다.	나는 항상 다른 사람들에게 잘 보일 필요는 없다. 잘 보이게 되면 좋지만 그렇지 못하더라도 나의 가치가 하락하는 것은 아니다.
· 나는 내가 제일 잘나야만 한다.	'제일 잘난 사람'이 되는 것이 중요한 것이 아니고 인간답게 열심히 사는 것이 더욱 중요한 가치이다.

〈상담자의 초기 상담에 대한 요약과 평〉

내담자는 모든 면에서 "나는 내가 제일 잘나야만 한다."는 완벽주의적이고 당위적 비합리적 사고를 스스로 굳건히 강화시키면서 자신을 유지하고 개발하고 발전시켜왔다. 이런 내담자의 생각이 지나치게 강박적으로 변하게 되고 세상의 질서가 자기의 생각처럼 되어 주지 않았다. 오히려 내담자는 그런 생각을 강하게 하면 할수록 사람을 대하는 데 불안감, 긴장감, 위압감이 강하게 들기 때문에 정상적인 기능을 하기가 어려운 것으로 보인다. 이런 정서적 어려움은 또한 내담자가 호소하는 신체화 증상으로 나타나 내담자를 더욱 힘들게 하고 있는 것 같다. 내담자의 호소문제는 내담자가 지닌 완벽주의적이고 당위적 사고에 기인한 것으로 파악하였으며 호소문제를 중심으로 상담의 목표가 설정되었다.

---

37) 정신신체장애나 신체화장애에서는 심리적 스트레스 인자에 의해서 신체적 질병에서 볼 수 있는 것과 같은 신체증상이 일어난다. 이 내담자는 장에서 소리가 나고 식은땀이 나는 등의 신체화 증상으로 대인관계와 학교생활수행에 방해를 받고 있다.

己. 벡(Aaron T. Beck)의 우울증 치료

인지이론에서 사고과정을 우울증의 원인으로 간주하는 가장 대표적인 사람이 Aaron T. Beck이다. Beck은 우울증이 정신분석적 입장의 '자신에게로 향해진 분노' 에서 기인하기보다는 내담자의 사고 속에 포함된 좌절, 실패, 자기 부정과 같은 부정적인 사고에서 온다고 보았다. Beck에 의하면 우울증은 무엇보다 사람들이 자동적으로 떠올리는 부정적이고 비관적인 사고 때문이다. 자동적 사고는 사람들이 어떤 사건에 접하게 될 때 자신의 의지와는 상관없이 부지불식간에 자동적으로 어떤 생각들을 떠올리게 되는 것을 말하는데, 우울한 사람들은 여러 가지 환경적 자극에 부정적이고 비관적인 생각을 먼저 떠올린다는 것이다.

자동적 사고는 사람들이 살아오면서 자기 나름대로 쌓아온 자기와 세상을 이해하는 틀에 의해서 발생한다. Beck은 이 틀을 인지도식이라고 하였고, 현실 적응에 도움이 되지 않는 내담자의 기본적인 생각의 틀과 내용을 역기능적 인지도식이라고 하였다. 역기능적 인지도식은 또한 현실을 제대로 지각하지 못하거나 그 의미를 왜곡하여 받아들이는 인지적 왜곡을 낳는다.

역기능적 인지도식은 어린 시절이나 과거의 경험에 의해 차곡차곡 형성되며, 부정적인 생활사건에 처하게 되면 더욱 부정적인 방향으로 활성화된다. Beck은 사람들이 이러한 부정적이고 비관적인 자동적 사고, 역기능적 인지도식, 그리고 인지적 오류에 의해 우울증에 빠진다고 보았다. 우울증을 일으키는 세 가지 수준의 인지활동을 구체적으로 살펴보면 다음과 같다.

1) 부정적이고 비관적인 자동적 사고: 인지삼제

우울한 사람들이 지니는 부정적인 자동적 사고의 내용은 크게 자기 자신, 자신의 주변환경과 세상, 그리고 자신의 미래에 대한 세 가지 주제로 나뉜다. Beck은 자기와 주변

환경, 그리고 미래를 부정적으로 평가하는 생각과 태도를 인지삼제라고 하였다.

첫째, 우울한 사람들은 자기 자신에 대해 부정적 견해를 가진다. 이들은 자기 자신을 결점이 많고, 부적절하며, 연약하고 아무것도 할 수 없는 무력한 존재로 보고 자신을 평가절하하여 스스로를 비난한다. '나는 열등하다', 또는 '나는 사랑받지 못할 사람이다' 등의 생각을 주로 한다.

둘째, 우울한 사람들은 자신의 미래에 대해 부정적인 생각들을 지니고 있다. 자신의 현재 어려움이나 고통이 끝나지 않고 영원히 계속될 것이라고 예상한다. 무엇을 하든 실패를 먼저 예상하는 것이다. '내가 어떤 노력을 하더라도 이 어려운 상황은 개선될 수 없다', 또는 '앞으로 상황은 점점 더 악화되고, 나의 심리적 고통은 더욱 커질 것이다' 등의 생각을 한다.

셋째, 우울한 사람들은 세상과 주변환경에 대해 부정적인 생각들을 가지고 있다. 자기는 주변환경의 요구에 대처할 수 없다고 판단해서 '나는 모든 요구와 책임을 도저히 감당할 수 없어' 라고 생각하거나 '세상은 살기가 매우 힘든 곳이다', '세상 사람들은 너무 이기적이고 경쟁적이며 적대적이다' 등의 생각을 한다.

2) 역기능적 인지도식

Beck의 이론에 따르면, 우울한 사람들은 부모와의 이별, 계속되는 비극의 연속, 동료의 사회적 배척, 교사의 비난, 또는 부모의 우울한 태도 등을 통해서 세계를 부정적으로 바라보는 부정적인 도식을 소아청소년기에 획득한다(Davison 외, 2005). 즉, 우울해지기 쉬운 사람은 우울 생성적 역기능적 태도라는 인지도식 또는 개인의 내적 규칙을 갖고 있다는 것이다. '반드시 무엇 무엇을 하지 않으면 안 된다' 는 식의 완벽주의적이고 당위적이며 경직된 사고에 매여 있거나, '언제나, 항상, 이것 아니면 저것' 과 같은 절대적인 사고방식을 가지고 있다. 이러한 사고의 왜곡은 자동적으로 일어나서 정작 당사자는 이런 사고가 있는지조차 모를 때가 많고, 어떤 사건에 수반하여 자동적으로 일어나기 때문에 자동적 사고, 또는 습관적으로 나타나서 역기능적 태도라고도 한다(김소형, 2006).

3) 인지적 왜곡

인지적 왜곡은 어떤 사건이나 경험을 해석하고 받아들이는 과정에서 생기게 되는 논리적 오류를 뜻한다. 인지적 왜곡은 그릇된 가정 및 잘못된 개념화로 이끄는 체계적 오류이다. 정보처리가 부정확하거나 비효과적일 때 나타나며, 대개 비현실적인 세계관을 나타내거나 비논리적인 추론과 관련된다. 사람들에게 나타나는 대표적인 인지적 왜곡의 유형은 다음과 같다.

① **임의적 추론**(arbitrary inference)은 결론을 지지하는 증거가 없거나 증거가 결론과 배치되는데도 불구하고 어떤 결론을 끌어내는 과정을 말한다(Beck, 1997). 즉, 자기가 경험했던 한 가지 사건만 가지고 뚜렷한 증거 없이 부정적 결론을 내리는 것이다. 이러한 사람들은 옥외에서 칵테일파티를 하고 있다가 비가 오면 자신이 무가치하다고 결론을 내린다(Davison 외, 이봉건 역, 2005).

② **선택적 추론**(selective abstraction)은 사건의 주요 내용을 무시하고 어떤 특정 사실, 일반적으로 부정적 사건에만 집중하여 전체 의미를 해석하는 오류이다. 어떤 상황에서 많은 요인들이 있음에도 불구하고 단지 한 요인만을 토대로 결론을 내리는 것이다. 발표할 때 여러 사람이 긍정적인 피드백을 했음에도 불구하고 한두 명의 부정적 피드백에만 선택적으로 주의를 기울여 발표를 잘 못했다고 생각하는 경우이다.

③ **과잉일반화**(overgeneralization)는 단 하나의 사소한 사건을 토대로 전반적인 결론을 내리고, 무관한 상황에도 그 결론을 적용시키는 것이다. 학생이 한번 성적이 낮게 나온 것을 근거로 자신이 쓸모없고 우둔하다는 것에 대한 결정적 증거로 간주하는 경우이다.

④ **극대화 또는 극소화**(magnification and minimization)는 어떤 사건의 의미나 중요성을 실제보다 지나치게 과장하거나 축소하는 것이다. 자신의 나쁜 점을 최대화하거나 좋은 점을 최소화하는 것을 말하는 것으로, 우울한 사람들은 부정적인 일의 의미는 크게 확대하고 긍정적인 일의 의미는 축소한다. 자신에 대해서는 매우 엄격하고 까다로운 기

준을 적용하여 작은 잘못에도 자신을 비난하고 자책하지만, 다른 사람에 대해서는 관대하고 후하게 평가하는 이중기준도 이 오류에 속한다.

⑤ **개인화**(personalization)는 자신과 무관한 외적 사건들을 자신과 관련된 것으로 잘못 해석하는 것이다. 다른 사람의 문제나 행동에 대해 마치 자기의 책임인 양 받아들이고 괴로워하는 것을 말한다. 교수님에게 인사를 하려고 했으나 교수님이 자신을 보지 못하고 옆 강의실로 들어갔을 때 '저 교수님이 나에게 나쁜 감정이 있어서 내 인사를 받지 않는구나' 라고 해석하는 경우이다.

⑥ **흑백논리, 이분법적 사고**(dichotomous thinking)는 생활사건의 의미를 완전한 실패 아니면 대단한 성공과 같이 극단적으로 흑과 백으로 구분하려는 것을 말한다. 즉, 흑백논리로 사고하고 경험을 이분법적인 범주의 둘 중 하나로 해석하는 것이다. 이를테면 완벽하지 않으면 결함투성이고, 순결하지 않으면 불결하며, 성자가 아니면 죄인이라는 식이다(Beck, 1997). '남편이 나를 완전히 사랑하든지' 아니면 '나를 미워하든지' 둘 중의 하나로만 생각할 뿐 '사랑하는 면도 있고 마음에 들지 않는 부분도 있고' 라고 생각하지 못하는 것이다.

⑦ **마음 읽기**(mind-reading)는 충분한 근거 없이 다른 사람의 마음을 마음대로 읽고 단정지으며 결론으로 건너뛰는 것을 말한다. 모호하고 사소한 단서에 의해 다른 사람의 마음을 함부로 단정하는 것이다. 우울한 사람들은 다른 사람의 생각을 부정적으로 읽고는 그 신념대로 행동한다. 말은 못하고 속으로 자기대화를 하다가 우울에 빠지거나 비슷한 상황이 오기만 하면 분노나 화로 폭발하는 상황으로 몰고가기도 한다. 마음 읽기에서의 잘못된 예측은 자기충족적인 예언이 되어서 사실이 아니지만 기대했기 때문에 가장 피하고 싶은 결과를 불러들이게 되기도 한다.

우울한 내담자에 대한 Beck의 상담목표는 우울한 내담자의 사고내용을 정밀하게 탐색하여 인지적 왜곡을 찾아내고 교정함으로써 보다 더 현실적이고 긍정적인 사고와 신념을 지니도록 도와주는 것이다. 내담자를 우울하게 만드는 부정적인 자동적 사고와 역기능적 신념을 찾아내고 변화시키기 위해 A-B-C 기법, 소크라테스식 대화법, 일기 쓰기, 역기능적 신념기록지 등을 이용한다. 인지의 변화뿐 아니라 행동의 변화를 유도하기 위해 자기생활관찰표 작성하기, 사회적 기술 훈련하기, 의사소통기술 훈련하기, 문제해결법 훈련하기, 자기주장 훈련하기 등의 행동치료기법을 사용한다(권석만, 2006).

1. 마이헨바움(D. Meichenbaum)의 인지적 행동수정[38)]

인지적 행동수정은 인지전략과 행동수정기법을 함께 사용하는 학습방법으로서, 인지변화가 행동의 변화를 가져오고 변화된 행동이 강화를 받음으로써 인지구조가 또한 바뀌게 된다는 메커니즘을 기본 전제로 하고 있다. 인지행동적 접근의 대표적인 사람이 Donald Meichenbaum이다. 그는 인지를 변화시키는 것을 학습함으로써 행동을 변화시킬 수 있다는 것을 강조하고 자기교습훈련, 스트레스 예방훈련 등을 개발하였다. 자기교습훈련(Self-Instructional Training, SIT)은 긍정적인 자기 진술이나 자기 암시를 통하여 부정적인 사고를 긍정적으로 전환하는 방법이며, 스트레스 예방훈련(stress inoculation training)은 사람들이 가지고 있는 비합리적인 인시가 스트레스의 구성에 중요하게 작용한다고 보고, 이러한 개인의 비합리적인 인지를 변화시킴으로써 스트레스를 관리하는 것이다.

이 가운데 인지행동적 스트레스 관리는 스트레스 예방훈련과, 스트레스로 인한 분노를 어떻게 적절히 조절하고 스트레스 상황에서 어떻게 적절하게 주장적이며 자기표현적으로 대화하는가에 초점을 맞춘다.

---

38) 본 내용은 2007년 9월 7일, 서울동부지방법원, "법원상담위원 연합교육 세미나"에서 "부부갈등과 스트레스 관리를 위한 인지행동적 접근"이라는 제목으로 발표된 내용 중에서 발췌, 수정 보완한 것이다.

1) 스트레스 예방훈련

스트레스 예방훈련은 개인이 스트레스와 분노를 일으키는 사건들을 겪으면서 스스로를 지도해갈 수 있도록 가르치는 방법 가운데 가장 보편적이고 유용하게 쓰인다. 스트레스 예방훈련은 세 단계로 나눌 수 있다.

첫째, 개념화단계로서 우선 스트레스의 본질과 그 영향에 대해 배운다. 그리고 개인의 사고와 감정이 어떻게 스트레스 사건과 관련되어 있는지를 가르친다. 스트레스는 신체적 이완, 적절한 자기대화, 그리고 스트레스를 일으키는 사건들에 점차적으로 노출됨으로써 관리할 수 있다는 것을 강조하여 스트레스를 바라보는 새로운 관점을 제시한다.

둘째, 기술습득과 시연단계로서 개인은 스트레스를 다루는 기술을 배우고 연습한다. 여기에는 깊은 근육이완훈련, 새롭게 자신과 대화하는 법(자기-지시), 그리고 효과적 문제해결 전략 등이 포함된다. 스트레스를 일으키는 장면을 상상하고 스트레스에 대처하는 자기대화를 이용하게 함으로써 새로운 기술을 스트레스 상황에 적용할 수 있도록 한다.

이완훈련은 신체적 이완뿐만 아니라 기대나 불쾌한 사건들에 대해 이완하는 방법을 배우는 것이다. 신체적 이완훈련은 깊게 숨을 들이쉬고 내쉬는 방법을 배우거나, 화가 났을 때 10까지 세는 방법 등이 있다. 기대에 대해 이완하는 훈련은 자신과 다른 사람에 대해 지나치게 기대하는 것을 이완하는 것으로 항상 생산적이어야 한다고 믿는 사람들에게 효과적일 수 있다. 인지적 이완훈련은 불쾌한 사건들에 대해 이완된 해석을 하도록 유도하는 것으로, 예를 들어 자신의 경험을 0부터 10까지 매기는 척도화를 꾀할 수 있다. 일생 동안 전신마비가 되는 것이 10이라면 배우자가 자신에게 고함치는 것은 5에 해당되는 것으로 해석할 수 있는 것처럼, 자신의 현재 경험이 최악이거나 파국적이라고 생각하는 사람들에게 효과가 있다(Mark McMinn, 1997).

새롭게 자신과 대화하는 법(자기-지시)은 자기패배적인 자기대화를 긍정적이고 합리적인 자기대화로 바꾸는 것이다. 예를 들어, "남편은 내 인생을 비참하게 만들고 있어."는 "나는 내 감정을 통제할 수 있어, 남편이 나를 불행하게 할 이유가 없어."라는 언어로 바꾸는 것이다. "이렇게 또 밤늦게까지 아무 연락도 없이 안 들어오다니, 어떤 여자랑 만나는 것은 아닐까? 이렇게 믿지 못할 남자하고 평생 사는 일은 끔찍한 일이야."라고 자기대화를 하는 아내는 왜곡된 마음 읽기를 하고 있다. 남편의 행동을 부정적으로 해석하여

성급한 결론으로 건너뛰고 있는 것이다. 이때 적절한 합리적인 자기대화는 "회사일로 바쁜 일이 있어서 연락도 못 하고 늦나보다. 가족들 먹여 살리겠다고 애쓰는 남편인데 책임감이 많다고 생각하자. 내가 혼자 씩씩거린다고 남편이 들어올 것도 아닌데, 음악을 들으며 오랜만에 미국 친구에게 이메일이나 보내야겠다."라고 긍정적인 자기대화로 바꾸는 것이다.

문제해결 전략은 ① 문제를 확인하고(무엇이 문제인가?) ② 목표를 선택하며(내가 원하는 것이 무엇인가?) ③ 대안을 작성하며(내가 할 수 있는 것은 무엇인가?) ④ 결과에 대해 고려하며(어떤 일이 일어날까?) ⑤ 의사를 결정하고(나는 무엇으로 결정할까?) ⑥ 실행해보고(이제 해보자) ⑦ 평가하며(먹혀들었는가?) ⑧ 문제 확인(평가 후 무엇이 문제인가?)으로 다시 돌아가는 과정을 거친다(Mark McMinn, 1997).

셋째, 적용과 추후 지도단계는 우선 내담자로 하여금 분노와 스트레스를 일으키는 사건들에 점차적으로 노출되게 한 다음, 실제적인 삶의 상황에서 자기대화를 실행하고 새로운 기술을 적용해보도록 하는 단계이다. 실제 삶의 적용은 과제를 통해 이루어지고 적용해본 후의 결과를 상담상황에서 논의한다. 스트레스를 일으키는 사건에의 점진적인 노출은 인지적 이완과 같이 상상을 통해 이루어질 수 있다. 또는 역할연기를 통해 노출이 이루어지기도 한다. 예를 들어 시어머니를 대할 때마다 화가 나는 내담자에게 상담자는 비난하는 시어머니의 역할을 하고 시어머니에게 적절하게 대처하는 자기대화를 연습하도록 유도할 수 있다.

2) 분노조절훈련

스트레스는 또한 분노를 수반한다. 스트레스에서 발생하는 분노를 다룰 때 바람직한 것은 분노의 억제나 표출이 아니라, 분노를 적절히 관리하는 것이다. 스트레스로 인한 분노조절훈련은 적절한 자기대화로 어떻게 분노를 관리해서 그 감정을 조용하고 주장적으로 표현하는 법을 배우는 것이다.

분노는 다음과 같이 관리할 수 있다.

첫째, 자신의 분노감정에 대해 인식한다. 분노나 스트레스 일지에 화가 날 때마다 그

횟수를 기록한다. 이는 자신의 분노를 허용하면서 자신이 얼마나 자주 이런 감정을 느끼는지를 깨닫도록 해준다.

둘째, 주장적으로 자신의 감정을 표현하는 방법을 배운다. 표현되지 않는 분노는 마음속에서 재연되고, 재연될 때마다 분노의 감정은 강해져서 원한이 된다. 분노를 표현함으로써 이런 파괴적인 패턴을 종결시킬 수 있다.

셋째, 자신의 잘못된 핵심 신념이나 인지적 오류를 찾는다. 잘못된 핵심 신념에는 "나의 배우자는 내가 원하는 것을 반드시 잘 알아차려야 한다.", "나의 배우자는 나에게 화를 내서는 안 된다." 또는 "나의 배우자는 항상 나만을 우선순위로 정하고 살아야 한다." 등이 있다. 이러한 핵심 신념은 스트레스 상황을 왜곡하여 생각하도록 만들고 자책감이나 분노를 일으키게 한다.

넷째, 분노를 일단 멈추는 방법이나 이완훈련 등을 배운다. 분노를 일단 멈추는 방법은 화나는 상황에서 일단 벗어나서 화를 멈추는 것을 배우는 것이다. 부부의 경우, "지금 화났으니까 조금 있다가 이야기하자."고 일단 화나는 상황을 피하고 본다. 신체적 이완뿐 아니라 인지적 이완도 배운다. 예를 들어 화를 말로 설명해보면 화난 이유를 알게 되고 그 이유가 정당한 것인지 아니면 자신의 잘못된 핵심 신념이나 인지적 오류 때문인지를 알게 된다. 부부간의 분노는 상대 배우자에 대한 잘못된 예측이나 마음 읽기에서 비롯되는 경우가 많다.

자기-지시훈련은 자신이 자신의 코치가 될 수 있음을, 그래서 살아가면서 스트레스를 일으키는 사건들 속에서 스스로를 이끌 수 있음을 전제로 한다. 자기대화는 너무 일반적이거나 광범위하게 되지 않도록 하고, 충분히 개별화될 수 있어야 한다. 분노 조절을 위한 자기대화기술의 예는 다음과 같다(Meichenbaum, 1995).

○흥분상황 대비를 위한 자기대화:

- 이 상황은 화나게 하지만 나는 어떻게 대처해야 하는지를 알고 있다.
- 주어진 상황을 너무 심각하게 생각하지 말자.
- 깊이 숨을 들이키는 시간을 갖자. 편안하게 긴장을 풀고 쉽게 생각하자.

ㅇ흥분상황에 직면하는 자기대화:

- 내가 차분하기만 하면 이 상황에 대처할 수 있어.
- 저 사람이 저렇게 행동하는 것은 정말로 어리석은 짓이야.

ㅇ흥분상황 극복을 위한 자기대화:

- 근육이 긴장되기 시작한다. 긴장을 풀고 천천히 생각하자.
- 화를 내는 것은 도움이 안 돼.
- 저 사람은 내가 화내기를 바라고 있을지도 몰라. 그러므로 나는 화를 내지 말아야 해.
- 사람들에게 내가 원하는 대로 행동하기를 기대해서는 안 돼.

ㅇ갈등 해소가 안 될 때의 자기대화:

- 어려운 상황이 해결될 때까지는 시간이 걸리게 마련이야.
- 긴장 푸는 것을 잊지 마. 긴장 푸는 것은 화내는 것보다 훨씬 나아.

ㅇ갈등 해소나 성공적으로 문제가 극복됐을 때의 자기대화:

- 나는 그 상황을 꽤 잘 처리했어. 결국 해내고야 말았어.
- 나는 실제로 화내지 않고 해냈어.
- 상황은 훨씬 더 악화될 수 있었는데 내가 잘 해결했다.

3) 자기표현훈련

스트레스 상황을 극복하는 데 가장 효과적인 것은 적절한 자기표현과 주장훈련이다. 가장 일반적인 스트레스 원인 중의 하나가 자신이 느끼고 생각한 바를 남에게 표현하지 못하는 어려움이기 때문이다. 더욱이 스트레스 상황에서 적절하고 효과적으로 자신의 감정을 표현할 수 없을 때, 자신이나 남에 대해 노여움을 갖게 되고 그 노여움을 참아버리거나 부적절하게 외부로 표출하게 된다. 자신의 감정을 적절한 방법으로 주장하는 법을 배우면 폭발적이고 부적절하게 감정을 표현할 가능성이 적어진다.

스트레스 상황에서 자신을 적절하게 표현하는 훈련은 세 단계를 거친다.

첫째, 자기표현에 대한 개념화이다. 주장적이 된다는 것은 다른 사람의 인격을 손상시키지 않고 솔직하게 자신의 감정뿐 아니라 자신이 요구하는 것을 털어놓는 것으로서, 직접적이지만 사회적으로 적절하고 다른 사람의 감정과 안녕을 고려한 후에 주어지는 것이다. 만약 주장적 행동을 취함으로써 갈등이 야기된다면 이것은 적절한 대안적 행동이 되지 못하며 비주장적인 행동이 오히려 더 좋은 방법이 될 수도 있다. 대안을 고려해 보지 않고 모든 상황에서 주장적인 태도로 일관하는 것은 주장적인 사람이 흔히 범하는 오류 중의 하나이다.

이 단계에서는 어떤 것이 적절한 자기표현인지를 교육한다. 적절한 시선 접촉과 손놀림, 나-전달법(I-message)을 사용하는 것, 짧은 문장을 사용하는 것 등이 좀더 적절한 자기표현이라고 알려져 있다. 주장적인 적절한 자기표현과 공격적이거나 수동적인 표현을 구분하는 방법을 배운다. 예를 들어 아내가 새 옷을 입고 와서 "나 어때요?" 라고 물을 때 남편이 그 옷이 마음에 들지 않는다면 남편의 주장적이고 적절한 자기표현 반응은, "나는 당신이 다른 스타일의 옷을 입었으면 좋겠어." 이다. 수동적인 반응은 마음과는 달리, "응. 어울려." 라고 대답하는 것이다. 공격적인 반응은 "그런 옷을 입고 있으니 정말 안 어울려. 그딴 옷에 돈을 그렇게 많이 써야 돼?" 이다. 수동적이면서도 공격적인 반응은 질문에 대해 대답하지 않거나 "나는 잘 모르니까 알아서 해." 와 같은 말들이다(장현갑, 강성군, 1999).

둘째, 적절한 자기표현 기술을 배운다. 갈등을 겪고 있는 사람들은 상대의 의견, 감정 등을 충분히 듣기보다 자신의 생각과 감정에 압도되기가 쉽다. 상대방의 말을 가로막거나 상대를 비난하고 방어적 · 경멸적인 말들을 하게도 된다. 말은 간결하고 구체적으로, 또 부드러우면서 조용히 그리고 천천히 해야 한다. '너', '당신' 아닌 '나'로 시작하는 나-전달법으로 느낌을 말하고 욕구를 긍정적으로 표현한다. 예를 들어 "당신을 비난하려는 뜻이 아니라 내가 힘들어서 말하는 거예요.", "내가 당신에게 바라는 것은", "부드럽게 말하려 해도 잘 안되네, 다시 해볼게." 등이다. 상대의 말을 경청하고 잘 듣고 있다는 신호를 보낸다. "그런 상황이었다면 나 같아도 화났을 거야. 그런 방법도 있구나. 그런데 또 다른 방법은 없을까?" 등이다(Gottman & Silver, 임주현 역, 2002).

상대방과 시선을 맞추고 개방적인 태도를 유지한다. 자신의 목적을 분명하게 말한다. 상대방의 감정을 살피되 자신이 필요로 하는 것과 원하는 것을 분명하게 표현한다. 이야기할 때는 강하게 차분하게 전달될 수 있도록 자신의 목소리 톤과 음조를 조절한다. 상대방이 자신의 요구를 경청해준 것에 대해 감사하다고 표현한다. 상대방의 욕구를 인식하고 상대방에게 상대방의 관점과 입장을 알고 있음을 알린다.

상대방의 성격이 얼마나 잘못됐는지를 비난하고 공격하는 것이 아니라 자신이 화가 났던 이유와 배경을 설명한다. 이때 자신이 무엇을 보고 듣고 경험하여서 어떤 생각이 들고 그래서 화가 났다고 말하는 것이 바람직하다. 자신이 바라는 것을 덧붙이거나 화가 나서 어떻게 행동하였는지에 대해서도 말하면 더욱 정확한 의사표현이 된다.

셋째, 실생활에서 자기표현을 적절히 하도록 연습한다. 예를 들어 스트레스현장기록지에 보편적 스트레스 상황, 이에 관련된 사람들, 이때 자신이 하는 전형적인 행동, 어떻게 하는 것이 바람직한 행동인지, 그리고 그 상황을 주관적 불쾌감 단위척도(SUDS: Subjective Units of Discomfort Scale)로 평가하여 기록한다. 자신을 괴롭히는 상황을 국한시켜 기록하고 SUDS 수준을 점수로 나타내다보면 스트레스 상황에 대해 어떤 해결책을 강구해야 할 것인지를 알 수 있다. 예를 들어 상황은 동료들 앞에서 상사로부터 야단을 맞을 때이고 관련된 사람은 동료, 상사, 그리고 나이다. 이때의 전형적인 행동은 움츠리들며 아무런 대꾸도 하지 않는 것이고, 바람직한 행동은 개인적으로 상사를 만나 그의 행동이 나에게 어떤 영향을 미쳤는지를 솔직히 말하는 것이다. 그리고 그렇게 한 것에 대해 자신감을 갖는다(장현갑 · 강성군, 1999).

7 형태주의상담

1) 이론의 발전배경

(1) 창시자 Friz Perls

형태주의상담은 Friz Perls(1893~1970)에 의해 창안되고 개발되었다. Perls는 독일 베를린의 유태계 가정에서 태어나 성장해서 의학박사학위와 정신분석 훈련을 받았다. 하지만 1936년 세계정신분석학회에 참석하여 '구강적 저항' 이라는 이론을 발표했을 때 Freud에게 받아들여지지 않았고, Perls는 이에 실망하여 정신분석으로부터 멀어지기 시작했다. Perls는 1942년 Freud의 공격본능이론을 비판하는 「자아, 배고픔, 공격」이라는 책을 발간하며 Freud 학파와 결별하였다.

Perls는 1946년 미국으로 이주하면서 정신분석 전통에서 완전히 이탈하였고, 1950년 처음으로 '게슈탈트 치료' 라는 용어를 만들어냈다. 그리고 1951년 다른 학자들과 함께 「게슈탈트 치료」라는 책을 출판하였으며, 1952년 형태치료 연구소를 설립했다. 1960년대부터 형태주의상담은 미국에서 크게 유행하여 심리치료, 집단상담, 가족상담 등에 많은 영향을 끼쳤다.

형태주의상담은 여러 이론으로부터 영향을 받았다고 한다. 정신분석이론을 비롯하여 Goldstein의 유기체이론, Reich의 신체이론, Lewin의 장이론, 게슈탈트 심리학, Moreno의 사이코 드라마, Tillich 등의 실존철학, 그리고 동양의 도가(道家)와 선(禪)사상 등의 광범위한 영향을 받았다(김정규, 1995). 예를 들어 형태주의상담은 실존주의의 영향을 받아 '지금 그리고 여기' 에 초점을 두고 내담자의 현실인식능력과 이에 관한 책임감을 강조하였으며, Reich의 영향을 받아 신체적 긴장이 정신의 자유로운 기능에 영향을 미침을 알게 되었고, 내담자의 신체적 표현에 초점을 두게 되었다.

형태주의상담은 형태주의심리학의 이론적 관점 중에서 다음의 관점들을 상담이론에

도입하였다. 그 관점들은 첫째, 개체는 장을 전경과 배경으로 구조화하여 지각한다는 것이고, 둘째, 개체는 장을 능동적으로 조직하여 의미있는 전체로 지각하는 경향을 가지고 있으며, 셋째, 개체는 자신의 현재 욕구를 바탕으로 게슈탈트를 형성하여 지각하고, 넷째, 개체는 미해결된 상황을 완결지으려는 경향을 지니고 있다는 점 등이다.

이처럼 형태주의상담은 형태주의심리학과 관계는 있지만 직접적으로 형태주의심리학으로부터 유래된 것은 아니라고 주장한다. 형태주의심리학이 지각에만 초점을 둔 반면 형태주의상담은 욕구, 감정, 사고, 신체 등 인간의 전체영역에 그 관점을 확대시켰으므로, 형태주의상담은 형태주의심리학과 '형태주의' 라는 용어를 사용하는 것 외에는 공통점이 없다고 알려지고 있다(설기문, 1992).

(2) 형태(Gestalt), 전경과 배경, 그리고 미해결과제

① 형태(Gestalt)

형태주의란 '게슈탈트(Gestalt)' 라는 독일어에서 유래된 말로 '게슈탈트' 는 '형태', '전체' 로 번역될 수 있다. 형태주의상담에서 **게슈탈트**는 개체가 자신의 유기체 욕구나 감정을 하나의 의미있는 행동동기로 조직화하여 지각한 것을 뜻한다. 예를 들어 녹차를 마시고 싶은 것, 친구를 만나고 싶은 것 등 인간의 크고 작은 행동들은 모두 게슈탈트들이다.

형태주의상담은 개체가 게슈탈트를 형성하는 이유로서 욕구나 감정을 하나의 의미있는 행동으로 만들어서 실행하고 완결짓기 위해서라고 설명한다. 즉, 게슈탈트를 환경과의 접촉을 통해 해소하기 위함인데, 이때 개체의 욕구나 감정이 게슈탈트가 아니라 환경과 상황을 고려하여 그 상황에서 실현가능한 행동동기로 지각한 것이 게슈탈트라는 것이다.

② 전경과 배경

형태주의심리학 관점에서 보면 사람은 대상을 인식할 때 관심 있는 부분은 지각의 중심 부분에 떠올리지만 그렇지 않은 부분은 배경으로 보낸다. 어느 한순간에 관심의 초점이 되는 부분이 전경이고, 관심 밖에 있는 부분이 배경이다. 예를 들어 화가가 작업실에서 그림그리기에 몰두할 때 그림그리기는 전경이 되고 그 순간 그 밖의 모든 일, 듣고 있던 라디오의 음악까지도 배경이 된다.

형태주의상담에서는 게슈탈트를 형성한다는 것은 개체가 어느 한순간에 가장 중요한 욕구나 감정을 전경으로 떠올린다는 말과 같은 뜻으로 보고 있다. 개체가 전경으로 떠올렸던 게슈탈트를 해소하고 나면 그것은 전경에서 사라져 다시 배경으로 물러난다. 그러면 다시 새로운 게슈탈트가 형성되어 전경으로 떠오르고 해소되고 나면 다시 배경으로 물러나는 과정을 되풀이하게 된다.

전경과 배경을 정서적 측면에 적용하면 사람의 욕구와 필요의 초점이 되는 부분이 전경, 그 밖의 부분은 배경이 된다. 정서적으로 건강한 사람은 매순간 자신에게 중요한 게슈탈트를 전경으로 떠올릴 수 있고 그 욕구를 알아차리며 그것을 충족시켜 해소하기 위해 적극적으로 활동을 하거나 환경과의 접촉을 통해 평형상태를 이룬다. 그러나 건강하지 못한 사람은 전경과 배경을 명확하게 구분하지 못하며 매순간 자신이 가진 욕구나 하고 싶은 일 또는 그 욕구를 충족시키기 위해 필요한 일이 무엇인지 모른다. 결과적으로 욕구를 충족하기 위한 활동이나 환경과의 접촉에 실패한다(Zinker, 1977).

형태주의상담에 따르면 인간의 과거경험은 배경이 되고 현재 경험하고 있는 것이나 개인의 가장 절박한 욕구가 전경이 된다. 개인의 가장 절박한 욕구는 만족될 때까지 개인의 행동을 지배하며 욕구가 충족되면 그것은 배경으로 물러나고 그 다음의 중요한 욕구가 다시 전경이 되는데, 과거에 집착하는 사람은 배경으로 물러나야 할 욕구가 계속 전경으로 남아 있는 경우이다.

③ 미해결과제

형태주의상담에서 미해결과제란 개체가 게슈탈트를 형성하지 못했거나 적절히 해소되지 못하여 배경으로 물러나지 못한 상태를 의미한다. 인간은 전체를 지향하는 유기체로서 항상 완결성을 추구하는 경향 때문에 미해결과제의 해결을 계속적으로 요구하게 되고 이는 현실에 대한 자각을 방해한다. 예를 들어 아침에 아픈 아이를 다른 사람에게 맡기고 출근한 엄마는 아픈 아이에 대한 걱정이 미해결과제로 남아 현재 해야 할 일을 전경으로 떠올릴 수 없어 일에 집중할 수가 없다. 이와 같이 과거의 미해결과제를 현재까지도 전경으로 떠올리고 있으면 개체는 현재 자신의 경험과 욕구를 명확히 알아차릴 수 없고 그 순간의 타인 또는 환경과 진실하게 접촉할 수도 없다.

미해결과제는 과거경험과 관련해 충분히 경험되지 못하거나 소화되지 못한 감정, 표현하지 못한 감정들이 포함되어 있다. 원한, 분노, 증오, 고통, 불안, 슬픔, 죄책감 같은 감정들이 그 예이다. Perls(1969)는 이 중에서도 원한은 가장 나쁜 미해결감정이고 사람들이 원한을 가지면 다른 생각을 할 수 없다고 하였다.

김정규(1995)는 미해결과제를 우리나라의 한(恨)과 같은 개념으로 보았다. 한은 가슴 속에 남아 계속 현재의 삶을 지배하게 되고, 결국 이 한을 풀어야만 비로소 우리는 자유로와질 수 있다는 것이다.

형태주의상담에 따르면 미해결과제를 해결할 수 있는 방법은 지금-여기를 알아차리는 것이다. 미해결과제는 끊임없이 전경으로 떠오르려고 노력하며, 항상 지금-여기에 그 모습을 드러내고 있기 때문에, 인간은 그것을 회피하지 않고 직면해서 알아차리기만 하면 된다는 것이다.

(3) 자각[39]과 접촉

형태주의상담에서 말하는 자각은 개체가 자신의 욕구나 감정을 지각한 다음 게슈탈트로 형성하여 전경으로 떠올리는 행위를 말한다. 접촉은 이렇게 형성된 게슈탈트를 해소하기 위해 환경과 상호작용하는 행위를 뜻한다.

아픈 아이를 두고 출근한 엄마의 예에서, 아이의 엄마가 걱정 때문에 일이 손에 잡히지 않아 집에 전화를 걸어 아이의 안부를 묻고, 아이가 다소 나아졌다는 말을 전해 듣고는 안심하여 다시 하던 일을 해나간다고 상상해보자. 이때 아이에 대한 걱정은 전경이 되고 아이의 안부를 알고 싶은 것은 게슈탈트이며, 이를 해소하기 위해 집으로 전화를 걸어 아이의 건강을 묻는 행위는 접촉이 된다. 아이가 나아졌다는 말을 들은 후 아이에 대한 걱정은 배경으로 물러나고, 현재 해야 할 일이 다시 전경으로 떠올라 일에 열중할 수 있다.

형태주의상담에서는 사람들의 심리적 혼란은 현재 자신의 욕구와 감정에 대한 인식 부족에서 비롯된다고 본다. 만일 인간이 자신과 환경에서 일어나는 중요한 현상들을 잘 알아차리고 좋은 접촉을 통해 자신의 욕구를 해소한다면 미해결과제가 쌓이지 않게 되고 따라서 심리적 문제도 발생하지 않는다고 여긴다. 여기서의 좋은 접촉이란 자신의 개성을 상실하지 않으면서 환경이나 다른 사람과 상호작용하는 것을 의미한다.

---

39) 자각은 알아차림, 각성, 인식 등 여러 가지 용어로 번역되고 있다.

좋은 접촉이 이루어지려면 자신의 욕구와 감정에 대한 분명한 자각이 우선되어야 하는데, 이러한 자각과 환경과의 접촉을 방해하는 것은 인간이 가지고 있는 저항양식 때문이다. 여기에는 타인의 신념과 기준을 무비판적으로 받아들이고, 다른 사람에게 하고 싶은 행동을 자신에게로 돌리거나, 자신이 갖고 싶지 않은 속성을 타인이 갖고 있다고 뒤집어씌우는 것 등과 같은 저항방식이 있다. 또한 인간은 미해결과제를 직면하는 고통이 두려워 회피하는 성향을 갖고 있기 때문으로 보고 있다.

(4) 직면과 실험을 통한 체험의 강조

형태주의상담에서는 자신의 욕구와 감정을 인식하고 이를 환경과 잘 접촉하여 해소하기 위해서는 우선 과거의 미해결과제를 해결하여야 한다고 여긴다. 미해결과제를 해결함으로써 지금-여기에 더 잘 집중할 수 있고 또한 지금-여기에 더 잘 집중함으로써 미해결 과제가 쌓이지 않게 된다.

형태주의상담에서는 미해결과제를 해결하기 위해 내담자의 과거감정과 갈등에 대해 대화를 나누거나 분석 또는 해석하지 않는다. 그 대신 내담자로 하여금 과거사건과 거기에 붙어 있는 감정과 갈등을 지금-여기로 불러와 직접 경험하게 함으로써 현재에 대한 자각을 높이고 미처 알지 못했던 자신의 인격부분들을 통합하도록 돕는다. 이를 위해 형태주의상담에서는 실험과 직면을 통한 생생한 체험을 강조한다. 대부분의 형태주의상담 기법은 실험적이며 도전적인 직면을 사용한다.

형태주의상담에서 실험이란 이미 만들어진 기법을 사용하는 연습과는 달리 상담자가 창의적인 아이디어를 구상하여 내담자와 함께 하나의 상황을 연출해내고 상호작용하는 가운데 나온다고 한다. Polster(1987)는 실험은 내적 갈등을 실제적 과정으로 만들어서 갈등을 표면화시키는 방법이라고 했다. 예를 들어 아버지에게 직접적인 분노의 감정을 표현해본 적이 없는 내담자에게, 아버지와 있었던 과거의 사건으로 되돌아가서 무엇이 일어났는지 단순히 사실만을 말하지 않고 지금 이곳으로 아버지를 불러와서 아버지와 대화하도록 하며, 상담실이라는 안전한 곳에서 아버지에 대한 분노를 빈 의자에 쏟아붓게 한다. 이처럼 과거의 아버지와의 갈등을 현재 시점에서 직접적으로 재경험함으로써 내담자는 아버지에 대한 감정을 정화할 수 있게 되고, 현재 아버지와의 관계에 대한 통찰을 가질 수 있다.

실험의 또 다른 예는 다음과 같은 가상의 사례에서 볼 수 있다(Corey, 1991). 딸에게 좋은 엄마가 못 된다는 죄책감에 빠져 있는 내담자에게 죄책감을 분노로 바꾸어 표현하게 하는 실험을 한다. 내담자는 실험을 통해 딸에 대한 분노를 자신에게로 향하도록 했기 때문에 죄책감을 갖게 됐음을 알게 된다. 딸에 대한 내담자의 분노는 자신과는 달리 아주 발랄하고 사랑스런 딸에 대한 질투에 의한 것이었다. 이러한 자각은 딸과의 관계를 개선시켜주게 된다.

형태주의상담에서는 이처럼 내담자가 회피하던 과거의 고통스런 경험과 감정을 직면하면 억압되었던 에너지들이 전경으로 떠올라 접촉되고 그 결과 미해결과제는 해소되어 개체를 자유롭게 해주며 유기체는 성장 변화하게 된다고 여긴다.

형태주의상담의 직면과 실험은 개념적인 이해가 아닌 '아! 그렇구나'의 체험을 중시한다. 체험은 내담자로 하여금 과거의 감정에 대한 정화를 가져오게 하고, 지금-여기에서의 욕구와 감정들을 자각하게 하며, 자신을 통합하는 책임감을 갖도록 돕기 때문이다(김정규, 1995).

2) 인간관

인간은 선천적으로 자아실현을 향한 경향성을 갖고 있다. 선천적 자아실현 경향성은 모든 인간행동의 동기가 되며 다른 욕구들은 이것에 기초한다. 그런데 이 자아실현은 도달될 수 있는 것이 아니라 끝없는 과정으로 본다. 또한 인간은 자신의 문제를 스스로 처리할 수 있으며, 자신과 자신 주위에 대한 인식을 하면 할수록 자신에 대해 책임질 수 있는 존재라고 여긴다.

인간의 사고·감정·지각·신체적 기능 등은 서로 관련되어 통합적으로 기능하며 균형을 유지하려 하고 일을 완결지으려 한다. 예를 들어 인간이 어떤 고통이라는 불균형을 경험하게 되면, 강렬한 정서경험을 통해 불균형의 긴장을 해소하려 하고 해소되지 못한 긴장은 미해결과제로 남아 완결되지 못한 채 현재 경험을 방해한다(조현춘·조현재 역, 1996).

3) 심리적 문제의 발생과정

형태주의상담이론을 살펴보면 심리적 문제의 발생과정에 대한 개념은 세 가지로 생각해 볼 수 있다. 첫째는 성격의 한 구성요소인 자아상 때문이고, 둘째는 과거의 미해결된 과제를 들 수 있고, 셋째는 환경과의 좋은 접촉을 방해하는 저항이라는 심리적 방어양식 때문이다.

Perls는 성격발달 이론을 구체적으로 제시하지 않았지만 그의 주요 개념들을 살펴보면 인간의 성격은 존재, 자아, 자아상이라는 세 가지로 구성된다고 볼 수 있다(설기문, 1992).

존재는 유기체의 본질적 실존을 말하고, 자아는 자신의 내적 기준에 의해 사는 자신의 실제모습이며, 자아상은 외적 기준에 맞춰 사는 비현실적인 자기모습이다. 자아는 자아실현을 촉진하는 성격의 창조적 측면이고, 자아상은 성장을 방해하는 성격의 어두운 측면이다. 이상성격이나 병리적 행동은 자신의 사고와 감정을 자신의 것으로 받아들이지 못하고 비현실적인 자아상에 의해 살려는 데서 비롯된다.

형태주의상담에서 심리적 문제의 발생은 미해결과제라는 개념으로 설명될 수 있다. 과거에 표현되지 못한 분노 · 원망 · 슬픔 · 죄책감 등의 감정이나 기억들은 과거에 집착하거나 미래를 불안하게 만들어 현재를 제대로 인식하는 것을 방해한다. 사람들이 미해결된 과제에서 벗어나지 못하는 이유는 이를 직면하거나 미해결과제와 관련된 불편한 정서를 경험하는 것을 회피하기 때문이다.

환경과의 좋은 접촉은 사람을 변화시키는데 이를 방해하는 저항은 심리적 문제를 일으킨다. 저항은 현재를 있는 그대로 자각하고 경험하는 것을 방해하는 일종의 방어양식이다. 저항의 방식에는 대표적으로 세 가지가 있다.

첫째, 내사는 타인의 신념과 기준을 자신과 조화되도록 동화시키지 못하면서 타인의 신념과 기준을 무비판적으로 받아들이는 것을 말한다. 내사를 하게 되면 자신이 원하고 필요로 하는 것을 명확하게 알지 못하게 하고 환경을 수동적으로만 받아들이게 된다.

둘째, 투사는 내사의 반대로서 자아상과 맞지 않는 받아들일 수 없는 생각, 감정, 태도, 행동을 자신의 것이 아니라고 부인하고 타인이 지닌 것으로 인식하는 것을 말한다. 자신이 가지고 싶지 않은 속성을 자신이 가지고 있다는 사실을 인식하지 못하고 타인이 가지고 있다고 뒤집어씌움으로써 자신과 자신의 감정에 대한 책임을 회피하게 된다.

셋째, 반전은 다른 사람이나 환경에 대하여 하고 싶은 행동을 자신에게로 돌리는 것이다. 예를 들면 타인에게 화를 내는 대신에 자기자신에게 화를 내거나, 극단적인 경우에는 자살하기도 한다.

4) 상담의 목표

형태주의상담에서는 과거는 이미 지나가버렸고 미래는 아직 오지 않았기 때문에 현재가 가장 중요한데, 대부분의 사람들이 과거를 생각하거나 미래에 대한 계획에 빠져 있기 때문에 현재의 힘을 잃어버리고 있다고 주장한다. 따라서 형태주의상담의 목표는 내담자로 하여금 체험을 통해 현재 자신이 경험하고 행동하고 있는 것이 무엇인지 자각해서 지금 순간에 에너지를 쏟고 자신의 행동을 선택하고 책임질 수 있도록 돕는 것이다. 더 나아가 감정 · 지각 · 사고 · 실체가 모두 하나의 전체로서 통합된 기능을 제대로 발휘하도록 도와주는 데 있다.

5) 상담의 진행과정

형태주의상담에서 상담의 과정은 내담자와 상담자가 지금-여기에서 함께 경험함으로써 내담자가 자기를 충분히 자각하여 자기의 부적응 행동의 본질과 그것이 어떻게 자신의 삶을 방해해 왔는지 알도록 돕는 과정이다. 상담자와 내담자가 함께 경험한다는 의미는 상담자도 내담자와 만나는 지금-여기서의 현재의 자각이나 경험을 적극적으로 공유해야 함을 강조하는 것이다. 이는 내담자만 변하는 것이 아니라 상담자도 같이 변해야 함을 의미한다(조현춘 · 조현재 역, 1996).

형태주의상담에서는 내담자의 미해결된 과거의 사건과 감정들이 현재에 쏟을 에너지를 차단하므로 내담자로 하여금 자신의 미해결된 과제를 회피하지 않고 직면해서 이를 해결하도록 돕는다. 과거의 미해결된 과제를 현재로 불러와 과거를 직접적으로 재경험하도록 함으로써 과거에 붙어 있는 감정을 정화하도록 한다. 결국 과거의 감정은 떨어져나가고 자신의 문제에 대한 객관적인 이해와 통찰을 가져와서 현재에 충실하도록 돕는다.

이를 위해 형태주의상담자는 실험적이고 적극적인 직면방법을 사용하며 무엇보다 내담자의 정서에 초점을 맞춘다. 말로 설명하거나 분석하는 대신 내담자의 지금-여기에서의 직접적인 경험을 유도한다. 과거의 고통스런 경험이나 미해결된 감정을 상담장면이라는 안전한 관계에서 시연해봄으로써 재경험하게 하고 이러한 실험을 통해 생생하게 갈등을 체험해보도록 한다.

내담자로 하여금 미해결된 과제를 직면하도록 하는 방법은 상담자가 내담자의 언어적 표현이나 비언어적 표현에서 일치하지 않거나 모순되는 점을 지적해줄 수 있다. 예를 들어 내담자가 '나는 할 수 없다' 라고 말하는 내용을 '나는 하지 않겠다' 로 바꾸어 말하게 함으로써 내담자가 책임과 선택을 회피하고 있음을 인식시킨다. 또한 내담자가 다른 사람을 용서한다고 말하면서도 주먹을 꽉 쥐고 있을 때 상담자는 이를 지적해서 그 주먹이 자신에게 뭐라고 하는지 표현해보라고 함으로써 내담자가 아직도 용서하지 않고 있음을 인식시킨다.

내담자가 어떤 상황을 회피하려 할 때 그 상황에 그대로 머무르라고 요구함으로써 내담자의 회피감정을 직면하게 해줄 수 있다. 예를 들어 무언가 자신에 대해 어려운 상황이나 부정적인 경험을 이야기할 때마다 오히려 웃으면서 말하는 버릇이 있는 내담자에게, 상담자는 웃지 않으면서 말하도록 요구하거나 상담에서 하는 모든 이야기를 과장되게 웃으면서 말하도록 요구할 수 있다. 이렇게 함으로써 내담자는 자신이 웃음으로 어려운 상황을 항상 회피해왔음을 자각하게 된다(Levitsky & Perls, 1970).

형태주의상담에서는 상담상황에 존재하는 모든 현상이 다 실험소재가 될 수 있기 때문에 창안해낼 수 있는 실험의 종류는 무한하다고 주장한다. 예를 들어 상담 도중에 부모의 말을 한 번도 거역해보지 않은 순종적인 내담자에게 상담자가 하는 말마다 모두 반대해보라고 제안하거나 강박적인 내담자에게 상담자 책상 위에 놓여있는 물건들을 엉망으로 헝클어뜨려 보라고 할 수 있다(김정규, 1995).

실험적인 기법과 도전적인 직면기법들은 단계적으로 하나씩 내담자가 받아들일 수 있는 수준에서 진행되어야 한다. 형태주의상담 기법들은 특히 감정을 끌어내어 그것에 초점을 맞추는 강력한 방법이기 때문에, 내담자가 준비되어 있지 않은 경우 받아들이지 못하게 되고 저항을 하게 된다. 따라서 내담자가 현재 할 수 있는 적당한 주제를 선택해야 하고, 무엇보다 기법을 적용하기 전에 기법의 절차와 그 효과에 대한 충분한 설명이 앞서야 한다.

기법을 적용하고 난 뒤에는 내담자가 무엇을 새롭게 깨달았는지 물어봄으로써 학습한 것을 공고히 해준다. 내담자가 자신의 문제에 대해 새로운 시각을 갖게 되고 다른 삶의 영역에도 이러한 변화가 오도록 유도한다.

6) 상담기법

(1) 자 각

형태주의상담 기법의 대부분이 내담자로 하여금 자신의 욕구와 감정을 좀더 잘 자각하도록 도와주는 것을 목표로 한다. 지금-여기의 욕구와 감정을 자각함으로써 자신과 환경이 잘 접촉하고 교류할 수 있게 되어 성장과 변화가 가능하게 된다고 가정하기 때문이다.

① 신체자각

마음은 신체적으로 표현된다고 보기 때문에 상담자가 내담자의 신체표현을 관찰하고 거기에 초점을 둠으로써 내담자로 하여금 현재 상황에서 느끼는 신체감각을 자각하게 해주는 방법이다. 특히 에너지가 많이 집중되어 있는 신체부분에 대한 자각을 중시하는데, 에너지가 대개 통합되지 않은 감정들과 관련되어 있다고 보기 때문이다.

내담자에게 "지금 주먹을 꽉 쥐고 있는데 그 주먹에서 지금 무엇을 느끼고 있습니까?", 또는 "분노가 치밀어 올라오면 어떻게 합니까?" 라는 단순하고 직접적인 질문을 통해 내담자의 자각을 촉진한다. 내담자가 무심코 던진 말이나 행동을 통해 자신의 진실한 내면세계를 자각하도록 한다. 예를 들어 헤어진 남자친구에 대해 '더 이상 아무렇지도 않고 오히려 홀가분하다' 고 말하면서 눈가에 눈물이 맺혀 있다면 내담자의 눈물이 표현된 감정과 일치되지 않음을 지적하고 내담자로 하여금 '눈가에 맺혀 있는 눈물이 당신에게 무엇이라고 말하는지' 답하도록 함으로써 자신의 감정을 좀더 인식하게 한다.

② 환경자각

환경자각은 내담자로 하여금 주위환경에 대해 자각하도록 해줌으로써 환경과의 접촉을 증진시켜주는 방법을 말한다. 내담자는 미해결과제로 자신에게 몰입해 있기 때문에 주위환경에서 일어나는 사건이나 상황을 잘 자각하지 못하고 현실과도 단절되어 있다. 내담자로 하여금 환경을 자각하게 해줌으로써 환경과의 접촉에 새로운 관심을 유발시킬 수 있다. 또한 환경과의 접촉을 통해 내담자로 하여금 공상과 현실이 다르다는 것을 알아차리도록 도와줄 수 있다. 예를 들어 내담자에게 방안의 사물을 둘러보거나 상담자의 눈을 바라보게 함으로써 공상과 현실이 다름을 인식시켜줄 수 있다(김정규, 1995).

③ 언어자각

언어자각은 내담자의 언어사용 습관을 잘 관찰하여 잘못된 언어습관을 고쳐주는 방법이다. 일상적 언어 중에서 인칭 부분을 바꾸어 사용하게 함으로써 자신을 각성하도록 한다. 책임감을 느끼게 하기 위해 '그것'을 '나'로 바꾸는 것과 같이, 삼인칭, 이인칭 대명사를 일인칭 대명사로 바꾸게 한다. 또한 자신의 생각과 의미를 각성하게 하기 위해 '할 수 없다' 동사를 '하지 않겠다'로 바꾸고, '해야만 한다'를 '선택한다' 등으로 바꾸게 한다.

언어자각의 한 유형으로서 **책임지기**는 내담자로 하여금 그가 어떤 말이든 한 후에 '나에게 책임이 있다'고 말하게 하는 방법을 가리킨다. 목적은 내담자의 생각, 감정, 행동에 대해 다른 사람이 아닌 바로 내담자 자신에게 책임이 있음을 인식하도록 돕는 것이다.

(2) 빈 의자기법

내담자로 하여금 지니고 있는 감정들을 빈 의자 또는 빈 자리에 투사하게 함으로써 그 감정을 스스로 확실히 체험하고 자각할 수 있도록 한다. 현재 상담장면에 있지 않은 사람과 관련된 사건을 다루거나, 갈등상태에 있는 어떤 감정문제를 해결하게 하는 데 도움이 되는 기술이다. 예를 들어 내담자가 아버지에 대한 불만과 원망을 갖고 있다면 빈 의자에 아버지가 앉아 있다고 생각하고 그 감정을 쏟아붓게 할 수 있다. 이때 내담자는 평소에 가슴속에만 넣어 두고 말로 표현할 수 없었던 자기 마음과 감정을 표현할 수 있게 된다. 반대로 내담자가 빈 의자에 앉아 아버지의 입장이 되어 아버지의 역할을 하게 할 수도 있다. 이 경우 내담자는 아버지의 입장에서 조금 전에 자기가 아버지에게 표현했던 감정들에 대해 반응을 해야 한다. 이는 일종의 역할연기로서 심리극에서 많이 활용되는 기법으로 내담자는 자기가 미처 알지 못했거나 부정했던 자신의 내면세계와 접할 수 있게 될 뿐 아니라 감정정화를 통해 자기를 객관적으로 바라볼 수 있게 된다.

(3) 대화게임: 자기부분 간의 대화

내담자 마음속에 있는 갈등하는 마음을 대화로 엮어보는 것이다. 서로 반대되는 극단적인 감정이나 사고를 대화로 하게 하는 것이다. 이는 내담자가 상반된 두 가지 감정과 생각 사이에서 벗어나지 못할 때 내담자로 하여금 내적 갈등을 경험해서 자신의 일치되지 못한 면이나 양극성을 수용하고 통합을 촉진하기 위한 방법이다. 보통 마음속의 두 부분을 두 개의 빈 의자에 나누어 앉히고 서로 대화를 시킨다.

상전과 하인 게임은 대화게임의 한 방법이다. Perls에 의하면 상전과 하인은 무의식적 행동을 지배하는 두 개의 자기부분으로서 상전은 Freud의 초자아 개념에 해당하는 것으로 도덕적 명령들이며 권위적이고 지시적이다. 하인은 억압되고 괴롭힘 당하는 유아적인 인격의 부분이다. 상전과 하인 간에 대화를 하도록 하는 방법은 두 빈 의자를 왔다 갔다 하면서 대화하도록 하여 양보나 타협으로 서로간의 갈등을 줄여나가는 것이다.

대화게임에서는 상전과 하인 게임 외에도 인격의 양극적인 부분들 간에 대화를 시킬 수 있다. 예를 들어 선함과 악함, 의존 대 독립, 안전하게 머무르고 싶은 마음과 새롭게 도전하고 싶은 마음 등 양극성의 측면들 간에 대화를 하도록 한다.

(4) 과장하기

내담자의 어떤 행동이나 언어를 과장하여 표현하도록 요구함으로써 내담자로 하여금 자신의 무의식적 욕구나 감정 혹은 행동을 명료하게 자각하도록 돕는 방법이다. 내담자의 신체언어를 자각시키기 위해 내담자가 무심코 또는 습관적으로 나타내는 행동을 반복해서 과장되게 표현하게 한다. 이를 통해 내담자로 하여금 행동의 기저에 있는 감정과 내적 의미를 분명히 알게 한다. 예를 들어 내담자가 다리를 떨면 상담자는 내담자에게 더 크게 떨어보라고 한다. 그리고 내담자에게 떨고 있는 다리에 무슨 말이든지 말을 붙여보라고 한다.

언어행동에 대해서도 과장하기를 한다. 내담자의 미사여구를 반복하되 점점 더 크게 반복하도록 해서 내담자가 정말 자신에게 귀를 기울여 자신의 말을 듣게 해서 내면의 진정한 의미를 알도록 한다.

(5) 감정에 그대로 머무르기

감정에 그대로 머무르기는 내담자가 불쾌한 감정이나 기분에 대해 이야기하고 거기에서 도망치고 싶은 욕구를 느끼는 바로 그 순간에 상담자는 내담자에게 그 감정을 지속하거나 보유하도록 요구하는 방법이다. 내담자로 하여금 자신의 미해결감정들을 회피하지 않고 직면하여 견뎌냄으로써 이를 해소하도록 도와주기 위함이다. 이 기법은 감정들을 직면하고 경험하기 위해서는 고통을 견딜 수 있는 용기와 의지가 있어야 함을 전제로 한다.

대부분의 내담자들은 두렵고 불쾌한 감정을 회피하려고 한다. 상담자는 회피행동을 보이는 내담자에게 자신의 감정을 피하지 말고 직면해서 그 상태에 머무르며, 그 감정이나 행동에 더 깊이 들어가도록 격려한다. 고통스럽던 감정도 계속 그 상태에 머무르며 끝까지 체험하고 나면 새로운 감정이 나타나는 변화를 느끼게 된다.

감정에 그대로 머무르기는 불안이나 공포를 느끼는 내담자, 또는 우울증이 있는 내담자에게도 적용할 수 있다. 불안이나 공포증이 있는 내담자, 우울한 내담자는 불안이나 긴장상태를 만들거나, 항시 우울에 젖어 있음으로 해서 두려워하는 일이 더 이상 오지 않도록 미리 방어하고 있다. 이런 내담자에게 이완훈련이나 명상[40)]을 통해 편안한 상태를 유도한 후 그 상태에 그대로 머물러 있기를 시켜본다. 내담자는 편안한 상태가 기분이 좋으며, 그대로 있어도 두려워하는 일이 일어나지 않는다는 것을 인식함으로써 긴장과 방어

---

40) 대부분의 명상 형태에서 사람들은 주문을 외운다. 소리, 말과 같은 주문들, 또는 신체의 일부분, 식물, 특별한 그림에 주의를 집중하거나 불꽃과 같은 어떤 다른 자극물에 주의를 기울인다. 명상 과정에서 중요한 점은 외부자극을 의식하지 않고 전적으로 내부경험에만 주의를 기울여서 마음속의 자극에 충실히 집중하도록 하는 것이다.

를 풀어버리는 경험을 할 수 있다(김정규, 1995).

(6) 반대로 행동하기

내담자로 하여금 평소에 그가 하는 행동과 정반대되는 행동을 하게 하는 방법이다. 예를 들어 평소에 얌전하고 소극적인 내담자에게 공격적인 행동을 하도록 한다. 내담자는 대개 어느 한 습관이나 생각에 집착한 나머지 자신의 현재 행동과는 다른 행동을 할 수 있다는 사실을 미처 잘 생각하지 못한다. 그런데 종종 문제에 대한 해결책은 내담자가 옳다고 믿고 있는 것과 반대되게 행동하는 것에 있다. 이는 실제 생각했던 어떤 행동이 환경조건에 잘 맞는지 결정하게 하거나 내담자의 행동영역을 넓히게 해준다.

(7) 현재화기법

현재화기법은 과거사건을 마치 지금-여기에서 일어나고 있는 것처럼 현재로 불러와 체험하게 하는 방법이다. 예를 들어 빈 의자기법을 사용해 아버지에 대한 분노를 빈 의자에 쏟아붓게 할 때에도 "아버지가 나를 때렸습니다"가 아니고 "아버지가 나를 때립니다"라고 현재시제로 말하도록 한다. 꿈작업을 위해 내담자에게 꿈의 내용 그대로 되어보라고 요구할 때에도, 지금 일어나고 있는 것처럼 현재시제로 말하고 행동하게 한다.

과거를 현재로 불러오는 것만이 아니라 미래도 지금-여기에서 일어나는 것처럼 현재화시켜 다룬다. 미래에 예기되는 사건이나 위협적인 장면에 대해서도 상상하게 함으로써 내담자로 하여금 막연한 불안이 아닌 현실에서 문제를 직면하고 그에 대한 해결책을 모색하도록 도와준다.

(8) 꿈작업

형태주의상담에서는 정신분석에서처럼 꿈을 분석하거나 해석하지는 않지만 꿈의 내용을 현재 생활로 가져와서 지금 일어나고 있는 것처럼 다시 행동하게 한다. 즉, 꿈의 '각 부분이 되어보도록' 한다. 꿈의 부분 부분들은 모두 자신의 일치되지 못하고 모순되는 면의 표출로 본다. 꿈의 각 부분들이 자신의 투사이기 때문에 자신의 꿈에 등장하는 각 부분들이 되어보도록 하면 자신의 반대되는 측면 사이에 대화가 되어 점차 자신의 감정을 더 잘 인식하게 되고, 자신이 미처 인식하지 못했던 부분들과 접촉할 수 있게 된다고 가정한다.

형태주의상담에서는 꿈의 내용들이 어린 시절의 과거 내용이든, 아니면 최근의 것이든, 꿈은 항상 현재적인 의미가 있다고 본다. 만일 꿈이 현재의 삶에 의미가 없는 것이라면 결코 꿈에 나타나지 않는다는 것이다. 따라서 꿈작업을 할 때 지금-여기에서 일어나는 것처럼 꿈내용을 현재시제로 말하게 하며 연기하게 한다. 이렇게 함으로써 내담자는 자신의 감정을 더 생동감있게 체험할 수 있다.

상담자는 내담자가 꿈의 부분들이 되었을 때 어떤 말을 하며 어떤 감정을 느끼고 어떤 행동을 하는지, 또는 어떤 행동을 회피하는지 등을 관찰하여 내담자에게 피드백 해준다. 내담자의 반복되는 행동이나 사고패턴에 주의해서 이를 직면시켜주는 것이 필요하다.

(9) 뜨거운 자리

내담자의 자각을 촉진시키기 위한 방법 중의 하나로 내담자로 하여금 자기를 괴롭히는 어떤 구체적 문제를 내놓게 하고 상담자는 이에 대해 직접적으로 그리고 공격적으로 직면하는 기술이다. 집단상담에서 많이 활용한다.

7) 형태주의상담의 공헌점과 제한점

형태주의상담의 공헌점은 다음과 같다.

첫째, 지금-여기를 강조하고 현재의 순간을 완전히 경험하고 인식하는 것을 강조한다는 점이다. 사람들이 이미 지나가 버린 일에 집착하고 아직 다가오지 않은 미래를 불안해할 때 현재에 쏟을 에너지는 그만큼 감소되어 현재에 충실하지 못하게 된다. 지금-여기의 욕구와 감정을 자각함으로써 자신이 처해 있는 환경과 잘 접촉하고 교류할 수 있게 되면 성장과 변화가 가능하다.

둘째, 직면과 실험적인 방법들을 사용해서 내담자로 하여금 회피하고 싶은 감정이나 행동을 피하지 않고 직접 경험하도록 한다는 점이다. 말로만이 아닌 체험을 통해 진정으로 자신이 원하는 것이 무엇인지 알게 된다.

셋째, 과거의 미해결된 과제에 수반된 분노, 원한 등의 감정을 현재로 불러와 다시 경험하도록 해서 감정의 정화를 하게 한다는 점이다. 감정의 정화가 되고 해소되어야 미해결과제에 붙어 있던 묵은 감정은 떨어져 나가고 객관적 사실만 남아 문제에 대한 인지적 통찰이 생기고 변화가 올 수 있다.

넷째, 내담자 감정과 정서의 자각을 중요시하고, 이를 위해 특히 내담자의 비언어적 단서인 신체적 표현에 주의를 기울인다는 점이다.

다섯째, 꿈작업은 꿈의 각 요소들을 자신의 투사로 봄으로써 내담자로 하여금 자신의 삶에 대해 더 잘 자각할 수 있게 만든다.

형태주의상담의 제한점은 다음과 같다(조현춘 · 조현재 역, 1996).

첫째, 상담장면에서 신체적 접촉과 감정의 표현을 강조함으로써 인지적 요소를 잘 다루지 않는 점이다. 형태주의상담에서는 인지적 설명에 초점을 두면 현재 경험이나 통합과정이 방해받는 것으로 보기 때문에 내담자를 가르치지 않도록 했다. 하지만 인지적 통찰 없이 감정의 정화만 갖고는 행동의 변화를 기대하기 어렵다.

둘째, 상담기법을 잘못 사용하거나 남용할 경우 내담자가 심리적으로 상처받을 수 있다는 점이다. 예를 들어 내담자의 강렬한 정서경험을 촉진하는 빈 의자기법 등을 사용하여 내담자의 감정을 휘저어 놓거나 감정의 카타르시스를 얻게 하고는 이에 대한 인지적 통찰이나 변화를 가져오는 행동연습을 하지 않는다면 내담자는 상처받을 수 있다. 특히 아직 심리적 준비가 되어 있지 않은 내담자에게 과거의 미해결된 감정, 예를 들어 분노나 원한 등을 다시 경험하게 하거나 직면하도록 하는 것은 내담자에게 심리적 상처를 줄 수 있다.

한국문화에서 형태주의상담기법의 사용은 기법 자체가 높은 수준의 강한 감정을 유발하는 정서에 초점을 두기 때문에 특히 문화적으로 감정노출을 잘 하지 않는 우리에게는 제한적일 수 있다. 예를 들어, 오랫동안 부모에 대한 감정을 직접적으로 표현하지 못하고 차단해온 내담자에게, 부모에 대한 분노, 원한 등의 미해결된 감정을 표현하라고 강요하는 것은 감정의 정화보다는 내담자에게 죄책감을 갖게 하여 상담에 대한 저항만 가져올 수 있다. 고통스런 사건에 대해 말하면서 웃는 버릇이 있는 내담자에게 웃는 것과 말하고 있는 감정과의 불일치를 신랄하게 지적한다면 '웃는 것이 미덕이다', '웃는 얼굴엔 침 못 뱉는다' 등의 태도를 지녀왔던 내담자는 당황하고 혼란스러울 수 있다. 따라서 기법을 사용하기 전에 내담자와 상담자 간에 신뢰로운 관계가 먼저 형성되어야 하고, 기법의 효과와 절차에 대한 충분한 설명과 교육이 앞서야 한다.

형태주의상담에서 지금-여기에 충실하라는 것은 자신의 자아를 바로 보라는 것이다. 이를 미래에 대한 건설적인 계획이 잘못되었다거나 현재의 만족추구나 욕구충족에만 전념하라는 뜻으로 해석해서는 안 된다. 과거를 생각하지 말라는 것도 미해결된 과제나 감정에 집착하지 말라는 것이지, 과거의 잘못된 점을 분석하고 그 점을 현재에 반영하는 것이 잘못됐다는 것은 결코 아님을 주의해야 한다.

8) 형태주의상담 사례와 형태주의상담 기법 적용의 예

다음은 김정규(1995)의 「게슈탈트 심리치료」에서 발췌한 내용(pp. 382-388)으로, 저자 김정규가 형태주의상담의 이론적 관점과 기법을 적용하여 상담한 사례들 중 하나이다. 내용 중에 나오는 저자는 김정규를 가리킨다.

> 아래의 내용은 저자에게서 일주일에 1시간씩 약 1년간 개인치료를 받았던 20대 후반의 한 남자 내담자의 1회분 치료장면을 녹음한 것을 정리하여 옮긴 것이다. 이 내담자는 오랫동안 정신과에서 약물치료를 받았던 환자였다. 그는 심한 대인공포 증상과 피해망상 증상이 있었는데, 사람들이 자꾸 자기를 째려보기 때문에 불안해서 밖에 나갈 수가 없다고 했다. 또, 그는 사람들이 자기를 욕하는 것 같이 느껴지고, 가끔 라디오나 텔레비전에서 자기를 욕하고 비웃는 것 같으며, 사람들이 자기를 욕하는 소리가 들릴 때도 있다고 했다. 그러나 그의 말은 조리와 일관성이 있었으며 특별한 사고장애는 보이지 않았다. 감정도 과장되긴 했지만 기이하거나 부적절하지는 않았다.
>
> … 중략 …
>
> 그의 아버지는 매우 권위적이었고, 당시 질병을 앓고 있어 집안에서 신경질을 많이 냈다. 어머니는 내담자를 과잉보호했고 남아선호 경향이 짙은 사람이었다. 내담자는 저자를 처음 만

났을 때 매우 불안한 표정으로 눈길을 한 곳에 두지 못하고 눈치를 살피며 시종 안절부절못했다.

저자가 세운 치료계획은 그가 외부로 투사한 자신의 적개심을 자각하고 통합하도록 해서 왜곡된 현실지각을 바로잡아 주고, 스스로 자신의 감정과 행동에 책임지도록 해주고, 또한 지나치게 경쟁적인 태도와 자기비하적인 태도를 지양하고 자신감을 회복하도록 도와주는 것이었다.

그는 치료에 규칙적으로 왔으며 비교적 시간을 잘 지켰다. 내담자는 저자를 찾아올 때마다 저자에게 상당한 경계심을 보였다. 초기에 그는 매우 긴장된 자세로 의자에 앉았으나 시간이 흐르면서 차츰 안정되는 듯 편히 앉았다.

그는 한동안 치료자가 속으로 자신을 비웃는다거나 혹은 째려보는 것 같다는 말들을 자주 했다. 이런 말을 할 때마다 저자는 그의 감정상태를 자각시켜주었는데, 그는 처음에는 거의 공포심밖에 느끼지 못하였으나 차츰 시간이 지나면서 자신에게 내재한 분노 감정을 발견했다.

치료가 진행되면서 그는 저자에 대해 경계심을 풀었고, 따라서 치료에 대한 의욕도 높아졌다. 치료가 시작된 지 3개월쯤 지나자 환청은 사라졌고 현실지각도 많이 나아졌다. 하지만 대인공포 증상은 한동안 계속 남아 있었다. 다음은 내담자가 치료를 시작한 지 6개월쯤 지났을 때 있었던 치료시간의 내용인데, 이 시간을 계기로 내담자의 대인공포 증상에 상당한 호진이 있었다.

치료자 한 주일 동안 어떻게 지내셨죠?

내담자 계속 불안하고, 지나가는 사람들 눈치가 보이고, 나를 공격할 것 같고. 집에 있으면 어머니 잔소리 듣기 싫고, 짜증만 나고…. 아버지가 지나가면서 한숨 쉬는 것을 들으면 미칠 것 같고…. 삶에 의욕도 없고, 계속 잠만 자고, 음악 듣고…. 뭐 그렇게 지냈죠. (말을 하면서도 계속 좌우를 살핀다.)

치료자 지금 이 순간이 어떠신지요?

내담자 (치료실 밖에서 여자들이 떠들며 지나가는 소리가 난다.) 불안해요. 그리고 좀 화가 나는 것 같아요.

치료자 무슨 화날 만한 이유라도 있어요?

내담자 밖에 지나가는 여자들이 나를 비웃는 것 같아요…. 막 화가 나고 소리치고 싶어요…. 죽이고 싶어요.

치료자 지나가는 여자들이 어떻게 비웃는 것 같습니까? 그 여자들 입장이 되어서 앞에 빈 의자에 자기 자신이 앉아 있다고 상상하시면서, 한번 말을 해보시겠습니까?[41)]

내담자 (빈 의자를 향해 소리지른다.) 야! 이 병신 같은 자식아! 너 같은 놈은 아예 죽어라. 쌀 아깝다. 쌀 아까워! 말도 안 하고 가만히 앉아 있는 자식이… 네가 남자냐?

치료자 그 말을 들은 자기 기분이 어때요?

내담자 막 화가 나요! 그리고 제 자신이 한심해보여요.

치료자 그러면 이번에는 의자를 바꾸어 앉으셔서, 저쪽에 앉아 있는 여자들에게 대답을 해보시겠어요?

내담자 너희같은 여자들한테 그런 소리 듣고 싶지 않아! 아휴! 정말… 너희 같은 년들은…! (주먹을 내젓는다)

치료자 지금은 기분이 어떠세요?

내담자 아까보단 훨씬 나아요. (잠시 침묵) 세상 사람들이 다 아래로 보이는 기분이에요. 다 내 종으로 보여요!

치료자 그 말을 세상 사람들한테 해보실 수 있겠어요?

내담자 너희들은 다 벌레 같은 존재야! 나하고는 상대가 안 돼! 너희들은 무가치한 존재야! 너희들이 하는 짓은 다 하찮고 시시한 일들이야. 나는 신에게도 이기고 싶어…! (상기된 표정)

치료자 그러면 이번에는 이쪽으로 앉으셔서, 세상 사람들 입장이 되어 대답해보시겠어요?

내담자 너 같은 인간은 정신병자야! 이 세상에서 살 가치가 없는 존재야! 우리 앞에서 사라져! 다시는 우리 앞에 나타나지 마! 너 같은 인간은 이 세상에서 영원히 없어져야 돼!

치료자 서로 팽팽한 싸움이군요. 다시 자리를 바꾸어 대화를 계속해보시죠 .

내담자 (갑자기 목소리가 작아진다.) 난 죽기 싫어! 너희들하고 같이 있을 테야!

치료자 목소리가 작아졌네요? 다시 저쪽에서 뭐라고 말하지요?

내담자 네가 우리하고 같이 있는 건 좋아! 마음대로 해! 그러나 우리에게 조금이라도 방해하면 넌 나가야 해!

치료자 이쪽에서 뭐라고 대답하나요?

내담자 싫어! 난 너희들하고 같이 있을 테야! 하지만 너희들이 시키는 대로 하기는 싫어! 난 너희들을 지배하고 싶어! (치료자를 흘끔흘끔 쳐다보며 눈치를 본다.)

치료자 나를 계속 쳐다보시네요?

내담자 네… 저를 공격할 것 같고….

---

41) 상담자는 내담자에게 빈 의자기법과 자기부분 간의 대화기법을 적용해서 내담자의 두 측면 사이에 대화를 하도록 하고 있다. 내담자로 하여금 자신의 두 부분을 빈 의자에 나누어 앉히고 왔다갔다 하면서 양쪽의 입장이 되어보게 함으로써 자신의 두 측면을 수용하고 통합하도록 도와준다. 내담자는 "나를 비난하는 내 목소리가 아버지 목소리와 꼭 닮았다"고 하면서 부모에 대한 좋지 못한 내사를 자각하고 있다.

치료자 내가 뭐라고 말할 것 같아요?

내담자 병신 같은 자식! 뭘 쳐다봐? 그러실 것 같아요 .

치료자 그 말을 들으니 놀랍네요. 난 전혀 그런 생각을 안 했거든요.

내담자 (잠시 침묵) 제가 한심하다는 생각이 들어요. 늘 혼자 그런 생각을 하니까, 다른 사람이 나를 그렇게 볼 것 같고, 그래서 두렵고 불안해요. (잠시 침묵) 죽고 싶어요. 약도 사 모아 봤는데, 결국 못 죽었어요…. 죽을 용기도 없는 비겁한 인간이라는 생각이 들어, 더 비참해졌어요!

치료자 무척 괴로운 표정이군요. 안타까운 마음이 드네요.

내담자 이런 소리가 들리는 것 같아요. 병신 같은 자식! 넌 임마 왜 그 모양이야? 네 기대대로 하면 될 거 아냐? (갑자기 멈추며, 생각에 잠긴다.) 이상해요! 내 목소리가 마치 아버지 목소리 같이 들려요! (이상한 듯이 고개를 갸웃거린다.)

치료자 무언가 느껴지는 게 있으신 모양이지요?

내담자 내 속에서 나를 비난하는 목소리는 아버지 목소리 같아요. 나를 비난하는 내 목소리가 아버지 목소리와 꼭 닮았어요!

치료자 재미있군요. 의자를 옮겨 앉으셔서 비난받는 자신이 되어보시지요.

내담자 슬그머니 화가 나요. 반발심이 생겨요. 이렇게 말하고 싶어요. 넌 뭐가 잘났다고 날 비난하니? 난 스스로 못났다고 생각하지 않아! 난 평범한 사람이야. 하지만 이대로가 좋아! (잠시 침묵) 이상해요! 내 목소리에 힘이 들어 있는 것 같아요. 힘이 솟아나는 것 같아요…. 그래요! (표정이 밝아신다.)

치료자 얼굴이 밝아지셨네요? 기분이 좋아보이는군요.

내담자 네. 좋아요. 그리고 편안해요. 아주 편안해요. (숨을 크게 들이쉰다.) 이것이 저의 원래 모습이었어요! 남이 나를 어리석다고 말할 만큼 바보스럽고 순진한 아이였는데 아버지로부터 끊임없이 욕먹고 시달리면서, 악착같고 모진 성격으로 바뀐 것 같아요…. (여기서 내담자는 치료를 시작한 지 6개월만에 처음으로 눈물을 흘린다.)

치료자 나를 한번 쳐다보세요! 지금 내가 어떻게 보여요?[42)]

내담자 친구처럼 느껴져요. 절 비난하거나 욕하실 것 같지 않아요.

---

42) 상담자는 내담자로 하여금 환경과의 접촉을 통해 공상과 현실이 다르다는 것을 알아차리도록 도와주고 있다. 다른 사람이 자신을 비웃을 것이라고 생각하고 있는 내담자에게 상담자의 눈을 쳐다보게 함으로써 현실과 접촉하게 해주고 비현실적인 공포로부터 벗어나도록 도와주고 있다. 이와 같이 내담자로 하여금 주위사물과 환경에 대해 자각하도록 해줌으로써 현실과의 접촉을 증진시키는 것을 환경자각이라 한다.

치료자 그럼 내가 뭐라고 할 것 같아요?

내담자 (잠시 침묵) 그렇게 불안해할 필요 없어! 아무도 당신을 욕하는 사람은 없어라고 말씀하실 것 같아요.

치료자 네, 나를 바로 이해하시는 것 같군요. 난 지금 무척 기쁩니다. 여태껏 나를 잘 믿어주지 않아 무척 답답했는데, 이제야 내 마음을 바로 알아주는 것 같아 매우 기쁩니다. (내담자의 손을 꼭 잡아준다.)

내담자 (치료자의 눈을 쳐다보며) 처음으로 선생님 눈을 바로 쳐다볼 수 있게 되었어요. 전혀 불안하지 않은 것이 이상해요.

치료자 쳐다보는 모습이 편해보여요. 나도 편해요.

내담자 이런 기분은 정말 오랫만에 느껴봐요.

치료자 그 기분에 잠시 동안 머물러 있어보세요. (잠시 후) 지금 어떠세요?[43)]

내담자 (방 안을 한번 둘러보면서) 정신이 맑아져요! 방 안에 놓인 물건들이 또렷이 눈에 들어오고… 모든 게 생기가 있어요. 제가 살아있다는 느낌이 들어요….

치료자 그 감정에 계속 머물러보세요. (잠시 후) 어때요? 좋지요?

내담자 네, 좋아요! 살아있다는 것이 신기해요! (잠시 후) 그런데, 걱정이 돼요. 또 불안해지고 사람들이 무서워지면 어떻게 하나 두려워요. 밖에는 여전히 현실이 있는데….

치료자 그렇지요. 항상 지금 이 순간처럼 좋은 기분이 유지될 수는 없을지도 몰라요. 아마 또다시 불안해지고, 무서워질 수도 있을 거예요 .

내담자 그러면 어떻게 하지요?

치료자 오늘 하신 것처럼 하시면 돼요! 오늘 어떻게 해서 기분이 달라지셨는지 아시겠어요?

내담자 글쎄요… (잠시 생각에 잠긴다.) 어느 순간 선생님이 친구처럼 느껴지면서 편안해졌어요.

치료자 그래요. 맞아요! 그런데, 어떻게 그렇게 됐지요?

내담자 어느 순간 내 자신을 다시 찾은 것 같았어요.

치료자 어떤 자신을 도로 찾았나요?

내담자 (생각에 잠기더니) 그래요, 알 것 같아요. 이제껏 저는 양 극단을 달렸던 것 같아요.

---

43) 상담자는 감정에 그대로 머무르기 기법을 적용하고 있다. 상담자는 내담자가 미해결과제가 해소되어 기분이 좋아졌을 때 그 감정에 그대로 머무르게 함으로써 내담자의 새로운 욕구에 대한 자각을 돕고 있다. 형태주의상담에서는 불안하고 우울한 내담자 또는 공포증환자는 불안이나 긴장상태, 우울한 상태를 만듦으로써 더 이상의 불안, 긴장이나 우울이 오지 않도록 미리 방어한다고 여긴다. 이런 내담자에게 이완상태를 유도한 후 그 상태에 그대로 머물러 있기를 시키면, 내담자는 방어 없이 있어도 아무런 일도 일어나지 않고 이 상태가 기분좋은 상태라는 것을 인식하게 되어 자신의 방어를 해제할 수 있게 된다고 제안한다.

한쪽으로는 신에게마저 도전하는 우월감과 자만심으로 가득 차 세상을 아래로 보는 마음이 있는가 하면, 또 다른 한쪽으로는 제 자신이 쌀조차도 아까운 버러지 같은 존재로 느껴졌어요. 오늘 깨달은 것은 그 어느 쪽도 진정한 내가 아니라는 것이죠 .

치료자 그렇다면 진정한 나는 어떤 것인가요?

내담자 저는 원래 순진한 아이였어요. 평범하고 착한…. 저는 정말 오랜만에 저의 어릴 적 모습을 다시 발견했어요. 남에게 이기고 싶지도 않고, 비교하고 싶지도 않고… 그냥 제 모습대로 살고 싶어요…. (편안한 표정이 된다.)

치료자 마침내 오늘 그런 자기 모습을 찾으셨군요?

내담자 네! 남을 너무 의식하고 살 필요가 없다는 생각이 들어요.

치료자 말씀을 들으니 내 마음이 무척 편해지네요. 둘이 정말 가까워진 느낌이 들어요.

내담자 저도 그래요. 선생님이 가깝게 느껴져요.

치료자 반갑습니다. 기분이 참 좋습니다.

내담자 앞으로 잘 될지 걱정이 돼요.

치료자 그러시겠지요. 그러나 이미 오늘 큰 걸음을 내딛으셨어요. 힘내세요. 분명히 잘 되어 갈 겁니다.

내담자 고맙습니다.

8 교류분석

1) 이론의 발전배경

1910년 캐나다에서 출생한 Eric Berne은 1957년에 교류분석을 개발하고 발전시켰다. Berne은 1935년 맥길(McGill)대학에서 의학박사 학위를 받은 후 미국의 예일(Yale)대학에서 정신과전문의 수련과정을 마친 후 정신과의사로서 치료하였다. 군의관으로 제2차 세계대전에 참여했으며, 이때 집단상담에 대한 여러 가지 경험을 쌓았고 자신의 이론을 개발하기 시작했다. Berne은 정신분석보다 좀더 신속하고 적극적인 치료가 필요하다고 생각해 1950년대 중반부터 새로운 치료를 시작했으며, 자신의 이론을 교류분석(Transactional Analysis: TA)이라 불렀다. 1964년 Berne이 발표한 「사람들의 게임(Games People Play)」이란 저서는 베스트셀러가 되기도 하였다.

Berne에 의하면 각 개인은 어린 시절에 부모나 어른들로부터 금지(~하지 마라)와 당위성(~해야 한다) 같은 각종 메시지를 듣고 자라며 이러한 부모의 자세와 양육태도에 따라 아동 자신은 앞으로 인생을 어떻게 살겠다고 결정을 내린다는 것이다. 이를 교류분석에서는 초기결정이라고 부르며 초기결정은 생활행동을 결정하는 생활각본을 형성한다고 본다. 생활각본은 개인이 삶의 방향을 결정하는 삶의 계획으로서 일단 형성되면 쉽게 바뀌지 않는다. 오히려 그 각본을 정당화시키거나 재확인시키기 위해 행동하게 되며 이를 유지하기 위해 게임이라는 잘못된 역기능적 대인관계 패턴을 반복하곤 한다.

초기결정은 인생의 어느 시점, 특히 어린 시절 생존을 위해 필요했지만 성인이 되면 시대나 상황에 맞지 않아 적절하지 않을 수 있고 삶을 살아가는 데 역기능적으로 작용할 수 있다. 따라서 생활각본을 발견하고 수정하는 것이 교류분석의 목표가 되며, 생활각본 중 현재의 삶에 도움이 되는 것은 계속 유지하고 역기능적인 것은 노력에 의해 수정하고 변화시키면서 새로운 재결정을 할 수 있다는 것이 중심주제이다.

교류분석은 개인상담에도 적용되지만 집단상담에 특히 적합하다고 평가받고 있다. 집단상황에서 집단 참가자들과 서로 상호작용함으로써 교류분석의 중요개념인 개인의 초기결정이나 생활각본이 더 잘 드러날 수 있기 때문인 것으로 보고 있다.

교류분석이 다른 상담이론과 다른 점은 상담초기부터 상담자와 내담자가 함께 치료목표와 방향을 기술한 계약을 한다는 점이다. 계약을 하게 되면 내담자가 목표에 초점을 더 두게 되고 변화에 대해 내담자와 상담자가 공동의 책임을 지게 된다. 이 계약은 상담과정에서 필요하면 수정될 수도 있다.

2) 인간관

교류분석에서는 개인 행동의 동기로서 생리적 욕구와 심리적 욕구를 들고 있다. 심리적 욕구는 자극의 욕구, 구조의 욕구, 자세의 욕구를 포함한다.

자극의 욕구란 일종의 인정받으려는 욕구로서 사람은 인정받기 위해 행동한다는 것이다. 구조의 욕구란 최대한 인정을 받을 수 있는 방향으로 시간을 활용하고자 하는 욕구이다. 자세의 욕구는 개인이 전 생애를 통해 어떤 확고한 삶의 자세를 갖고자 하는 것으로 부모나 타인으로부터 영향을 받아 형성하게 되고 일생 동안 다른 사람과 맺는 관계를 통해 지속된다. 이러한 심리적 욕구를 충족하기 위해 인간은 다른 사람이나 환경과 상호작용하는데, 상호작용은 바로 의사거래를 통해 이루어진다고 본다.

교류분석의 관점에서 보면 인간은 자율적이고, 선택하고 결정하는 능력과 책임감을 갖고 태어났다. 그리고 인간의 성격은 또한 부모의 양육태도와 부모의 행동에 영향을 받아 형성된다. 아이들은 부모나 중요타인으로부터 '하지 마라'는 금지와 '해야 한다'는 당위성 같은 메시지를 받으며 성장하는데, 메시지 중에는 아동 스스로 창조했거나 아동이 잘못 해석한 것도 있다. 아동은 메시지에 따라 잘못된 초기결정을 할 수도 있는데, 인간은 원래 기본적으로 자유롭게 결정하는 능력과 책임감을 갖고 있기 때문에 잘못된 초기결정은 검토될 수 있고 수정되어 새로운 결정으로 바뀔 수 있다고 본다.

교류분석에서는 부모역할을 강조한다. 부모가 건강하게 자신의 역할을 수행함으로써 자녀는 긍정적인 자아관을 갖게 되지만 부모가 조건적으로 인정해주거나 전혀 무관심한 경우, 또한 의사소통에 있어 숨겨진 의도와 표현된 내용이 다른 경우 아이에게 부정적 생활자세가 형성될 수 있다는 것이다.

3) 심리적 문제의 발생과정

어릴 적 내린 초기결정은 생활자세에 영향을 미치고 각 개인의 자아상태가 제대로 기능하는 데 영향을 미치며, 두 사람 이상 사이에서 의사거래하는 데 영향을 미친다. 옳지 못한 생활자세를 가지거나 각 개인의 자아상태가 제대로 기능하지 못하거나 적절하지 못한 의사소통방식을 가지면 심리적 문제가 발생한다고 본다.

생활자세는 개인이 전 생애를 통해 어떤 확고한 삶의 자세를 갖고자 하는 것으로 자신을 느끼는 방식이나 다른 사람과 관계를 맺는 방식을 결정한다.

생활자세에는 네 가지 유형이 있다. 자신도 긍정하고 다른 사람도 긍정하는 자세, 자신은 긍정하지만 다른 사람은 부정하는 자세, 자신은 부정하고 다른 사람은 긍정하는 자세, 자신도 부정하고 다른 사람도 부정하는 자세이다. 개인은 생활자세 중 한 가지를 택하게 된다. 네 가지 유형 중 자신도 옳다고 생각하고 타인도 옳다고 여기는 생활자세를 가진 사람은 사물을 있는 그대로 대하며 신뢰와 솔직한 태도를 지니고 다른 사람과 주고받는 자세를 지녀 심리적으로 건강함을 유지시켜준다. 하지만 나머지 세 자세는 남을 불평하고 비판하는 심리적 상태, 열등감이나 죄의식, 우울에 빠지거나, 모든 희망을 포기하는 인생에 대한 무가치감, 허무감 등에 빠지게 되어 정신적으로 건강하지 못하게 한다.

자아상태는 개인의 인격을 형성하는 것으로서 어버이자아(Parent ego), 어른자아(Adult ego), 어린이자아(Child ego)가 있다. 개인의 자아상태는 실제 연령과 관계가 없고 개인의 어른자아나 어버이자아가 완전히 발달하지 않았을 유아기 동안의 발달은 제외한다.

어버이자아는 5세 이전에 부모나 중요 타인의 말이나 행동을 무비판적으로 받아들여 내면화시킨 자아상태를 말한다. 어른자아는 단순히 사실과 외부현실만을 다루는 인격의 구성요소로 감정적이거나 비판적이지 않고 사실을 다루고 합리성이 주로 작용한다. 어린이자아는 생득적으로 일어나는 모든 충동과 감정, 부모와의 관계에서 경험한 감정과 반응양식이 내면화된 자아상태를 말한다.

어버이, 어른, 어린이 세 자아상태가 시기와 상황에 맞게 적절하게 기능하면 정신적으로 건강함을 유지한다. 예를 들어, 즐겁게 놀아야 되는 곳에서는 무엇보다도 어린이자아가 기능해야 하고, 감정이 격한 상황에서도 객관적으로 잘 처리하도록 어른자아가 기능한다면, 즉 심리적 에너지가 상황에 따라 각 자아상태를 융통성 있게 옮겨 다닐 수 있으면 정신적으로 건강할 수 있다. 하지만 자아상태의 경계가 지나치게 느슨하여 행동에 일관성이 없거나 또는 지나치게 경직되어 있어 모든 상황에 한 가지 자아상태로만 반응한다면 심리적으로 적응의 문제가 발생한다. 또한 어른 자아상태가 제 역할을 하지 못하게끔 어른자아상태에 어버이자아나 어린이자아가 침입하면 심리적 문제가 발생하는데, 어른자아상태에 어버이자아상태가 오염된 경우는 편견으로 나타나고 어린이자아상태가 오염된 경우는 현실을 흔히 왜곡하게 되는 망상으로 나타난다. 두 사람 이상의 의사거래하는 방식에는 세 가지 유형이 있는데 상보적, 교차적, 저의적 교류방식이 그것이다.

상보적 의사교류는 어떤 자아상태에서 보내지는 메시지에 대해 예상대로의 반응이 되어 돌아오는 것으로서 자극과 반응이 평행을 이루는 의사교류방식이다. 교차적 교류는 말씨나 메시지나 자극이 예상했던 응답을 듣지 않고 엉뚱한 반응을 얻게 되는 의사소통방식을 말한다. 저의적(암시적, 이중적) 교류는 한 가지 자극을 가지고 두 가지 사실을 동시에 의미하는 의사거래방식을 말한다. 교차적, 저의적 의사교류 모두 적절하지 않은 의사소통방식으로서 교류분석에서는 무엇보다 이중적 교류를 게임이라 보고 이는 사람들이 어릴 적 초기결정을 유지하기 위해 게임이라는 역기능적 대인관계 패턴을 반복하기 때문에 심리적 문제를 계속 유지시킨다고 본다.

4) 상담의 목표

교류분석의 목표는 내담자로 하여금 어린 시절 결정했던 초기결정에 의해 형성된 생활각본 중 현재의 삶에 쓸모 있는 것은 유지하고 가치 없는 것은 노력에 의해 수정하도록 돕는다. 즉 내담자의 어른자아가 정상적으로 기능하고 상황에 따라 적절한 자아상태가 기능하며 자기도 긍정하고 타인도 긍정하는 생활자세를 가질 수 있기 위해 내담자로 하여금 새로운 재결정을 하도록 돕는 데 있다.

5) 상담의 진행과정

교류분석의 상담과정은 보통 상담계약, 구조분석, 의사교류분석, 게임분석, 생활각본분석, 재결정의 단계를 거치면서 진행된다.

우선 네 가지 분석을 하기 전에 상담자와 내담자의 관계형성 또는 상담구조화를 위한 상담계약을 한다. 그리고 문제상황에서 어떤 자아상태가 기능하는지 인식하고 자신이 원하는 특정자아상태를 의식적으로 결정할 수 있도록 하는 구조분석을 한다. 또한 두 사람 이상의 사이에서 다른 사람과 어떤 유형의 의사소통을 하는지 의사거래방식을 분석하고, 의사거래 중에서도 이중적 의사거래에 해당하는 게임형태를 분석한다. 그리고 내담자의 초기결정과 생활방식을 분석하는 (생활)각본분석을 한다. 각본분석은 구조분석이나 의사거래방식을 분석하기 전에 할 수도 있으며 상담과정에 언제나 네 가지 분석이 모두 필요한 것은 아니다.

구조분석, 의사거래분석, 게임분석, 각본분석을 통해 문제행동의 원인을 알아본 후, 초기결정을 내린 어릴 때로 되돌아가서 정서적으로 재경험한 다음, 게임과 같은 자기파괴적인 방식을 멈추고 자신을 새롭게 변화시키기 위한 재결정 단계를 거친다.

6) 상담의 기법

교류분석에서 상담의 기법은 앞에서 말한 네 가지 분석이 주요 상담기법이 되고 여기에 계약과 재결정단계가 포함될 수 있다. 각 분석의 방법은 모두 상담자가 내담자에게 분석의 의미나 유형을 설명하고 교육함으로써 이해시키는 것으로 시작한다.

(1) 계 약

교류분석의 목표인 어른자아의 기능을 강화하는 방법 중의 하나는 내담자의 어른자아와 상담자의 어른자아가 계약을 체결하는 것이다. 때에 따라서는 계약을 체결하기 전에 생활각본 체크리스트로 전형적인 생활형태를 알아본 다음 상담목표를 정하고 계약을 체결하기도 한다. 예를 들어 부모가 딸에게 '항상 얌전하고 여자답게 지내야 한다' 라고 가르쳤기 때문에 내담자가 '나는 어떤 경우에도 나서지 않겠다'는 생활형태를 가졌다면 이러한 생활형태에서 자신이 구체적으로 변화시키고자 하는 것이 무엇인지를 결정하고, 이 변화를 이룩하기 위한 상담계약을 맺는다. 계약서에는 자신의 나머지 인생만큼은 부모님이 설계해준 대로 살고 싶지 않다는 의사를 분명히 밝힌다.

계약의 진술문은 명료하고 간결하며 문제에 대한 각성이 가능하도록 단순하고 쉬운 말로 기술되어야 한다. 또한 현실적으로 실행이 가능하도록 진술되어야 한다. 즉 '나는 ~을 변화시키려고 한다', 또는 '내가 해결할 문제는 ~이다'와 같이 진술한다.

계약을 얼마나 잘 이행하고 있는지 알 수 있도록 일기를 쓰게 한다. 상담이 끝날 때쯤 자신이 기본적으로 얼마나 나아졌는가에 대한 자신의 생각을 한눈에 볼 수 있게 요약하도록 한다.

(2) 구조분석

구조분석이란 개인의 성격을 자아상태를 통하여 분석하는 방법이며 어버이자아(Parent ego)의 P, 어른자아(Adult ego)의 A, 어린이자아(Child ego)의 C를 따서 P-A-C 모델이라고도 한다. 이를 그림으로 나타내면 다음과 같다.

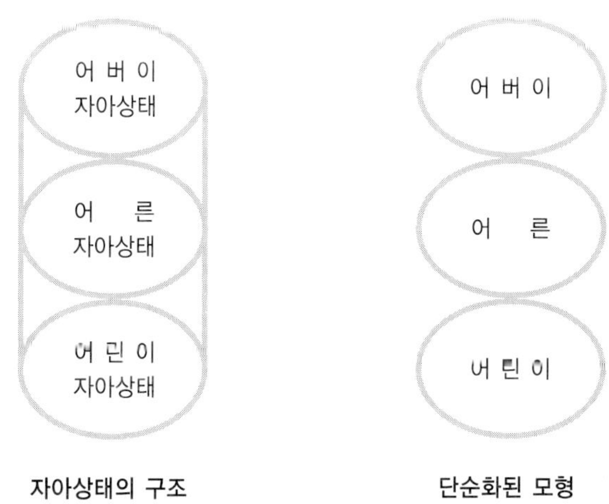

[그림 3.3] 자아상태의 구조와 단순화된 모형 (Berne, 1964, p.25)

개인에게는 성격의 중요한 측면을 포함하는 세 가지 자아상태가 있다. 어버이자아와 어른자아, 그리고 어린이자아상태가 있다. 사람은 이러한 자아상태의 하나로부터 다른 하나로 끊임없이 이동하며 어느 순간의 행동은 항상 그 순간의 자아상태와 관련되어 있다.

어버이자아는 5세 이전에 부모를 포함한 의미 있는 연장자들의 말이나 행동을 무비판적으로 받아들여서 내면화시킨 것이다. 독선적, 비현실적, 무조건적, 금지적인 것이 많으며, 기능상으로 비판적 어버이자아와 양육적 어버이자아의 두 가지로 나뉜다.

비판적 어버이자아는 부모의 윤리, 도덕, 가치판단의 기준이 그대로 내면화된 자아로서 자신이나 타인에게 항상 '해야 한다' 라는 당위를 강조하고 가르치려는 요소와 자기와 타인의 잘못을 비판하고 꾸짖는 요소 등이 있다. 이 자아가 강한 사람은 자신이 제1인자라는 식이며 명랑성이나 유머감이 없고 주위사람, 배우자나 자녀를 불안하게 한다.

양육적 어버이자아는 부모가 자녀를 사랑하고 돌보는 등 자녀를 양육하는 말이나 행동이 그대로 내면화된 자아상태이다. 자신이나 타인에게 보살핌과 양육적인 태도를 취하는 요소이다. 원만한 인간관계를 위해 꼭 필요하나 지나치면 상대에게 부담을 주게 된다.

어른자아는 보통 생후 10개월경부터 자신에 대한 자각과 독창적 사고가 가능해지고 혼자서도 어떤 일을 해낼 수 있다는 능력감을 갖게 되면서부터 점진적으로 나타난다. 감정과 윤리 도덕적인 면이 거의 배제되고 감정적이지도 판단적이지도 않으며 단순히 사실과 외부현실만을 다룬다. 정보를 수집하고 자료를 처리하는 객관적인 부분이다. 충동이나 당위보다 사실을 다루고 합리성이 주로 작용한다. 따라서 어른자아가 기능하는 정도에 따라 그 개인의 기능정도가 결정된다고 볼 수 있다.

어린이자아는 생득적으로 일어나는 모든 충동과 감정, 그리고 5세 이전에 경험한 외적 사태, 특히 부모와의 관계에서 경험한 감정과 그에 대한 반응양식이 내면화된 것이다. 기능적인 면에서 자유어린이자아, 어린이교수자아, 순응적 어린이자아로 나뉜다.

자유어린이자아는 부모나 어른들의 반응에 구애받지 않고 내면에서 자연스레 일어나는 그대로 자유롭게 자신을 나타내는 자아상태를 말한다. 즐거움을 구하고 불쾌한 것을 피하며 지나치면 경솔하다는 말을 들을 수 있다. 어린이교수자아는 재치 있는 작은 어린이의 모습을 나타내는 자아상태로서 꾀돌이라고 할 수 있다. 순응적 어린이자아는 자유어린이자아가 부모나 권위자에 의해 훈련된 것으로, 소극적 · 의존적인 특징을 보인다.

부모의 인정을 받기 위해 자신의 기쁨이나 행동을 포기하는 눈치꾼이라고 할 수 있다(이장호 · 김정희, 1992).

자아기능에 장애를 주는 대표적인 것으로는 어버이자아나 어린이자아가 어른자아의 기능에 영향을 미치는 **혼합**이 있다. 또한 어버이자아나 어른자아, 어린이자아의 경계가 지나치게 경직되어 있어서 여러 가지 자극들에 대해 한 가지 자아상태로만 반응하려는 **배타**가 있다.

어른자아에 어버이자아가 침입한 경우는 주로 편견의 형태로 나타나고 어른자아에 어린이자아가 혼합된 경우는 현실을 왜곡하게 되어 망상의 형태로까지 나타날 수 있다. 어른자아가 어버이자아나 어린이자아와 이중으로 혼합된 경우는 어른자아는 거의 기능을 하지 못하게 된다. 이를 그림으로 나타내면 다음과 같다.

[그림 3.4] 자아상태의 오염
(Sirridge, 1980, 이연섭 · 강문희, 「부모교육」, p.200에서 재인용)

자아상태의 경계가 지나치게 느슨해서 심리적 에너지가 지나치게 자아상태를 옮겨 다니는 경우에는 주체성이나 일관성이 없고 제멋대로이어서 사람들이 피하게 된다. 반면, 자아상태가 지나치게 경직된 사람은 마치 한 가지 자아상태만 지닌 것처럼 다른 두 개의 자아상태는 배제해 버림으로써 새로운 상황에 적응하기 어렵다. 예를 들어 어버이자아가 배제된 경우는 비행을 해도 죄책감이 거의 없으며, 어버이자아가 비대해진 경우는 지배적 · 권위적인 행동특성을 보일 수 있다. 어른자아가 배제된 경우는 현실성이 없고, 어른자아만이 비대해진 경우는 살아있는 컴퓨터같이 윤리 도덕적 면과 감정적인 면을 엿볼 수 없는 행동을 하게 된다. 이를 그림으로 나타내면 다음과 같다.

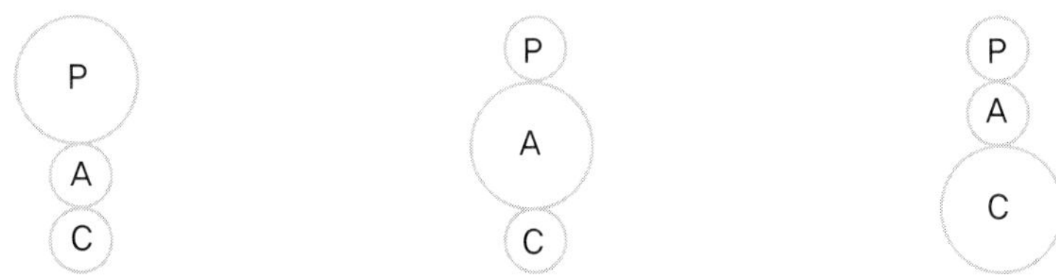

P 주도형

P 비대는 ~해야만 한다. 양심과잉, 강박성격, 우울증, 고혈압, 위궤양, 편두통 등의 성격경향에서 잘 볼 수 있다.

A 주도형

A 비대는 타인에 대한 배려가 부족하다. 사회적 적응은 좋으나 마음의 불균형을 가져온다. 지적 편중의 교육으로 감정을 잃은 것처럼 보인다.

C 주도형

C 비대는 유치하고 의존적이다. 히스테리 성향의 어린이같은 표시가 나고 자기애적이며 남으로부터 주의를 끌고 싶어한다.
문제가 일어나면 신체화하기 쉽다. 전환반응, 과호흡 증후군 등.

[그림 3.5] 자아상태의 비대 유형 (김규수 · 류태보, p.62에서 인용)

어버이자아상태의 폐쇄 어른자아상태의 폐쇄 어린이자아상태의 폐쇄

[그림 3.6] 자아상태의 폐쇄

구조분석은 이러한 자아상태에 대한 이해와 과거의 경험 때문에 어른자아가 기능하지 못하는 원인을 찾아 어른자아가 잘 기능하도록 돕기 위한 것이다. 구조분석의 절차는 다음과 같다(김성회, 1992).

첫째, 상담자는 내담자에게 구조분석의 의미나 자아상태와 각 자아상태의 기능을 이해시킨다. 이를 위해 상담자가 설명할 수도 있고 교류분석에 관한 책을 읽도록 과제를 내줄 수도 있다.

둘째, 내담자 자신의 행동특징을 자신의 자아상태와 관련하여 이야기하도록 한다. 예를 들어, 내담자에게 "지금도 들리는 부모의 말 중 자신의 생각과는 맞지 않아도 그대로 따르는 것을 찾아보세요."라고 질문함으로써 내담자로 하여금 내담자의 어버이자아를 이해시키고, "최근 감정이 격했는데도 잘 처리한 경우를 말해보세요."라고 질문함으로써 내담자의 어른자아를 이해시킨다.

셋째, 내담자가 자주 쓰는 자기대화를 분석하여 내담자가 자신과 어떤 대화를 하고 있는지 알아본다. 이를 위해 내담자가 어려워하는 문제를 하나 골라서 그것을 어떻게 느끼고 있는지, 그것에 대해 어떻게 해야 한다고 생각하는지, 지금까지 어떻게 해왔으며 그 결과를 어떻게 평가하고 있는지에 대해 질문하여 스스로 답하도록 한다. 이 과정에서 두 가지 대립되는 자아상태를 찾아내어 자기대화를 기록하도록 한다. 예를 들어 자신의 마음속에서 비판적 어버이자아상태가 자신에게 말할 수 있고 다른 한편으로는 어린이자아상태가 자신에게 말할 수 있다.

넷째, 자아상태를 분석하기 위해 자아기능그래프(egogram)를 실시할 수도 있다. 이고그램이라고도 불리는 자아기능그래프는 개인이 어느 자아기능에 어느 정도의 에너지를 투입하는가를 그래프로 표시한 것이다. 그래프의 모양에 따라 자신의 자아기능에 대해 객관적으로 이해할 수 있는데, 자신의 자아상태를 변화시키기 위해서는 적극적으로 새로운 결단을 내려야 한다. 자아기능그래프, 이고그램에 대해서는 [표 3.7]과 [표 3.8]을 참조하기 바란다(김규수 · 류태보, 1996, pp.321-327에서 인용).

(3) 의사거래분석

의사거래분석은 내담자가 다른 사람들과 어떤 유형의 의사거래를 하고 있는지를 알아보려는 것이다. 한 사람의 행동을 이해하는 데 있어서는 자아상태를 분석하는 것이 유용한 반면, 두 사람 이상의 사이에서 벌어지는 행동은 교류를 분석함으로써 가장 잘 이해될 수 있다고 본다. 교류란 두 사람 이상의 관계에서 서로의 자아상태간의 자극과 반응으로 구성된다. 교류는 유아기부터 개인의 기본적 욕구를 충족시키기 위해 이루어져 왔다. 아이와 부모 간의 교류를 통해서 개인의 성격이 형성되는 토대가 조성되었으며 생존을 위해 필요한 인정 등의 수단이 제공되어 왔다.

의사거래방식에는 크게 세 가지 유형이 있는데 상보적 의사거래, 교차적 의사거래, 저의적 의사거래방식이 그 세 가지이다.

① 상보적 의사거래(complementary transaction)

상보적 의사거래는 의사거래의 자극과 반응이 평행을 이루는 의사거래 방식이다. 예를 들어 남편이 '아직 5시 안 되었나?' 라고 물었을 때 아내가 '아니, 지금 4시밖에 안 됐는데요' 라고 대답했다면 이는 한 사람의 어른자아상태로부터 다른 사람의 어른자아상태로 보내진 교류이다. 상보적 의사거래를 그림으로 나타내면 다음과 같다.

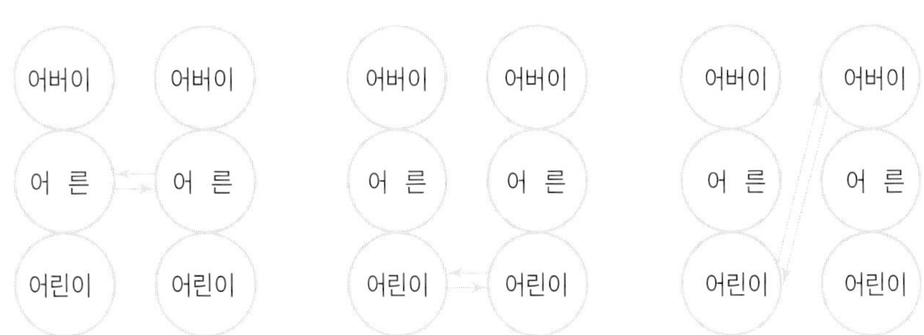

[그림 3.7] 상보적 의사거래 (Berne, 1964, p.30)

② 교차적 의사거래(crossed transaction)

교차적 의사거래는 두 사람 간의 대화에서, 상대방에게 보낸 메시지나 자극이 예상했던 반응과는 다른 반응을 얻게 되어 서로 엇갈리게 되는 의사거래 방식을 뜻한다.

예를 들어 남편이 '아직 5시 안 되었나?' 하고 물었을 때 아내가 '시계를 보면 되잖아요?' 라고 쏘아붙였다면 객관적인 정보를 묻는 남편의 어른 자아상태에 대해 아내는 비판하는 어버이자아상태로 답한 것이다.

만약 남편이 '여보, 이번 주말에 아이 데리고 제주도로 놀러갈까?' 라고 물었을 때 아내가 '애가 지금 고3인데 어딜 놀러가요?' 라고 답했다면, 이는 즐겁게 스트레스나 풀자는 남편의 어린이자아상태에서 아내의 어린이자아에게 물어보았으나, 반응은 아내의 비판적 어버이자아에서 남편의 어린이자아로 주어졌다. 만약 아들이 엄마에게 '엄마, 왜 아직까지 준비물 준비 안해놨어요?' 라고 물었을 때 엄마가 '너는 미리미리 얘기 못하고 꼭 아침에 학교가기 직전에 난리를 떠니?' 라고 꾸짖었다면, 이는 아들의 비판적 어버이자아에서 엄마의 어린이자아에게 메시지를 보냈고, 반응은 엄마의 비판적 어버이자아에서 아들의 어린이자아로 온 것이다. 이런 교류가 일어날 때 말이 통하지 않는다거나 대화가 되지 않는다고 할 수 있다. 이와 같은 교차적 의사거래의 예를 순서대로 그림으로 표시하면 다음과 같다.

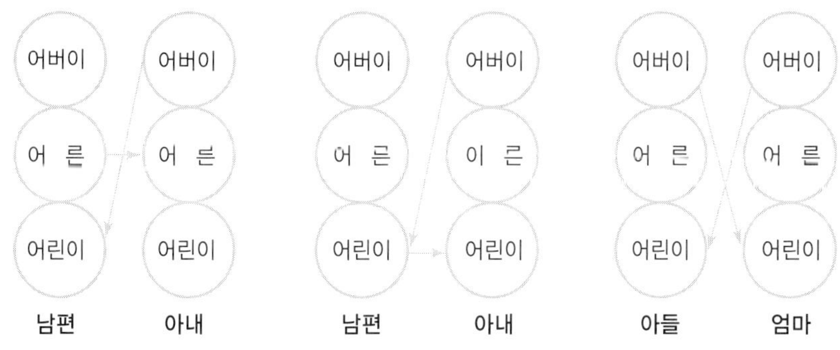

[그림 3.8] 교차적 의사거래

③ 저의적(암시적) 의사거래(ulterior transaction)

저의적(암시적) 의사거래는 한 가지 자극을 가지고 두 가지 사실을 동시에 의미하는 복잡한 교류방식이다. 이는 여러 가지 심리적 혼란이나 정신적 질환의 주된 원인이 된다.

저의적 의사거래에는 사회적인 차원과 심리적인 차원이 같이 존재한다. 사회적 차원이란 일상생활에서 용납되는 공개적인 차원으로 명시적이며, 심리적 차원이란 사회적 차원을 은폐물로 이용하여 암시적으로 표현되는 차원으로 잠재적인 동기가 있다. 바깥으로 직접 나타나는 자아와 실제로 기능하는 심리적인 자아가 다르다.

저의적 의사거래는 각이 진 의사거래와 이중적 의사거래가 있다. 각이 진 의사거래는 세 가지 자아상태와 관련되어 의사거래자극이 상대방의 두 자아에게로 보내지는 의사거래이다. 예를 들어 한국사람들이 외국여행을 할 때 현금을 많이 가지고 다닌다는 것을 알게된 외국의 어떤 면세점직원은 한국사람이 면세점에 들러 물건값을 물어보면 물건값이 얼마라고 알려주기 전에 "이것은 비쌉니다. 저쪽에 더 싼 것이 있습니다" 라고 대답하면서 '한국사람은 돈이 없으니까 이 물건을 사지 못하지?' 라는 것을 표정으로 일부러 나타낸다. 이때 면세점직원은 두 개의 자아상태를 사용하고 있다. 사회적 수준에서는 물건이 비싸다는 객관적인 정보를 제공하는 어른자아상태를 사용하고 있지만 심리적으로는 한국여행객의 자존심을 건드려서 '이 물건을 구입하게 해야지' 라는 생각으로 한국여행객의 어린이자아상태를 자극하는 것이다.

한국여행객이 자신의 능력을 과시하기 위해 현금을 흔들며 "(비싼) 이 물건을 사겠어요." 라고 대답했다면 면세점직원의 각이 진 의사거래는 두 사람 간에 보완적으로 이루어져 성공을 하게 된다. 그러나 한국여행객이 "그래요? 둘 다 물건에 어울리지 않게 비싸기만 하군요." 라고 면세점직원을 한번 똑바로 쳐다본 다음 다른 데로 가버린다면, 면세점직원은 각이 진 의사거래를 성공하지 못하고 교차적 의사거래가 일어나게 된 것이다.

이중적 의사거래는 네 개의 자아상태가 포함되는 것을 말한다. 예를 들어, 남편이 "아직 5시 안 되었나?" 라고 물었다면 사회적 수준으로서는 사실을 묻는 남편의 어른자아가 아내의 어른자아에게 물었지만 심리적 수준으로는 남편의 마음속에 '벌써 5시가 되어가는데 밥할 생각은 안하고 저렇게 누워만 있으니' 하는 어린이자아상태가 작용하고 있다. 이때 아내가 "아니, 지금 4시 반밖에 안 됐는데요." 라고 답했다면 사회적 수준으로서는 사실을 답하는 아내의 어른자아가 남편의 어른자아에게 답한 것으로 보이지만 심리적 수준으로는 아내의 마음속에 '자기는 손발이 없나, 나도 피곤해 죽겠는데' 라는 어린이자아상태가 작용하고 있는 것이다.

위와 같은 이중적 의사거래는 관여하는 두 사람만 아는 경우가 많으며 그렇다고 반드시 부정적인 것만은 아니다. 그러나 많은 경우가 게임이 되며 부정적인 감정의 보복으로 이용될 수 있다. 저의적 의사거래의 두 유형을 그림으로 나타내면 다음과 같다.

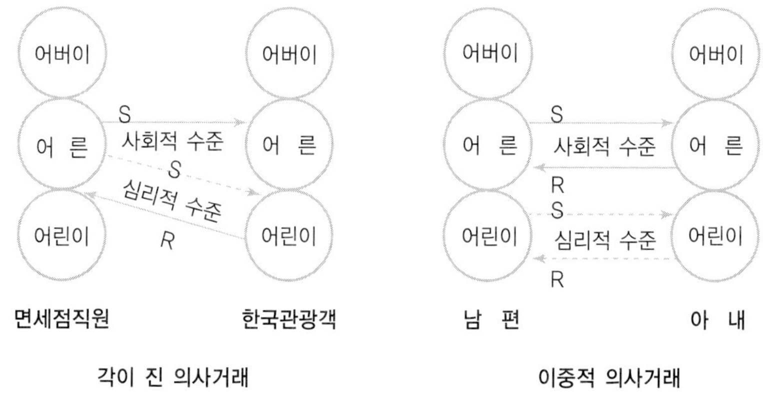

[그림 3.9] 저의적 의사거래

구체적인 의사거래분석의 절차는 다음과 같다(김성회, 1992).

첫째, 의사거래의 의미 및 유형을 내담자에게 이해시킨다.

둘째, 내담자와 의미 있는 관계를 가진 사람과의 의사거래를 기록하고 이를 분석시킨다.

셋째, 의미 있는 사람과의 의사거래에서 어떤 인정자극(긍정적 또는 부정적, 조건적 또는 무조건적)을 받고 있는지를 확인시킨다.

넷째, 내담자의 문제행동과 관련된 의사거래를 찾아내어 분석하도록 한다. 특히 저의적 의사거래에 초점을 두어 분석하도록 한다.

의사거래분석을 하고 내담자의 의사거래 유형을 변화시키기 위해서는 내담자의 각 자아가 적절히 기능해야 할 장면이나 상황을 선정하여, 예를 들어 장례식에서는 어버이자아, 공부를 할 때에는 어른자아, 소풍 가서 노래자랑 할 때는 어린이자아가 작용하도록, 내담자가 최대한 기능하는 의사거래를 하도록 연습한다. 즉 내담자의 문제행동과 관련된 상황에 적절한 자아기능을 찾아 그 기능을 극대화하는 의사거래를 하도록 도와준다

(4) 게임분석

교류분석에서 말하는 게임이라는 개념은 재미있고 유쾌한 시간을 보내는 일반적인 의미의 게임이 아니라, 숨겨진 동기를 가지고 암시적이거나 이중적 의사거래를 하는 방식을 뜻한다. 게임은 의사교류하는 두 사람 모두, 또는 최소한 한 사람에게 좋지 않은 나

쁜 감정으로 끝나게 된다고 보는데 이를 교류분석에서는 만성불유쾌감정이라고 부른다. 게임을 하고 있는 사람은 자신이 게임을 하고 있다는 것을 거의 의식하지 못해 게임은 무의식적인 형태를 띠고 있다.

게임의 종류에는 여러 유형이 있다. '예, 그러나' 게임은 상대편에게 해결책을 구하게 해놓고서는 그것을 제시하면 일일이 반론을 제기하여 어느 것이나 실천할 것을 거부하여 드디어 상대편에게 무력감을 맛보게 하려는 게임을 말한다. 필자의 주위에 결혼하지 않은 나이 많은 후배가 있었다. 외롭다고 호소해서 등산을 권하면 "네, 그러나 토, 일요일에는 피곤해서 쉬어야 하거든요."라고 대답한다. 결혼을 하는 것이 어떻겠냐고 권유하면 "저도 결혼하고 싶어요. 그런데 시댁 될 사람들과의 갈등 등은 생각하기도 싫어요. 복잡한 것은 딱 질색이거든요."라고 대답한다. 결혼하지 않더라도 친구와 같은 사람을 만날 기회를 가지라고 하면 "좋지요, 그런데 그런 사람이 어디 있어야지요? 있다 하더라도 이렇게 바쁜데 어떻게 만나요."라고 대답한다. 결국 도와줄 마음에 이것저것 권했던 필자는 더 이상 할 말을 잃고 입을 다물고 말았다. '예, 그러나' 게임을 연출하는 사람은 보통 어린 시절에 귀찮게 간섭하기 좋아하는 지배적인 부모에게 키워졌기 때문에 부모에 대해 표면적으로 온순한 태도를 취하면서 내심으로는 반항적인 자세를 버리지 않는 사람이라고 교류분석에서는 보고 있다. 따라서 이 게임의 목적은 자기긍정, 타인부정의 자세를 확인하는 데 있다는 것이다.

교류분석에서 알코올중독은 자신 혹은 타인을 벌할 목적으로 하는 게임으로 여긴다. 배우자에 대해 공격하고 싶은 감정을 해소하기 위한 수단으로 술을 마시거나, 주위사람으로부터 시선을 끌기 위해서 알코올중독이라는 게임을 한다는 것이다.

게임의 다른 종류로는 '차 주세요(kick me)' 게임을 들 수 있다. 이는 규칙위반이나 처벌, 배척, 실패를 당하도록 스스로를 몰고 간다. 이런 게임을 하는 사람은 타인과의 관계에서 항상 상대방을 화나게 만들거나 자기를 깔보게 만든다. 이런 사람은 항상 타인에 의해 조종당하거나 이용당하곤 한다. 즉 희생을 당하는 것이다. 그러나 이때 상대방은 남을 조종하고 이용하고 희생시킨 가해자, 즉 '악인' 이 된다. 이런 관계는 매우 비생산적이고 역기능적 관계이지만 본인은 자신도 모르게 게임을 하는 것이다.

또 다른 게임의 종류로는 '당신 때문이다(if it weren' t for you)' 를 들 수 있다. 이는 대인관계에 자신이 없는 가정주부가 가사 때문에 밖에 나갈 여유가 없다고 남편에게 불평하는 것과 같은 게임이다.

게임분석은 저의적 의사거래를 구체적인 게임의 종류와 관련하여 분석하는 것이다. 구체적인 게임분석의 절차는 다음과 같다(김성회, 1992).

첫째, 상담자는 내담자에게 게임의 의미를 이해시킨다.

둘째, 저의적 의사거래가 어떻게 형성되고 유지되는지를 내담자에게 확신시켜준다.

셋째, 내담자가 쓰는 게임의 종류를 확인하고 게임의 결말에 나오는 만성적인 불유쾌 감정을 찾아내도록 한다.

넷째, 내담자가 반복하고 있는 게임을 그만두고 친밀한 관계를 가질 수 있는 방법을 계획하여 실천하도록 해서 게임을 해제하도록 한다.

게임을 해제하는 방법은 다음과 같다.

첫째, 내담자가 자주 하는 게임의 시작을 주의하고 그것을 피하도록 한다. 많은 게임이 상대편을 평가절하 하는 것부터 시작하기 때문에 상대의 인격을 무시하지 않으며 고민이나 문제를 속이거나 부정하지 않도록 돕는다.

둘째, 만성적 불유쾌감정, 예를 들어 우울이나 분노, 죄악감 등과 같은 감정과 문제행동과의 관계를 어른자아로 객관적으로 보도록 한다.

셋째, 게임을 자주 하는 상황에서는 말하기보다는 다른 사람의 말을 듣도록 한다.

넷째, 게임의 결말을 생각하고 그것을 피하도록 한다.

(5) 생활자세와 생활각본분석

생활각본과 생활자세는 5세 이전 부모의 금지나 허용 같은 메시지와 양육태도에 의해 형성된 초기결정에 따라 앞으로 어떻게 살겠다는 삶의 자세를 말한다. 생활각본은 자신을 느끼는 방식이나 다른 사람과 관계 맺는 방식을 결정한다. 사람은 여러 삶의 자세 중 한 가지를 택하게 되며 이는 게임을 통해 강화된다. 예를 들어 "너는 태어나지 않아도 좋았는데."와 같은 금지령에 의해 "나는 사랑받을 수 있는 소중한 인간이 아니다."라고 초기결정을 내린 사람은 이를 성장하는 중에 자신도 모르게 확인하려 한다. 위에서 언급한 게임의 예에서 상대방을 악인으로 만들고 자신을 희생양으로 만드는 사람은 이중적인 의사거래 게임을 통해 자신은 소중한 사람이 아님을 확인하고 한편으로는 그 분노를 다른 사람을 가해자로 만들며 해소하는 것이다.

① 생활자세

생활자세에는 네 가지 유형이 있다. 자기도 긍정하고 타인도 긍정하는 삶의 자세, 자기는 긍정하지만 타인은 부정하는 삶의 자세, 자기는 부정하지만 타인은 긍정하는 삶의 자세, 그리고 자신도 부정하고 타인도 부정하는 삶의 자세가 그것이다. 아래의 설명에서 OK라는 것은 자신이나 타인, 세계에 대해 긍정적인 자세를 뜻하고, NOT OK라는 것은 부정적이어서 믿음을 줄 수 없다고 생각하거나 사랑을 받을 만한 것이라곤 없고, 매사가 잘못되었다고 생각하는 자세를 뜻한다.

첫째, 자기긍정-타인긍정(I'm OK-you are OK)의 삶의 자세를 가지는 사람은 신뢰와 솔직한 태도를 지니고, 다른 사람과 주고받는 자세로 관계하며 있는 그대로의 자신의 모습을 보인다.

둘째, 자기긍정-타인부정 (I'm OK-you are not OK)의 삶의 자세를 지닌 사람은 자신의 문제를 항상 타인에게 투사하고 매사에 불평하고 비판하는 삶의 자세를 지닌 사람이다.

셋째, 자기부정-타인긍정(I'm not OK-you are OK)의 삶의 자세를 지닌 사람은 자신이 무기력하다고 느끼고 우울해 하기 쉽다.

넷째, 자기부정-타인부정(I'm not OK-you are not OK)의 삶의 자세를 지닌 사람은 모든 희망을 포기하고 때로는 자기파괴적이고 난폭한 행동을 하는 사람이다.

② 기본적 생활자세와 이고그램

구조분석에서 설명한 이고그램을 통해 내담자의 자아상태를 분석할 수 있을 뿐 아니라 내담자가 지닌 기본적 생활자세도 분석할 수 있다. 예를 들어 이고그램에서 양육적 어버이자아(Nurturing Parent ego: NP)가 매우 낮게 나타나고 순응된 어린이자아(Adapted Child ego: AC)가 높게 나타나는 경우에 내담자의 기본적 인생태도는 나도 너도 OK가 아닌 자신부정, 타인부정의 생활자세를 지닌 사람이기 쉽다. 양육적 어버이자아가 낮기 때문에 타인과의 따뜻한 교류를 갖기 어려우며 순응된 어린이자아가 높기 때문에 자신에 대해서 긍정적 태도를 지니기 어려운 인생태도를 갖고 있다고 볼 수 있다.

이고그램에서 자유어린이자아(Free Child ego: FC)가 적응된 어린이자아보다 높으면 자기긍정, 즉 나는 OK이고, 반대로 적응된 어린이자아가 자유로운 어린이자아보다 높은 경우, 자기부정, 즉 나는 OK가 아님을 의미한다. 또한 양육적 어버이자아가 비판적 어버이자아보다 높으면 타인긍정, 즉 너는 OK이고, 비판적 어버이자아가 양육적 어버이자아보다 높으면 타인부정, 즉 너는 OK가 아님을 나타내고 있다. 다음은 전형적 이고그램 그래프와 이에 따른 기본적 생활자세를 보여준다(김규수 · 류태보, 1996, p.181에서 인용).

[표 3.6] 기본적 인생태도와 이고그램

태도	전형적인 이고그램	해 석
자타긍정	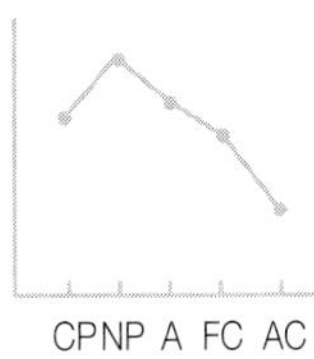	'나도 너도 OK이다' 라고 하는 민주적이고 건설적인 인생관을 가지고 사는 사람의 경우 전형적인 이고그램은 NP를 정점으로 하여 AC로 내려가는 산형으로 P나 A의 기능이 강한 것이 특징이다. 타인과의 사이에 따뜻한 교류가 행해지기 쉬우며 FC도 어느 정도 높으므로 자기를 적절하게 표현할 수 있으며 인간관계가 잘 유지될 수 있는 자아라 말할 수 있다.
자기긍정 · 타인부정	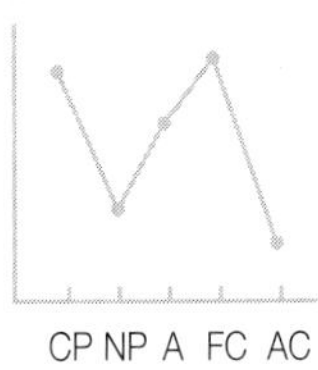	'나는 OK이고 너는 OK가 아니다' 라고 하는 자신을 갖고 있으나 책임전가적인 인생관을 갖고 살고 있는 사람의 경우이다. 전형적인 이고그램은 CP와 FC가 높고 NP와 AC가 낮은 역 N형으로 타인에게는 비판적이나 자기를 적극적으로 살리려고 하는 CP나 FC의 기능이 표면에 나오는 것이 특징이다. 자칫하면 주위 사람들과 마찰이 생기기 쉽다.
자기부정 · 타인긍정	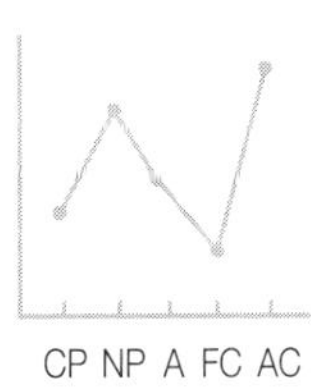	'나는 OK가 아니고, 너는 OK이다' 라고 하는 열등감, 무력감을 수반하는 인생관을 갖고 살고 있는 사람의 경우이다. 전형적인 이고그램은 NP와 AC가 높고 CP와 FC가 낮은 N형으로 자기를 억제해서라도 타인과의 관계를 좋게 하려고 하는 NP나 AC의 기능이 표면에 나오는 것이 특징이다. 내부에 모순이 축적되는 경우가 많은 자아상태라고 말할 수 있다.
자타부정	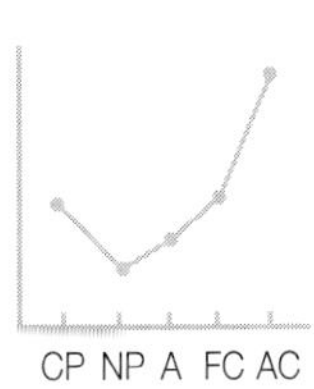	'나도 너도 모두 OK가 아니다' 라고 하는 허무주의적이고 비건설적인 인생관을 갖고 있는 사람의 경우이다. 전형적인 이고그램은 NP를 바닥으로 하고 AC로 올라가는 골짜기형으로 P나 A의 기능이 약하고 C의 기능이 강한 것이 특징이다. NP가 낮기 때문에 타인과의 따뜻한 교류를 갖기 어려우며 AC가 높기 때문에 자기에 대해서 긍정적 태도를 취하기 어려운 자아상태라고 말할 수 있다.

김규수 · 류태보, 「교류분석치료」, 1996, p.181에서 인용

[표 3.7] 성인용 이고그램 체크리스트

성　명 (　　　　　　　　)　　　　　작성일 (　　　년　　월　　일)
생년월일 (　　　년　　월　　일)　　　성 별 (남 · 여)

아래의 질문에 대하여 대체로 그렇다고 생각하면 ○표에, 대체로 그렇지 않다면 ×표에, 어느쪽도 아니면 △표에 체크해주시기 바랍니다. 가능하다면 ○, ×로 분명히 대답해주십시오. 이것은 여러분 자신의 성격을 알기 위한 것이기 때문에 순서대로 솔직하게 작성해주는 것이 자신을 위하여 도움이 됩니다.

		○	△	×
1	처(남편)나 아이, 부하 등이 잘못하면 즉시 나무라는 편입니까?			
2	당신은 규칙을 지키는 데 엄격한 편입니까?			
3	요즈음 세상은 아이들을 버릇없이 기른다고 생각합니까?			
4	당신은 예의범절에 대하여 까다로운 편입니까?			
5	다른 사람의 말을 막고 자신의 생각을 주장하는 편입니까?			
6	자신은 책임감이 강한 사람이라고 생각합니까?			
7	작은 부정에 대해서도 우물우물 넘겨 버리는 것이 싫습니까?			
8	'못쓰겠어' '해야 한다'라는 말을 잘 사용하는 편입니까?			
9	옳고 그른 것을 확실히 해두어야 마음이 편합니까?			
10	때로는 아이를 스파르타식으로 훈련할 필요가 있다고 생각합니까?			

(CP :　　　점)

		○	△	×
1	사람이 길을 물을 때 친절하게 가르쳐줍니까?			
2	부탁을 받으면 대체로 받아들이는 편입니까?			
3	친구나 가족에게 무언가 사주기를 좋아합니까?			
4	아이를 곧잘 칭찬하거나 쓰다듬어주기를 좋아합니까?			
5	사람을 돌보아주기를 좋아하는 편입니까?			
6	다른 사람의 결점보다는 장점을 보는 편입니까?			
7	다른 사람이 행복하게 되는 것을 기뻐합니까?			
8	아이나 처(남편) 혹은 부하의 실패에 관대한 편입니까?			
9	당신은 남의 처지를 헤아려주는 편이라고 생각합니까?			
10	경제적 여유가 있다면 길에 버려진 아이를 데리고와서 기르고 싶습니까?			

(NP :　　　점)

		○	△	×
1	당신은 감정적이기보다 이성적인 편입니까?			
2	무엇이나 정보를 수집해서 냉정하게 판단하는 편입니까?			
3	당신은 시간을 잘 활용하고 있는 편입니까?			
4	일을 능률적으로 솜씨있게 잘 처리해가는 편입니까?			
5	당신은 여러 가지 책을 잘 읽는 편입니까?			
6	누군가를 비난하기에 앞서 사정을 잘 조사해보는 편입니까?			
7	어떤 사물에 대하여 그 결과까지 예측하고 행동에 옮기는 편입니까?			
8	무엇을 할 때 자신의 이해득실에 대해 많이 생각하는 편입니까?			
9	몸의 상태가 좋지 않을 때 자중하여 무리를 피하는 편입니까?			
10	무언가 분명하지 않은 것이 있으면 다른 사람과 상담하여 처리하는 편입니까?			

(A : 점)

		○	△	×
1	기쁠 때나 슬플 때 얼굴이나 동작으로 곧바로 나타나는 편입니까?			
2	당신은 다른 사람 앞에서 노래(춤 등)하기를 좋아하는 편입니까?			
3	말하고 싶은 것이 있으면 사양하지 않고 말할 수 있는 편입니까?			
4	아이들이 떠들거나 장난치는 것을 내버려두는 편입니까?			
5	당신은 원래 제멋대로인 면이 강한 사람입니까?			
6	당신은 호기심이 강한 편입니까?			
7	아이들과 함께 흥에 겨워 놀 수 있습니까?			
8	만화책이나 주간지를 읽고 즐거워합니까?			
9	'와아!' '굉장하군!' '멋지군!' 등의 감탄사를 곧잘 사용합니까?			
10	놀이의 분위기에 즐겁게 어울릴 수 있습니까?			

(FC : 점)

		○	△	×
1	당신은 조바심이 있고 소극적인 편입니까?			
2	생각한 것을 말하지 않고 나중에 후회한 적이 자주 있습니까?			
3	당신은 무리를 해서라도 남에게 잘 보이도록 노력하는 편입니까?			
4	당신은 열등감이 강한 편입니까?			
5	당신은 좋은 사람이지만 언젠가 폭발할지도 모른다고 생각합니까?			
6	당신은 남의 얼굴색을 보고 행동하는 경우가 있습니까?			
7	참된 자신의 생각보다 부모나 타인의 말에 영향을 받기 쉬운 편입니까?			
8	당신은 남들이 나를 어떻게 평가할 것인가에 대하여 무척 걱정하는 편입니까?			
9	당신은 싫은 것은 싫다고 말하지 않고 억제하는 경우가 많은 편입니까?			
10	속으로는 불만이지만 겉으로 보기엔 만족해하고 있는 것처럼 행동합니까?			

(AC : 점)

[나의 이고그램]

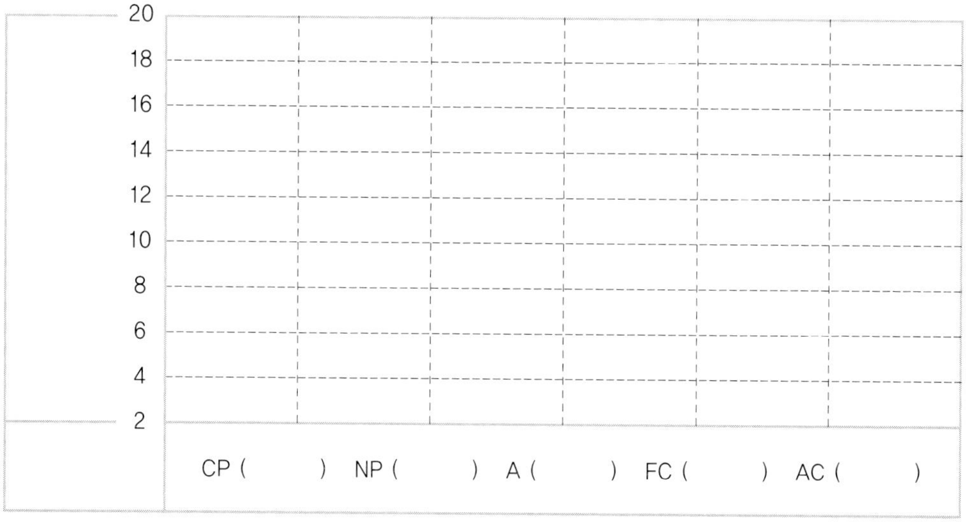

(　　년　　월　　일 작성) ○ : 2점, △ : 1점, × : 0점

[표 3.8] 청소년용 이고그램 체크리스트

성　명 (　　　　　　　　　)　　　　작성일 (　　　년　　월　　일)
생년월일 (　　　년　　월　　일)　　　　성　별 (남 · 여)

아래의 질문에 대하여 대체로 그렇다고 생각하면 ○표에, 대체로 그렇지 않다면 ×표에, 어느쪽도 아니면 △표에 체크해주시기 바랍니다. 가능하다면 ○, ×로 분명히 대답해주십시오. 이것은 여러분 자신의 성격을 알기 위한 것이기 때문에 순서대로 솔직하게 작성해주는 것이 자신을 위하여 도움이 됩니다.

		○	△	×
1	당신은 무슨 일이라도 분명하게 정리되지 않으면 마음이 편하지 않습니까?			
2	다른 사람이 옳지 못한 일을 했을 때 참기가 어렵습니까?			
3	자기 자신은 책임감이 강한 사람이라고 생각합니까?			
4	자기의 생각을 양보하지 않고 끝까지 밀고 나갑니까?			
5	당신은 예의범절에 대하여 엄격하게 배웠다고 자부합니까?			
6	무슨 일이라도 시작하기만 하면 끝장을 보지 않으면 못 견딥니까?			
7	부모로부터 무슨 말을 들으면 그대로 실행합니까?			
8	'그러면 못쓴다' '… 하지 않으면 안 된다'고 하는 식의 말을 자주 합니까?			
9	당신은 시간이나 금전에 느슨한 사람을 싫어합니까?			
10	당신이 부모 노릇을 한다면 아이들을 엄하게 키우겠냐고 생각합니까?			

(CP :　　　점)

		○	△	×
1	다른 사람이 길을 물으면 친절하게 안내해줍니까?			
2	친구나 손아래 아이를 칭찬하는 일이 자주 있습니까?			
3	남의 일을 돌보아주는 것이 싫지 않습니까?			
4	남의 단점보다 장점을 보려고 애씁니까?			
5	실망하고 있는 사람이 있으면 위로한다든가 기운을 낼 수 있도록 용기를 줍니까?			
6	친구에게 선물하는 것을 즐겨합니까?			
7	누군가가 도움을 청해오면 나에게 맡겨 달라며 남의 일을 맡습니까?			
8	누군가가 실패했을 때 책망하지 않고 용서해줍니까?			
9	아우나 여동생 또는 손아래의 아이를 사랑하는 편입니까?			
10	먹을 것이나 입을 것이 없는 이웃을 위하여 도와줍니까?			

(NP :　　　점)

		○	△	×
1	당신은 여러 가지 책을 곧잘 읽는 편입니까?			
2	무언가 잘 되지 않아도 화를 잘 내지 않습니까?			
3	어떤 일을 결정할 때 여러 사람의 의견을 듣고 참고하는 편입니까?			
4	처음 일을 할 때 그것에 대한 정보를 수집하고 착수하는 편입니까?			
5	어떤 일을 시작할 때 자기에게 손해 또는 이득이 있는가를 먼저 따져보고 실행합니까?			
6	모르는 일이 있으면 남의 말을 청취한다든가 상담을 합니까?			
7	몸의 상태가 좋지 않을 때 자중하고 무리하지는 않습니까?			
8	아버지나 어머니와 냉정하게 대화를 나눕니까?			
9	공부나 일을 질질 끌지 않고 화끈하게 해치우는 편입니까?			
10	미신이나 점 등은 믿지 않는 편입니까?			

(A : 점)

		○	△	×
1	당신은 멋내는 일에 관심이 있습니까?			
2	함께 떠들어댄다든가 들떠서 어울리는 것을 좋아하는 편입니까?			
3	'와아' '대단하다' '멋있다' 등 감탄사를 잘 씁니까?			
4	당신은 말하고 싶은 말을 서슴지 않고 말할 수 있습니까?			
5	기쁠 때나 슬플 때 얼굴이나 동작으로 자유로이 나타낼 수 있습니까?			
6	갖고 싶은 물건을 어떻게 하든지 내 손 안에 넣지 않으면 견디지 못하는 성격입니까?			
7	이성의 친구에게 자유로이 말을 건낼 수 있습니까?			
8	남에게 농담을 한다든가 놀리는 일을 좋아합니까?			
9	그림을 그린다든지 노래를 부르는 것을 좋아하십니까?			
10	당신은 싫은 것은 싫다고 말합니까?			

(FC : 점)

		○	△	×
1	당신은 상대방의 안색을 보고 행동을 취하는 버릇이 있습니까?			
2	싫은 것을 싫다고 말하지 않고 억제하는 것이 많습니까?			
3	당신은 열등감이 강한 편입니까?			
4	무언가 부탁을 받으면 곧 착수하지 않고 실행이 느린 편입니까?			
5	무리를 해서라도 남에게 잘 보이게끔 노력하는 편입니까?			
6	진정한 자기의 생각보다 부모나 남의 말에 곧잘 영향을 받는 편입니까?			
7	슬프거나 우울한 기분이 되는 경우가 자주 있습니까?			
8	당신은 사양을 잘 하거나 소극적인 편입니까?			
9	부모의 비위를 잘 맞추어 드리는 편입니까?			
10	속으로는 불만투성이지만 표면상 만족하고 있는 것처럼 행동합니까?			

(AC : 점)

[나의 이고그램]

성명 (   )

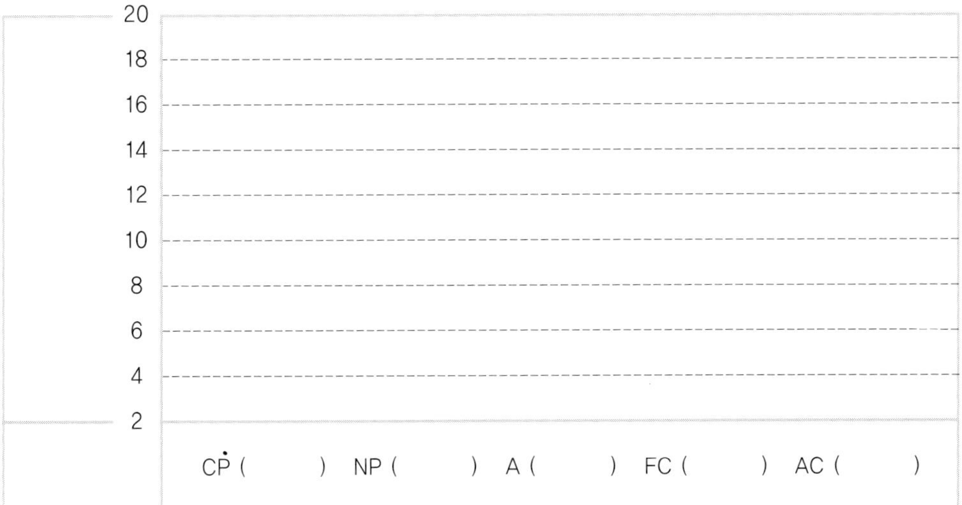

(년   월   일 작성) ○ : 2점, △ : 1점, × : 0점

⇩

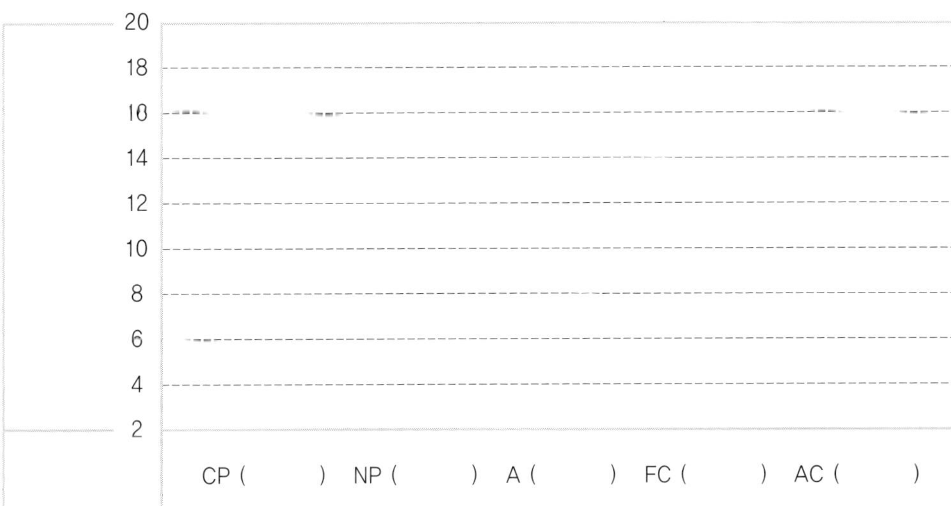

(년   월   일 작성) ○ : 2점, △ : 1점, × : 0점

③ 각본분석

각본분석은 내담자의 문제행동과 관련된 생활각본, 생활자세를 찾아 건강한 삶에 방해가 되는 잘못된 각본을 수정하고 변화시키기 위해 새로운 결정을 하도록 하는 것이다. 구체적인 각본분석의 절차는 다음과 같다(김성회, 1992).

첫째, 각본분석의 의미를 이해시킨다.

둘째, 어릴 때 부모와의 관계에서 경험한 갈등장면을 가급적 생생하게 상상하도록 한다. 내담자의 부모가 어떤 금지령을 사용했는지를 기록해보도록 한다.

셋째, 금지령에 따라 내린 초기결정을 확인하도록 한다.

넷째, 내담자의 문제행동과 관련된 금지령 및 초기결정을 확인하도록 한다.

다섯째, 내담자를 가장 잘 대표할 수 있는 생활자세를 실제경험과 관련 하여 확인하도록 한다.

이와 같은 각본분석은 생활각본 체크리스트를 내담자로 하여금 작성하게 한 다음 작성된 체크리스트를 보고할 수도 있다.

(6) 재결정

재결정 단계는 구조분석, 의사거래분석, 게임분석, 각본분석을 통해 문제행동의 원인을 알아본 다음, 초기결정을 내린 어릴 때의 장면으로 되돌아가서 그때의 경험을 정서적으로 재경험하도록 한 후, 초기결정을 수정하고 변화시켜서 새롭게 삶의 자세를 결정하도록 하는 것을 말한다(Goulding, 1987). 정서적으로 재경험하기 위해 형태치료의 빈 의자기법, 신체언어자각기법, 현재화기법 등의 기법을 활용할 수 있다.

예를 들어, "하찮은 일로 문제를 일으키지 마라."라는 부모의 금지령에 따라 "나는 항상 조용히 있겠다."고 내린 초기결정을 내담자가 변화시키려 노력하고 있다면 상담자는 내담자에게 그러한 초기결정과 관련된 부모와 함께 있었던 장면으로 되돌아가서 그때의 경험과 느낌을 완전히 다시 경험하도록 한다. 그리고는 부모가 원하지 않았더라도 자신의 의지대로 살겠다는 재결정을 내리도록 하고 스스로에게 그렇게 말하도록 한다.

7) 교류분석의 공헌점과 제한점

교류분석의 공헌점은 다음과 같다(김성회, 1992).

첫째, 상담자와 내담자가 상담목표에 대한 계약을 하도록 함으로써 상담성과에 대한 책임을 더 많이 질 수 있도록 한 점이다.

둘째, 대인관계에서 의사소통방식을 이해하는 데 도움을 주고, 게임의 문제점과 이를 중지하고 개선할 수 있는 방안을 제시함으로써 대인관계에서 의사거래의 질을 개선할 수 있는 구체적 방안을 제시한 점이다.

셋째, 효율적인 부모역할에 대해 숙고하게 해주었다는 점이다. 부모의 금지와 허용과 같은 메시지와 이에 따른 초기결정이 일생 동안 미치는 부정적 영향이나 문제점을 제시했기 때문에 부모가 보다 효과적으로 자녀와 대화할 수 있는 길을 제시했다.

넷째, 자신의 상담이론 기술만을 고집하지 않고 이론적으로 개방적인 자세를 취한 점이다. 예를 들어 정서적 재경험을 위해 빈 의자기법 등의 형태주의 상담기법을 빌려온 점이다.

교류분석의 제한점은 다음과 같다.

첫째, 각 분석을 위해 설명이나 교육을 하는 등, 인지적 면이 강해서 정서적인 면을 경시하게 되는 점이다. 또한 지적으로 깨달았으나 아직 그것들을 감정적으로는 체험하지 못한 채로 남아있을 수도 있다(조현춘 외 역, 1999).

둘째, 교류분석이론의 용어와 구조가 지나치게 복잡하다는 점이다. 지적 능력이 부족한 내담자에게는 분석의 적용이 부적절할 수 있다.

셋째, 교류분석에서 자아상태에 대한 설명이 정신분석의 원초아, 자아, 초자아의 개념과 비슷하고, 초기결정이 일생동안 영향을 끼친다는 등 정신분석에서처럼 어린 시절의 경험을 지나치게 강조하는 경향이 있다.

8) 교류분석상담 사례와 교류분석 기법 적용의 예

다음 내용은 교류분석을 적용해서 집단상담한 사례에 관한 것이다. 아래의 집단상담에서 Bob이란 집단원의 문제가 집중적으로 탐색되고 있고 상담자와 다른 집단원인

Mollie, Sara, Jim이 Bob에게 피드백을 주고 있다. Bob은 직장상황에 대해 불만을 가지고 있고 최근에 집단에 가입하였다. Bob은 자신의 직장상황을 호전시키는 것을 주요 상담목표로 삼은 계약을 맺었으며, 집단에 들어오기 전에 Harris(1969)의 책 「I' m OK-You' re OK」를 읽기로 동의하였다(설기문, 「현대상담 · 심리치료의 이론과 실제」, 1995, pp.512-515에서 재인용).

Bob 그래서 그는 나한테 또 그렇게 했어요. 그러니까, 그가 보고자료를 나에게 너무 늦게 전달해줌으로써 내가 그것을 갖고 아무것도 할 수 없었지요. 결국 나만 욕먹게 되죠.

Mollie 방금 당신이 한 얘기는 당신이 지금 직장으로 옮기기 전의 직장에서 있었던 일을 말한 것이 아니에요? 아마 그 얘기를 지난 주 쯤에도 했었지요?

Bob 아니… 아니에요. 그건 반대예요. 예전 직장의 상사는 불가능한 일을 내게 맡겨 놓고 그 대신 공(功)은 자기가 다 차지하곤 했지요. 그건 말도 안 돼요! 그를 위해 실컷 힘들게 일해줘도 고맙다는 인사도 없었죠. 다른 사람들은 그러죠. 그 사람이 대단한 사람이라고. 그 사람은 모조리 자기가 다 한 것처럼 믿게 만들죠. 나를 자기 승진을 위한 발판으로 삼은 게 틀림없어요. 어느 누구든 승진했다면 그 자리는 내가 차지했어야 할 자리였어요!

Mollie 하지만, 지금 그 얘기는 현재 직장 상사와의 사이에서도 벌어지는 일이 아녜요?

Bob 천만에요! 지금 상사는 항상 마감날짜가 임박해서야 과다한 일거리를 주지요. 그 상황에서는 어느 누구도 해낼 수가 없는데도 말입니다. 나는 항상 상사 앞에서는 패자가 될 수밖에 없어요.

Mollie 당신은 혹시 당신 자신의 행동이 상사가 당신을 대하는 태도와 관계된다고 생각해 보지는 않았어요?

Bob 글쎄요. 난 정말 최선을 다했어요. 그런데 그게 무슨 말씀이죠?

Mollie 그러니까. 당신은 자신이 자신의 업무에 얼마나 충실하지 않고 있으며 스스로에 대해서도 책임을 지지 않고 있는지 잘 모르고 있는 것 같아요. 당신은 스스로의 문제에 대해 엉뚱하게도 상사에게 책임 전가하는 것이 아니냐 하는 말씀이죠.

Bob 그건 웃기는 소리입니다. 말도 안 돼요. 난 늘 최선을 다한단 말입니다. 사실, 그 자만 아니라면 난 훨씬 나은 자리에서 일할 수 있을 겁니다.

Mollie 글쎄요. 반드시 그럴 …?

Jim 잠깐만요. Mollie. 당신은 Bob을 참 힘들게 하는군요. 이제 좀 그만하시죠. 어쨌든 Bob은 우리 집단에 온 지 얼마 안 됐잖아요.

상담자 잠깐 실례하겠어요. Bob, 당신은 지금 무슨 자아상태에서 이야기했을까요?

Bob 어린이자아 … 일 것 같은데요.

상담자 맞아요! 그럼 Mollie와 Jim은 어땠을까요?

Bob 음 … 그러니까, Jim은 틀림없이 어버이자아였어요. 그리고 Mollie는 … 잘 모르겠는데요.

상담자 그럼 Mollie가 객관적이었나요? 주로 정보를 얻으려 했나요?

Bob 예, 그런 것 같아요.

상담자 그러면 그것은 무슨 자아상태일까요?

Bob 어른자아요.

상담자 옳아요. 이제 조금 전에 있었던 대화내용을 비디오테이프를 통해 한번 봅시다. 그리고 어떤 유형이 작용했는지를 보자구요. (상담자는 비디오테이프를 재생한다.)

상담자 누가 답을 알아내었나요?

Sara 저도 Mollie의 말에 동감입니다. 제 생각에는 Bob이 자기가 가진 문제에 대해 변명하려 하는 것 같아요.

상담자 Sara, 혹시 그 피드백을 Bob에게 직접 해주시겠어요?

Sara Bob, 제가 보기에는 당신은 당신의 직장 상사들과의 일에서 스스로의 책임을 회피하고 있는 것 같아요. 지난 주에 한 얘기나 오늘 한 얘기나 다 마찬가지로 당신이 마치 직장에서 성공하기를 원치 않으며, 그래서 스스로에게 충실하지 않고 반대로 상사에게 비난의 화살을 돌리는 것처럼 들려요.

상담자 Sara, 좋은 피드백입니다. Bob, 어떻게 생각해요?

Bob 그렇지 않아요. 전 결코 승진할 수 없도록 되어 있어요.

상담자 사실 승진에 따른 책임의 증가가 두렵기도 하죠, 안 그래요?

Bob 그렇습니다.

상담자 Bob, 나는 당신이 게임의 일종인 '당신 때문이다'(If it weren't for you) 게임[44]과 비슷한 것을 하고 있을지도 모른다는 점을 고려해보기 바랍니다. 사실 당신은 바로 그 표현을 직장상사에 대해 말하는 이야기 속에서 사용했으니까요. 그것은 즉 '당신이 아니라면(없다면)' 이란 표현과 같은 것이죠. 기본적으로 당신은 스스로의 업무상 부진에 대해 상사를 비난하는 것으로 둘러대는 것 같아요. 그리고 당신이 부인에 대해 말한 이야기를 들어봐도 당신은 바로 그러한 게임을 즐겨 사용하는

44) 이는 앞서 설명한 '당신 때문이다' 라는 게임을 말한다. 내담자의 어머니는 사회적으로 다른 사람과 접촉하는 것을 좋아하지 않는 구실을 내담자에게로 돌려서 '네가 아니라면, 밤에 외출을 할 수 있을텐데' 라는 메시지를 내담자에게 전하였다. 내담자는 어머니의 이러한 행동을 모델로 삼아 자신도 같은 게임을 반복하고 있다. 직장상사와 잘 지내지 못하고 업무에 부진한 책임을 상사를 비난하는 것으로 회피하고 있다.

것 같아요. 이 게임에서 당신이 수집한 경품권[45]은 확신과 원한입니다. 당신은 스스로에게 "내가 부족한 것이 아니고 상사 때문에 내가 제대로 못 크고 있다."라고 말하고 있어요. 나는 오히려 당신의 상사들은 좋은 사람들이었다고 말하고 싶어요.

Bob 세상에! 꼭 맞는 말씀인걸요.

상담자 Bob, 당신이 어릴 때 부모님이 하시던 말씀이 기억나나요?

Bob 글쎄요. 사실 아버지는 제가 태어나자마자 돌아가셨기에 기억할 수 없어요. 하지만 어머니는 제가 큰 아이인 것처럼 느낀 것 같았어요. 제 기억에 어머니는 저를 돌볼 베이비시터를 구하느라 늘 고생했었어요. 그래서 불평을 자주 하곤 했지요.

상담자 어떻게 불평을 하셨지요?

Bob (웃으면서) 어머니는 "너만 아니라면, 밤에 외출을 할 수 있을텐데."라고 하셨어요.

상담자 그러니까 어머니는 무척 영향력 있는 모델이었군요. 그렇죠?

Bob 예, 그런 것 같군요. 하지만 보세요, 그렇다고 어머니가 정말 외출을 할 것이라곤 믿지 않았어요. 어머니에게는 친구가 많지 않았으니까요.

상담자 어머니는 사회생활을 별로 좋아하지 않으셨나보죠?

Bob 그런 것 같아요. 제 친구를 집에 데려오는 것도 싫어했으니까요.

상담자 그래서 어머니는 당신을 사회적 접촉을 회피하는 구실로 삼으셨군요.

Mollie 그럴듯한 얘기군요. 그렇지 않아요?

상담자 그리고 당신은 지금 직장에서 꼭 같은 짓을 반복하고 있어요. 상사 때문에 승진 못하고 있다고 비난하고, 그러면서도 보다 많은 책임을 지는 위험부담은 피하려 하고 말입니다.

Bob 예, 사실인 것 같아요.

상담자 Bob, 저는 지금 상담자로서 이 순간 당신이 직장생활에서 최선을 다하는 위험부담을 감당하고, 아울러 '그가 아니라면' 게임을 중단하도록 허용하는 바입니다.

---

45) 교류분석에서 말하는 경품권은 인간이 다른 사람과의 관계에서 경험하는 감정, 특히 어린이자아상태가 경험하는 특별한 감정이다. 예를 들어 한 아이가 부모에게 "형이 되어가지고 동생에게 그렇게 못되게 굴면 안 돼."라고 부당하게 야단을 맞았다면 아이는 부모에 대해 '분노'를 가질 수 있다. 이때 분노가 경품권이다. 교류분석에 의하면 경품권을 모았다가 필요한 물건으로 바꾸는 것과 같이 아이는 성장해서 이러한 감정들의 경품권을 모았다가 이에 상응하는 공격이나 갚아주는 행동을 한다는 것이다. 하지만 자기긍정-타인긍정의 자세를 지닌 사람은 이런 경품권을 수집하지 않는다고 여긴다.

9 현실적 상담

1) 이론의 발전배경

현실적 상담(Reality Therapy: RT)은 William Glasser에 의해 개발되고 창시되었다. Glasser는 1925년 미국의 클리블랜드(Clevland)에서 태어나 28세에 정신과 의사가 되었다. UCLA의 정신과 수련의 과정을 밟던 중 전통적인 정신분석적 치료가 장기간 동안 소수의 환자만 퇴원시키게 되는 것을 보고 실망하여 새로운 상담방법을 개발하고 적용하기 시작했다. 그 결과 정신분석적 치료에 비해 같은 기간 동안 훨씬 많은 환자들이 건강해지는 것을 보고 자신감을 갖게 되어 자신의 이론을 더욱 발전시켜나갔다.

Glasser는 1980년대에 들어서 자신의 상담이론에 통제이론을 적용시켜 설명하였다(Glasser, 1985). 통제이론에 따르면 인간은 자신의 내적 욕구가 충족되도록 자신의 환경을 통세할 수 있다고 본다. 내담자는 자신의 욕구를 어떤 방식으로 충족시킬지에 대한 분명한 이미지를 담고 있는 자신의 내면세계의 '사진첩'에 따라 외부를 통제하고 자신의 행동을 선택한다는 것이다.

통제이론에 따르면 인간의 전체행동에는 네 요소가 있는데, 활동, 사고, 감정, 생리적 현상이 그것이다. 네 개의 바퀴가 자동차를 끌고 가는 것처럼 전체행동의 네 요소가 생활 방향을 결정하고 전체행동은 현실의 욕구를 가장 잘 만족시켜 주는 방향으로 조정된다. 활동과 사고는 자동차의 앞바퀴에 해당되어 전체행동의 중심이 되고 감정과 생리적 현상은 자동차의 뒷바퀴에 해당된다. 자동차의 앞바퀴가 가는 대로 뒷바퀴도 따라가는 것처럼, 활동과 사고가 가는 대로 감정과 생리적 현상도 따라가게 된다.

통제이론은 인간이 전체행동을 선택하는 것은 불가능하지만 구성요소들을 선택하는 것은 가능하다고 가정한다. 따라서 전체행동을 바꾸기 위해서는 전체행동의 네 요소를 다 바꿔야 하는 것이 아니라, 좀더 바꾸기 쉬운 활동과 사고를 바꾸면 감정이나 생리적 현상은 뒤따라 변할 수 있다고 여긴다(Glasser, 1998).

현실적 상담은 통제이론에서 강조하는 기본적 욕구와 관련하여 정체감을 설명하고 있다. 인간이 여러 가지 과제를 성취할 때 성공하거나 실패하는데 이때 자신의 욕구가 만족되는 정도에 따라 성공적 또는 실패적 정체감이 형성된다고 본다.

현실적 상담은 인간이 행동을 선택하기 때문에 자신의 활동, 사고, 감정에 대해서 스스로에게 책임이 있다고 제안한다. Glasser는 정신병도 자신이 선택한 행동으로서 정신병이란 책임감의 회피라고 보았다.

현실적 상담은 어느 상담이론보다 내담자에게 세상을 좀더 효과적으로 다루는 방법을 가르치는 데 초점을 맞춘다. 상담진행은 내담자로 하여금 현재 자신이 선택한 행동이 자신의 욕구를 실제로 얼마나 만족시켜 주는가를 평가하게 하고, 만약 만족시키지 못하는 경우, 현재보다 더 효과적인 행동을 할 수 있는 계획을 짜서 열심히 실천하며, 실천한 결과에 대한 계속적인 평가를 하게 하여 좀더 효과적인 행동을 학습하도록 하는 절차를 거친다.

현실적 상담은 비교적 단기상담으로, 과거나 무의식적 동기보다는 현재의 행동과 사고에 초점을 두고, 행동을 선택하는 책임감을 강조하며, 현재보다 심리적 욕구를 바르게 만족시켜줄 수 있는 효과적인 행동을 학습하도록 해서, 성공적인 자기상, 즉 성공정체감을 갖도록 돕는 데 주목적을 두고 있다.

현실적 상담은 학생이나, 수용시설의 범죄자들을 대상으로 한 경우가 많았다. 문제학생, 술이나 약물중독자 · 범죄자를 포함한 반사회적인 사람, 병원이나 수용시설에서 사회로 복귀하는 사람, 군인 등을 대상으로 하여 많은 효과를 보았다(김성회, 1992).

2) 인간관

현실적 상담은 인간이 기본적 욕구인 생존의 욕구와 소속, 힘, 자유와 독립, 재미와 즐거움의 내적 심리적 욕구를 충족시키기 위해 행동한다고 본다. 인간은 외부요인에 영향을 받기는 하지만 내부에서 원하는 이 욕구들을 충족시키기 위해 행동하고 또 그 욕구를 실현할 수 있도록 외부의 환경을 통제한다는 것이다. 자신과 환경을 통제할 뿐 아니라 자신의 행동을 선택하기 때문에 자신의 행동에 책임질 수 있으며, 자신에 대해 성공적인 상, 즉 성공정체감을 발전시킬 수 있다고 본다. 또한 인간의 기본적 욕구는 누구나 공통적으로 갖고 있지만 욕구를 충족시키는 방법은 개인마다 차이가 날 수 있고 또 모르는 채 태어나기도 하기 때문에 인간은 그 방법을 학습해야 한다는 것이다(김성회, 1992).

3) 심리적 문제의 발생과정

인간은 여러 가지 과제를 성취할 때 성공하거나 실패한다. 이때 욕구충족에 계속적으로 실패하게 되면 비효과적이거나 통제가 안 되는 행동을 하게 되는데 이를 실패의 정체감이라고 Glasser는 표현했다(Glasser, 1985). 한 개인이 성공적 정체감을 가졌는지 아니면 실패적 정체감을 가졌는지에 따라 개인은 즐겁게 살 수도 있고 고통스럽게 살 수도 있다. 하지만 최근에 Glasser는 실패정체감이란 용어를 사용하지 않기로 했는데, 모든 사람들 속에 성공정체감이 있지만 조금 덜 효과적인 행동을 선택할 뿐이라고 생각하기 때문이다.

인간의 모든 행동은 현재 자신의 욕구를 만족시키기 위한 최선의 행동이다. 단지, 욕구를 만족시키기 위해 더 책임 있고 효과적인 행동을 선택하지 않기 때문에 정신병이나 우울증에 걸리는 것이다.

Glasser는 사람이 과거의 우울한 사건으로 우울해지는 것이 아니라 우울이라는 행동을 선택했기 때문이라고 본다. 우울을 선택한 이유는 그 당시 생각할 수 있는 최선의 행동이 우울행동이었기 때문이다. 자신의 화를 통제하고 다른 사람의 도움을 구하거나, 더 효과적인 행동을 하지 않겠다는 의지를 변명하기 위해 우울이라는 행동을 선택했다고 본다. 따라서 사람들이 '나는 우울을 선택하는 중이다' 라고 말할 수 있다면 더 이상 우울을 선택하지 않을 것이라고 여긴다(Glasser, 2000).

현실적 상담에서는 책임과 현실을 강조한다. 책임이란 자신의 욕구를 충족시키기 위해 다른 사람을 방해하지 않는 범위 내에서 자신을 충족시키는 능력이라고 본다(Glasser, 1965). 정신건강과 책임을 같은 것으로 보아서 책임감이 있는 사람은 정신적으로 건강한 사람이고 책임감이 없는 사람은 정신적으로 건강하지 못한 사람으로 여긴다. 또한 책임이란 현실을 직면하는 것으로 여긴다. 현실을 직면한다는 것은 현실세계의 모든 여건을 받아들여야 하고, 자신과 환경의 통제를 통해 자신의 욕구를 충족시켜야 하는데 정신병이라고 하는 것은 결국 현실을 거부하는 것으로 본다. 따라서 현실적 상담에서는 자신의 문제를 해결할 수 있도록 현실을 직면하고 책임감을 갖도록 돕는다.

4) 상담의 목표

상담자는 내담자로 하여금 현실을 직면하고 판단해서 현실에 맞고 한편으로는 현재보다 자신의 심리적 욕구를 더욱 효과적으로 충족시켜줄 수 있는 행동을 학습하도록 한다. 궁극적으로 내담자가 외부세계를 통제하고 스스로 선택하는 행동에 대해 책임을 갖도록 하며 성공적인 정체감을 갖도록 돕는다.

5) 상담의 진행과정: WDEP 체계

상담의 진행은 우선 상담자와 내담자가 개인적으로 잘 알게 됨으로써 시작된다. 상담자는 내담자의 친구처럼 친하게 되기 위해 내담자가 하는 말에 경청하고 판단은 미룬다. 현실적 상담의 요점에 대해 설명하거나 교육한다. 주요한 상담진행과정은 Wubboling이 제안한 WDEP 체계를 따르는 것이다(Wubbolding, 박애선 역, 2001).

WDEP의 W는 Want(바람), D는 Doing(~하기), E는 Evaluation(평가), P는 Plan(계획)의 과정을 거침을 뜻한다. 각각의 과정에서 상담자는 내담자에게 숙련된 질문을 한다. W과정에서 상담자는 숙련된 질문을 통해 내담자로 하여금 자신의 욕구의 충족을 위한 바람이 무엇인지 그리고 그 바람들의 우선순위를 정하게 하고, D과정을 통해 내담자로 하여금 그 바람을 충족하기 위해 어떤 행동을 하고 있는지 인식하도록 한다. E과정에서는 내담자가 현재 하고 있는 행동이 현실적으로 자신의 바람을 충족하기 위해 적절한 행동인지 평가하도록 하며, P과정을 통해 내담자로 하여금 자신의 바람과 욕구를 더 효과적으로 충족시킬 계획을 세우고 실천하도록 돕는다.

내담자로 하여금 자신의 욕구와 바람이 무엇인지 알게 하고 바람들의 우선순위를 정하게 하는 W과정에서 상담자가 주로 하는 숙련된 질문으로는 "당신은 지금 어떤 사람이 되어 있었으면 하고 생각하나요?", "당신은 누구를 위해 무엇을 원하나요?", "그 문제를 위해 얼마나 노력할 수 있나요?", 또는 "피하고 싶은 것이 있나요?" 등이 있다.

D과정에서 상담자가 내담자에게 하는 숙련된 질문으로는 "당신은 무엇을 하고 있습니까?"가 있다. 예를 들어 내담자가 불안하고 우울하다고 호소할 때 "불안하고 우울할 때 당신은 무엇을 합니까?" 또는 "당신 스스로 불안과 우울을 조장하는 행동은 어떤 것입니까?"라고 질문한다.

E과정에서 상담자가 내담자에게 철저한 자기평가를 하도록 요구하는 숙련된 질문으로는 "당신이 하는 행동이 당신에게 도움이 되고 있습니까, 아니면 해가 되는지요?" 등이 있다. 예를 들어 "당신 삶의 전반적인 방향은 당신 목표나 당신이 원하는 것으로 더 가까이 데려갑니까, 아니면 오히려 더 멀리 데려가나요?", 또는 "당신이 그 행동을 선택했을 때 당신은 어떤 효과를 기대했습니까, 그래서 실제로 그 효과를 얻었습니까?" 등의 질문을 통해 내담자가 자신의 행동결과를 직면하도록 하고 활동을 판단하도록 한다. 때로는 내담자가 자신의 현재 행동을 통해서는 자신이 원하는 것을 얻을 수 없다는 사실이나 자신이 가고자 하는 방향으로 가지 못하게 한다는 사실을 인식하는 데 상당한 시간이 걸리기 때문에 내담자와 상담자 모두 인내가 필요하다.

P과정에서 상담자는 내담자의 현재 행동 중 비효과적이고 부정적인 것들을 탐색한 뒤에 이를 효과적이고 긍정적인 것으로 고치기 위한 계획을 짜도록 돕는다. 내담자로 하여금 자신의 욕구충족을 위해 현실적으로 받아들여질 수 없거나 타인에게 피해를 끼치는 부정적인 행동을 버리고, 현실적으로 받아들여지고 다른 사람의 권리를 침해하지 않으면서 자신의 바람과 욕구를 더 효과적으로 충족시킬 계획을 세워 그러한 행동을 학습하도록 하는 단계이다. 이러한 계획단계를 통해 내담자로 하여금 자신이 선택한 것에 대해 책임능력이 있음을 알도록 교육하고 변화가 일어날 수 있음을 알게 한다.

계획을 짤 때는 내담자의 동기나 능력의 한계를 넘지 않도록 해야 하고 구체적이고 단순하며 달성 가능하게 짜야 한다. 그 계획은 반복할 수 있고 매일 할 수 있는 것이어야 하며 즉각적으로 실시될 수 있는 것이어야 하고, 실생활에서 실천된 후 평가될 수 있는 것이어야 한다.

내담자로 하여금 자신이 계획한 활동을 일상생활에서 그대로 실현하겠다는 다짐을 하게 한다. 다짐한 것에 대해 내담자가 실천하지 못한 경우 어떠한 변명도 받아들이지 않는다. 변명은 받아들이지 않고 계획을 다시 검토한 후에 다시 다짐하도록 한다. 변명도 받아들이지 않지만 비난하거나 판단하지도 않는다. 대신에 내담자가 정말로 자신을 변화시키고 싶어하는지 탐색한다. 상담자는 또한 내담자가 어떤 말과 행동을 하더라도 내담자의 변화가능성을 믿고, 그 가능성에 대해 절대로 포기하지 않는다고 내담자에게 말한다.

6) 상담의 기법

상담자는 내담자로 하여금 상담자의 많은 숙련된 질문에 답하는 가운데 내담자가 자신의 현재 행동을 인식하고 이에 대해 가치판단을 내리며 변화를 위한 계획을 세워 이를 실천하도록 돕는다. 이를 위한 구체적 상담기법으로는 다음과 같다.

(1) 숙련된 질문

현실적 상담에서는 상담의 각 과정마다 숙련되고 적절한 질문을 사용한다. 질문할 때 내담자의 방어나 저항을 유발하지 않도록 단순히 정보만을 알아내기 위한 질문이나 닫힌 질문은 하지 않고 시기적절한 열린 질문을 사용한다. 숙련된 질문의 예는 상담진행절차에 따라 네 가지 유형으로 나눌 수 있다.

첫째, 내담자가 원하는 게 무엇인지 알기 위해 "당신은 어떤 종류의 사람이 되고 싶은가?" 또는 "당신이 원하는 대로 살고 있다고 가정한다면, 당신은 지금 무엇을 하고 있을까?" 와 같은 질문을 한다.

둘째, 내담자가 원하는 것을 충족시키기 위해 현재 무엇을 하고 있는지 알기 위해 "당신은 지금 무엇을 하고 있나?" 또는 "당신은 내일 무엇을 할 것인가?" 와 같은 질문을 한다.

셋째, 현재의 행동이 원하는 것을 충족시키는지 평가하기 위해 "당신의 행동이 당신이 원하는 것을 얻게 하는가?" 또는 "당신이 하는 행동이 당신에게 도움이 되는가, 아니면 해가 되는가?" 와 같은 질문을 한다.

넷째, 현재의 행동이 원하는 것을 충족시키지 못한다면 더 효과적인 행동을 하도록 계획을 짜고 그 계획을 실천하기 위해 "당신은 우울행동을 하지 않겠다고 말했어도 정말 우울행동을 하지 않을 수 있겠습니까?" 또는 "이를 위해 지금 당장 무엇을 할 것입니까?"와 같은 질문을 한다.

(2) 은유와 유머의 사용

현실적 상담에서는 상담자 자질 중의 하나로서 은유를 사용하는 능력을 꼽고 있다. 은유를 사용하는 능력은 예를 들어 "난 지금 쓰레기통 속에 들어앉아 있는 것 같아요."라는 내담자의 말에 상담자가 "당신은 속이 상하신 거로군요"라고 단순히 감정을 반영해 주는 대신에 다음과 같이 말할 수 있음을 뜻한다. "쓰레기통에서 보는 세상은 어떻습니까? 쓰레기통에서 나와서 햇볕 속에 있으면 어떨 것 같나요?", 또는 "쓰레기통에서 나오기 위해 오늘 당신은 무엇을 할 수 있을까요?"라고 묻는다(Wubbolding, 박애선 역, 2001). 이는 내담자로 하여금 내담자의 원래의 의미보다 더 깊숙이 자신의 의미를 깨닫게 하거나 성장하는 방법으로 상담의 과정을 움직이게 한다는 것이다.

유머는 내담자로 하여금 자기 삶의 상황이 통제될 수 없는 것에서 통제될 수 있는 것으로 바꾸어 보게끔 해준다. 내담자에게 난처하고 감정적인 고통을 주었던 문제를 내담자와 유머로 나누고 나면 내담자는 자신의 문제를 새로운 시각으로 볼 수 있는 융통성을 가지게 되고 자신의 약점을 향해 웃을 수 있다는 사실을 배우게 되어 훨씬 쉽게 변할 수 있다.

하지만 유머가 내담자에게 도움이 되려면 상담자와 내담자 간에 신뢰로운 관계가 촉진된 후에 시기적절하게 사용되어야 한다. 신뢰로운 관계가 형성된 후 사용하는 적절한 유머는 내담자의 감정을 풀어주지만, 그렇지 못하면 비난이나 조롱으로 들릴 수 있고, 내담자가 이해 못하는 수준의 유머는 오히려 역효과를 가져올 수 있다. 따라서 상담자는 유머를 조심스럽게 사용해야 한다. 현실적 상담에서는 상담자가 내담자와 유머를 사용하는 목적을 토론하는 것도 때로는 도움이 될 수 있다고 제안한다.

(3) 역설적 기법

Wubbolding에 의하면 역설적 기법은 현실적 상담기법의 '테이블 중앙에 있는 아름다운 장식품'이다(Wubbolding, 박애선 역, 2001). 현실적 상담에서는 상담자가 직접적이고 직면적인 방법으로 내담자를 변화시키고자 한다. 그런데 내담자가 계획을 세우려 하지 않고 저항을 보이거나 실천을 하지 않을 때 역설적 기법을 사용할 수 있다.

역설은 적절히 사용됨으로써 내담자가 새로운 관점에서 자신의 문제를 파악하게 될 때 유머와 유사한 효과를 가진다. 유머처럼 내담자가 자신의 결점을 비웃는 방법을 배울 수 있으며 이것은 변화를 더 쉽게 만들 수 있다.

내담자에게 문제행동을 과장해보라고 할 수도 있고 문제행동을 완벽하게 해보라고 할 수도 있다. 불면을 호소하면 계속 깨어 있으라고 하고 실수를 죽도록 무서워하는 내담자에게 일부러 실수하라고 한다. 부부싸움을 잘 하는 부부에게 계속해서 언쟁을 하라고 한다. 건강염려증 내담자에게 "당신의 치아도 당신 몸의 일부인데 아픈 것이 당연하지요"라고 말하며 내담자의 증상을 계속해서 열거하라고 한다(Wubbolding, 박애선 역, 2001). 우울한 내담자에게는 "우울을 너무 빨리 포기하지 마세요. 만약 당신이 우울해지는 것을 멈춘다면 당신의 가족은 당신에게 관심을 가지지 않을 거예요."라고 말해준다. 상담자의 지시를 따르고 증상을 유지하게 되면 내담자는 그 증상에 의해 압도당하는 것이 아니라 오히려 그 증상을 통제하고 있는 것이 되며 따라서 더 이상 무력한 것은 아니다. 그리고 만약 내담자가 상담자의 지시에 반발하여 증상을 그만둔다면 문제행동은 단순히 통제만 된 것이 아니라 없어져버린 것이 된다. 역설기법은 내담자에게 지금의 증상을 바꾸지 말라고 부추김으로써 변화를 유도하는 흥미로운 방법이라고 할 수 있겠다.

유머나 역설적 기법은 현실적 상담에서 뿐 아니라 다른 상담이론에서도 사용되고 있다.

역설적 기법 또한 강력한 기법이기 때문에 내담자와 상담자가 충분히 신뢰로운 관계를 확립한 후, 그리고 상담자가 충분히 이 기법을 익히고 훈련을 받은 뒤에야 실시할 수 있다. 역설적 기법이 우울, 불면증, 공포, 불안장애에 효과적이라는 연구결과가 있지만 역설적 기법을 함부로 사용해서는 안 된다. 자살과 같은 위기상황 등에서는 역효과이며 때에 따라서는 무책임한 기법이 될 수 있다는 윤리적 문제도 생각해야 한다. 따라서 역설적 기법의 사용이 더욱 증상을 증가시키지는 않는지, 그리고 내담자가 속았다고 더 저항하지는 않을지 등을 심사숙고한 뒤 사용해야 한다.

우리나라와 같이 자신이 원하는 것을 말하기 꺼리는 문화에서는 직면, 역설적 기법 등 강력한 기법을 사용할 때는 직접적이고 지시적으로 의사소통하는 것보다 조심스럽게 좀더 간접적으로 사용하는 것이 효율적일 것이다.

다음은 현실적 상담에서 역설적 기법을 적용한 사례내용이다. 이 사례에서 내담자는 충동통제가 잘 되지 않는 학생들을 위한 학교에 다니는 학생 애드가이고 상담자는 그 학교 교사 지닌이다(Wubboling, 박애선 역, 「21세기와 현실요법」, 2001, p.238에서 인용).

> "14세의 애드가는 과제만 내주면 교실 안을 서성이며 그것을 안 하려든다. 그리고는 담배를 피우러 건물을 떠난다. 교사는 계속적으로 WDEP 체계를 사용하여 애드가에게 무엇을 원하는가, 지금 무엇을 하고 있는가, 그것이 규칙에 어긋나는가를 물었다. 이 체계를 이렇게 기계적으로 사용하는 것은 애드가의 분노를 더 키우는 결과만을 초래할 뿐이었다.
>
> 지닌은 일률적인 계획이 때로는 비효과적인 것을 깨닫고, 그 체계가 좀더 창조적으로 적용되는 방법을 찾아보았다. 그녀는 애드가에게 '서성이는 것'과 걷는 것이 다르다는 것을 지적했다. '서성거리는 것'은 '불안한 에너지'를 의미한다. 걷기는 사람이 어딘가를 가고 싶을 때 선택하는 행위이다. 이 간단하면서도 수수께끼 같은 설명은 애드가의 호기심을 불러일으켰다.
>
> 그리고 나서 서성거리는 것을 막으려는 시도를 하는 대신 그녀는 과제를 내주기 전에 그리고 애드가가 서성거리기를 시작하기 전에 그 아이에게 접근했다. 그녀는 그에게 자리에서 일어나서 교실 안을 서성거리라고 요구했다. 그리고 나서 과제를 내주며 담배를 피우기 전에 서성거리라고 부추겼다.
>
> 그 교사는 문제가 완전히 사라지지는 않았지만, 그 간접적인 중재의 결과로 그가 학교일을 더 하고, 서성거리는 것을 덜 하고, 담배도 덜 피우게 되었다고 보고했다."

7) 현실적 상담의 공헌점과 제한점

현실적 상담의 공헌점은 다음과 같다(김성회, 1992).

첫째, 현실적 상담은 내담자문제에 대해 과거의 원인을 캐는 것보다 현재에 초점을 맞추고 현실을 판단하고 직면하는 것이기 때문에 비교적 단기간에도 상담효과를 볼 수 있다.

둘째, 내담자가 자신의 문제에 대한 통찰과 인식 외에도 변화를 위한 계획과 그 계획의 실천을 강조한다는 점이다.

셋째, 현실적 상담은 내담자의 변화정도에 대해 내담자 스스로 평가하게 한다는 점이다. 활동계획이 실행되지 않으면 이 결과를 평가하고 실행이 가능한 계획을 다시 세운다. 따라서 상담결과에 대해 내담자가 좀더 인식하도록 한다.

넷째, 현실적 상담은 변명을 인정하지 않는 등 구체적이고 분명하게 내담자의 책임을 강조한다는 점이다.

다섯째, 현실적 상담의 효과는 학교나 수용시설과 같은 교육기관에서 크게 기대된다는 점이다. 현실감이 적은 청소년에게 현실적으로 욕구를 충족시킬 수 있는 자신의 행동을 선택하여 환경을 통제하도록 교육시키기 때문이다.

현실적 상담의 제한점은 다음과 같다.

첫째, 상담과정에서 무의식이나 과거경험, 초기 아동기 경험의 영향 등을 무시한다는 점이다. 현재의 문제의 영향을 끼치는 이들의 역할을 무시한다면 진정으로 새로운 것을 선택하고 변화할 수 있다고 보기에는 어렵다.

둘째, 과거에 해결되지 않은 감정을 다루지 않고 문제해결에만 지나치게 초점을 맞추기 때문에 내담자의 근본적인 문제를 다루지 못할 수 있다.

셋째, 모든 정서적 장애를 책임 없는 행동으로만 생각할 수는 없다. 정신병의 유형과 원인은 다양하다.

넷째, 내담자가 현실을 판단해야 하는데 이때 상담자의 가치가 지나치게 내담자에게 강요될 수 있다.

8) 현실적 상담기법을 적용한 사례의 예

다음은 현실적 상담기법으로 상담한 김정희의 "말더듬는 대학생의 현실치료" 에서 발췌한 내용이다. 김정희는 자신이 상담한 내용을 요약하여 다음과 같이 정리하고 있다(한국심리학회, 「만남과 성장」, 2001, pp.285-317에서 인용).

"이 사례는 말더듬는 행동으로 오랫동안 대인관계의 고통을 겪어온 학생을 현실요법을 주

방법으로 사용하여 상담한 것이다. 전체 회기는 35회였고 여기에는 초반 8회가 제시되어 있다. 이 내담자는 자신의 말더듬는 것을 극복하고자 하는 동기가 매우 높아서 실제로 할 수 있는 것보다 더 큰 목표를 잡고자 하는 경우가 많았다. 상담과정에서 상담자는 내담자가 바라는 것이 무엇인지 분명히 하고(Want), 그것과 연관되어 현재 하고 있는 행동을 점검하였으며(Doing), 그것이 어느 정도 도움이 되는지를 확인하고(Evaluation), 실천 가능한 계획들을 세우고(Plan) 실천하는 과정에서 내담자에게 자신감과 성취감을 이루게 하려고 시도하였다. 상담의 초반에는 주로 현재의 증상행동(말더듬기)에 초점을 맞추었으나 점차로 가족의 문제, 특히 어머니와의 갈등, 형제관계의 소원함에 주의가 가면서 이를 해결하는 데 많은 시간을 보냈다. 상담이 끝난 후 일 년 동안 휴학을 했다가 다시 복학하여 진로문제를 주제로 단기간 동안 상담을 다시 하였다. 추후상담시 말더듬는 행동은 거의 나타나지 않았으며 내담자는 말더듬는 것을 더 이상 큰 문제로 지각하지 않았다."

수록된 8회기의 내용 중 현실적 상담의 숙련된 질문기법이 좀더 나타난 내용을 발췌하여 요약, 정리하면 다음과 같다.

[1회기]

내담자 말더듬는 것이 문제입니다.

상담자 말을 더듬지 않게 되면 무엇이 달라지지요?

내담자 말을 더듬은 지 10년이 지났어요. 7살 때부터요. 저에게 있어 말을 더듬지 않는다는 것은 인생의 모든 것이 변한다는 말과 같아요.

상담자 특히 어떤 면이 그럴 것 같아요?

내담자 대인관계에서 대단히 중요한 변화가 일어날 것 같아요. 아마 어른이나 낯선 사람을 대하는 것이 달라질 수 있을 거예요. 사람들이 내가 말을 더듬기 때문에 진정한 나를 몰라준다는 생각이 들 때가 많아요….
말을 더듬게 된 내력을 말하고 싶어요. 일곱 살 때 이웃집 형이 말을 더듬는 것이 재미있어서 늘 따라다니며 흉내를 냈는데 그 이후로 심하게 말을 더듬게 되었어요. 그때는 참 재미있어서 그 형을 놀리면서 따라다녔는데 이제는 긴장이 되고 재미가 없고 제가 놀림을 받는 기분이에요.

상담자 어른들이나 낯선 사람 앞에서 더 심하게 더듬는다고 했는데 지금은 다른 상황과 비교해보면 어떨 것 같아요?

내담자 지금 심하게 더듬는 편입니다.

상담자 여기서는 무엇을 했으면 좋겠다고 생각하지요?

내담자 대체로 사람들은 말더듬는 사람의 심정을 모를 겁니다. 그래서 말인데 내가 다음 시간에 올 때 그동안 말더듬이에 대해 제가 연구하고 모아놓은 책을 교수님께 가져다 드리겠습니다. 교수님이 그걸 보시면 나를 더 잘 이해할 수 있을 것입니다.

[2회기]

… 중략 …

내담자 제가 친구들하고 처음부터 잘 하게 된 것은 아니거든요. 어, 그러니까 이젠 그 사람을 잘 알고 자주 만나면서 그 사람에 대한 부담감이 사라짐으로써 자연스럽게 말을 하게 된 거고요. 그리고 이젠 미리 두려워하는 것은 그 사람하고 저하고 뭐라고 할까, 자주 대면을 함으로써….

상담자 말을 더듬고 안 더듬고의 문제보다는 사람들을 자연스럽게 대할 수 있느냐 아니면 긴장을 많이 하느냐 하는 것이 더 중요한 문제인가 싶은 생각도 드는데….

내담자 네, 그런 거 같습니다.

상담자 지금 상담을 통해서 해야 할 일은 무엇이라고 생각하나요?

내담자 그런 상황들을 자주 접해보고 제가 보는 시각하고 다른 사람들이 보는 거나 생각하는 시각이 다를 거라고 생각하거든요. 그래서 제 입장에서 그런 상황을 극복하기 위해서 제 나름대로 평소에 더 많이 노력을 하고, 그리고 거기에 대해서 많이 이야기 해보고, 그렇게 해봤으면 좋겠어요.

상담자 어떻게 하면 그게 가능할까요?

내담자 제가 오늘 서점으로 책을 사러 갔거든요. 어떤 책을 달라고 이야기하는데요. 좀 더 듬어지지 않을까 하는 생각을 하고 갔었는데 말을 더듬었습니다. 그런 상황이 좀 있었습니다. 어떻게 하면 그것을 극복할 수 있을까, 언제 이야기 좀 한번 들어보고 싶습니다.

상담자 서점에 갈 때 말을 더듬을까 걱정을 하고 갔단 말이지요? 그러면 안 더듬는 게 오히려 이상한 거지요.

내담자 (웃음)

상담자 지금 가지고 있는 자기 자신의 모습이 걱정하면 할수록 더 더듬는다고 하지 않았나요?

내담자 예.

상담자 그런데, 친구들하고는 안 더듬는단 말이지요. 비교적…. 그 상황하고 서점의 상황을 비교해서, 만약에 서점에 갈 때 더듬을 것에 대해 걱정을 안 하고 혹시 그냥 갔었다면 어떻게 됐을까요?

내담자 부담을 덜 가지고 하게 됐을 것 같습니다.

상담자 그러면 내가 말을 더듬을까봐 애써 걱정하는 게 어떤 도움이 되죠?

내담자 그러면 더 안 좋은 걸로 되는 걸요.

상담자 전혀 도움이 안 돼요?

내담자 네. 제가 볼 때 아마 자꾸 거기에 대해서 생각을 하고, 더듬으면 어떻게 하나 생각을 하면 더 더듬어지는 걸 느낄 수 있어요. 지금까지 경험으로 보면 더 안 좋아진 것 같아요.

상담자 그런데도 여태까지 못 버리고 있는 것은 대단히 중요하니까 그런 것으로 생각되는데 … 중략 …

내담자 그러니까 제가 말을 더듬는다는 것을 생각하고 갈 수도 있고, 생각하지 않고 갈 수도 있고….

상담자 어떻게 해야 도움이 되죠?

내담자 네, 생각을 하지 않도록 해야죠. 이왕이면, 그 도움이 안 되면 생각을 안 하는 게 더….

상담자 도움이 안 된다는 게 분명해야 하는데, 아주 확실한 게 열 개고 전혀 확신할 수 없는 게 영이다. 그러면 몇 정도?

내담자 뭐, 거의 그냥 100%, 아무런 도움이 안 되는 것 같습니다. 그리고 그 상황에 가서 도움이 되고 안 되고를 떠나서, 미리부터 거기에 대해서 제 스스로 고통을 느낀다는 것은 저한테 해로움만 끼친다고 생각합니다.

상담자 오히려 도움이 안 될 뿐만 아니라 괜히 더 긴장하게 된다! (웃으며) 더 겹치기로 덤으로 준단 말이죠…. 만약 다음에 또 책을 사러 간다면 어떻게 해야 하죠?

내담자 책을 사러 갈 때는 그냥 무작정 가려고 생각해요.

상담자 말 더듬으면 어떡할까 하는 생각이 떠오르면 어떻게 할까요?

내담자 그때는 이젠 그렇게 생각하는 것이 도움이 안 된다는 생각을….

상담자 그렇죠! (서로 웃으며) 기가 막힌 생각이에요! 이제까지는 어느 정도 도움이 된다고 잘못 믿어왔기 때문에 그런 것, 그런데 지금은 도움이 안 될 뿐만 아니라 나를 괴롭히는 것이 분명하죠. 그러니까, 만약에 다음에 책을 사러 갈 일이 생겼는데, 야! 더듬으면 어떡할까? 하는 걱정이 들면 이게 도움이 될 게 뭐 있냐? 전혀 도움이 될 게 없다. 오히려 내가 불필요한 긴장만 될 뿐이다. 어차피 내가 걱정해도 더듬고 걱정 안 해도 더듬을 테니까, 내가 쓸데없는 덤은 안 받을 것이다. 이렇게 하면 어떨까요?

[잠시 침묵]

내담자 예, 맞습니다. 저도 과거에 그런 생각을 해 왔었거든요. 그런데 실질적으로 제가 그동안 십 년 넘게 그렇게 제 깊은 의식 속에서 자리잡고 있었기 때문에, 그런 생각을 하면서도 굉장히 미흡하게 … 중략 …

상담자 책 사러 갈 때와 비슷한 상황은 또 어떤 상황이죠?

내담자 교수님께 이야기하러 갈 때요.

상담자 과 교수요?

내담자 예.

상담자 과 교수 중에 더 쉽거나 어려운 사람이 있나요?

내담자 다 똑같아요.

상담자 여기 올 때는 어때요?

내담자 여기 올 때도 좀 그런 생각을 가지고 있지요. 특히 처음 올 때 아주 그런 게 심했었는데요. 자주 상담을 계속하고 그러면서, 여기는 괜찮은 곳이라고 생각을 합니다.

상담자 지난 시간하고 이번 시간을 비교하면 어때요?

내담자 이번 시간이 저한테는 더 좋은 것 같습니다.

상담자 내가 듣기에도 지난 시간보다는 훨씬 더 편안하게 말하는 걸 느낄 수 있어요. 또 어떤 상황이 있죠?

내담자 어떤 것에 대해서 발표할 때요.

상담자 그건 좀 어려운 것 아닌가요?

내담자 좀 어렵죠.

상담자 욕심이 너무 많은 것 같아요. (같이 웃으며) 빨리빨리 좋아지겠다는 생각이 이해는 가는데, 그게 가능하다고 생각하나요?

내담자 (웃으며) 아마 가능하지 않겠죠.

상담자 이 중에서 다음 주일에 만날 때까지 실제로 해볼 수 있는 것은 무엇이 있을까요?

내담자 그러지 말고 교수님께서 그냥 저한테….

상담자 실제로 자신이 할 수 있는 것을 찾아보는 게 중요해요. 가장 실천 가능성이 있는 것은 어떤 것인지요?

내담자 어, 책을 사러 갈 때요.

상담자 책 사러 갈 계획 있어요?

내담자 예.

상담자 어디로요?

내담자 학교 구내서점으로 가야죠.

상담자 언제요?

내담자 이번 주 안에요.

상담자 지금 한번 정해보죠. 언제 갔으면 좋겠는지요.

내담자 내일 점심 때요.

상담자 음, 그러면 내일 점심 때 구내서점에 책을 사러 갈 때, 어떻게 해야 한다고 생각하죠?

내담자 이젠 그냥 생각하는 것은 별로 아무런 도움이 안 된다. 비록 말을 더듬더라도 그냥 가서 한번 부딪쳐서 해보자. … 중략 …

상담자 중요한 건 그렇게 하기를 바라는 것인데 그렇게 하기를 바라는지요?

내담자 예, 예. 제 나름대로 고쳐보려고 하는 마음도 항상 가지고 있거든요.

상담자 고치려는 의지가 강하다는 것을 아주 잘 느낄 수 있어요. 그거 참 중요한 거라고 생각해요.

내담자 네, 네. 일단은 제가 그것 때문에 가장 고통을 받고, 또 그것을 고치지 않으면 안 되는 상황이기 때문에 그런 생각을 가진 것…. 제 나름대로 일상 생활에서 여러 가지 집중적으로 해봐서, 일주일 열심히 해보고 그것을 가지고 제가 이야기했으면 좋겠어요.

[6회기]

… 중략 …

내담자 때에 따라서는 그런 것이 아닌데도 불구하고 더듬게 되는 경우도 있어요. 예를 들어, 가게에 가서 물건을 살 때는 잘 되다가도 어떤 슬럼프에 빠지다보면 그것조차도 안 되는 떼기 있거든요.

상담자 그 슬럼프란 어떤 상태를 말하는 거죠?

내담자 어려운 상황일 때도 내가 좀 연습을 했다든가, 어떨 때는 보통사람 이상으로 잘 하는 때가 있는데 또 안 되는 때가 있어요. 기분이 나빠지거나, 피곤하거나, 좌절감이나 패배감 같은 것 그런 것을 느꼈을 때에 … 슬럼프에 빠지는 것 같아요. 나도 그런 상황에서 벗어나기 위해서 나름대로 내가 구체적으로 할 수 있는 것을 찾아서 더 노력을 하려고 하는데, 책을 읽는다거나, 또 사람들과 만나서 천천히 이야기하는 습관을 평소에 몸에 배도록 해서, 조금 어려운 상황이 되어도 그동안 연습하고 쌓아온 습관을 통하여 하나씩 극복해나가면서 벗어날 수 있다고 마음속으로 생각하는 거죠.

상담자 지금 말을 더듬으면 기분이 나빠지고 기분이 나쁘면 말을 더듬게 되는 순환고리인 것 같아요. 그것을 자르는 작업을 우리가 지금 해야 하는데, 기분이 나빠도 말을 안 더듬게 되거나, 아니면 말을 더듬더라도 기분이 안 나빠지거나… 어느 쪽이 더 쉽죠?

내담자 그러니까 기분이 나쁘다는 것보다는 어떤 두려움이라고 하는 것이 적당할 것 같아요. 둘 중에 비교를 한다면 아마 두려움이 더 많은데 그걸 통제하는 것보다 오히려 더듬어도 그냥 마음에 염두해 두지 않고 잊어먹는 것이 더 쉬운 것 같고요.

… 중략 …

내가 말을 더듬는 것은 기술적인 것이나 신체적인 것이 아니라 더듬게 만드는 심리적인 요소가 중요하다는 것을 알게 됐습니다. 두려움이나 공포심, 그런 것이 자꾸 두렵게 만들고, 또 더듬으면 그것이 두려움을 커지게 만들고 그런 악순환이었는데, 그 정체를 파악하고 그 연결고리를 끊어야 된다고 결론을 내리고 싶거든요. 내가 주변의 환경적인 그런 것들을 어떻게 더 이상 구애받지 않고 끊어낼 수 있는가, 십 몇 년 동안 쌓아온 그런 것을 어떻게 하면 풀어나갈 수 있는가, 방법을 찾아야 된다고 생각합니다.

상담자 조금 더 시간을 두고 해볼 필요가 있지만 그런 마음이 들었다는 게 중요한 것 같아요. 어려서 고립되고 각박한 상황에서도 웬만하면 포기했을 텐데 끈질기게 도전한다는 것은 참 대단한 장점이며, 어떻게 보면 이제까지 버텨온 힘도 될 수 있을 것 같고. 오늘은 특히, 별로 말을 천천히 하지 않았는데도 거의 말을 안 더듬어서 좋네요.

… 중략 …

[8회기]

… 중략 …

내담자 어제 많은 사람들이 있는 연단에 나가서 이야기를 해야 했거든요. 내 소개를 하는데 좀 더듬으면서 했어요. 소개하기 전에 미리부터 그럴 필요가 없다고 계속해서 생각을 했는데, 그래도 부담이 되었던 것 같습니다. … 중략 …

상담자 언제 어떠한 경우에도 반드시 천천히 말해야 한다고 생각하죠?

내담자 그렇게 생각하고 있어요.

상담자 내가 볼 때는 목표와 방법 사이를 좀 혼동하고 있는 것 같은데 …. 목표가 무엇이죠?

내담자 목표가 말을 더듬지 않는 것이죠.

상담자 그러면 천천히 말하기는?

내담자 목표를 달성하기 위한 수단이라고 생각되는데요.

상담자 지난 주까지는 좀 느긋했었던 것 같은데, 언제부터 마음이 그렇게 급해졌죠?

내담자 내일 수업시간에 중소기업에 관해서 발표하는 게 있는데, 그것 때문에 그랬던 것 같아요…. 그룹으로 모여서 연구, 토의해서 주제를 발표하는 거거든요.

상담자 지난 주까지는 오히려 놀라울 정도로 빨리 좋아진다는 생각을 했었는데 오늘은 좀 주춤하다는 느낌이 드는데요. 그렇게 마음을 급하게 먹는 것이 내일 잘 하는 데 어느 정도 도움이 되나요?

내담자 별로 도움이 안 돼요.

상담자 몇 %나 그렇게 믿죠?

내담자 한 70% 정도는 도움이 되지 않는다고 생각합니다.

상담자 어떻게 하면 도움이 될 것 같죠?

내담자 마음을 좀 느긋하게 갖고 내일 일은 내일 생각하고, 그때 닥쳐가지고 그날 상황을 넘기면 되는 것이지, 지금부터 그럴 필요가 없다라고, 그렇게 마음가짐을 가지고 집에 가서 연습을 해야 될 것 같아요.

… 중략 …

말더듬이라는게 마음의 부담에서 오는 것이라고 생각을 하거든요. 그런데 그것을 차츰차츰 없애 가야 되는데도 불구하고 그동안 내가 그것들 속에 얽매여 살았던 것 같아요. 물론 지금까지 주위상황에서 오는 부담도 있었지만 내 자신도 모르는 사이에 너무나 거기에 얽매였던 것 같아요. 그래서 거기에 얽매이지 않는 그런 방법으로 해야 된다고 생각을 했습니다. 아까도 말씀드렸지만 아직은 좀 정리가 잘 안돼요. 그렇지만 확실한 것은 스스로 마음에 부담을 지우는 것은 도움이 안 된다는 것이죠.

이 사례에 대한 논평 중 일부를 인용하면 다음과 같다.

"… 이 사례는 말더듬는 대학생을 현실치료적으로 상담한 사례이다. 사례에서는 상담자가 내담자의 행동이나 문제를 욕구와 연결시켜 이해한 것, 내담자의 변화를 유도하기 위해 활동적인 측면(Doing)에 초점을 둔 것, 과정적인 목표 또는 중간목표를 세워 실행할 수 있는 작은 계획을 세우도록 한 것, 내담자 자신의 행동과 생각이 자기가 원하는 모습이 되는 데 효율적인지 스스로 평가할 수 있도록 질문을 던지는 것 등 현실치료에서 강조하는 전략들이 상담과정 전반에 잘 나타나 있다. …."

10 상담이론의 통합과 절충

1) 상담이론의 통합과 절충의 필요성

여기까지 여러 상담이론들을 공부해온 학생들은 많은 이론에 압도되기도 하고, 한편으로는 많은 이론 중 자신은 어느 이론을 선택해야 할까, 또는 어느 이론을 어떤 내담자에게 적용할 때 가장 효율적일까 등의 생각을 할 것이다.

상담이론의 효과에 대한 연구결과들은 대부분 이론적 접근 간에 별다른 차이가 없다고 보고하고(Stiles, Shapiro, & Elliott, 1986), 내담자의 다양한 문제유형에 따라 이론적 접근을 다르게 적용할 때의 효과에 대해서도 아직 과학적으로 연구되지 못한 상태라고 설명한다(정원식 외, 1999). 하지만 상담이론을 통합적으로 절충해서 체계적으로 적용하려는 필요성과 노력은 점점 더 커지고 있다.

통합적 · 절충적 접근을 사용하는 상담학자들은 그 이유로서 내담자의 특성이 다양하고 내담자가 지닌 문제가 독특하며, 복잡한 인간행동을 완전하게 설명할 수 있는 완벽한 하나의 이론은 없다는 점 등을 들고 있다. 한 연구에서 상담자의 30~50%가 자신은 통합적 · 절충적 방법을 사용한다고 하였으며(Messer, 1986), Corsini는 궁극적으로 모든 상담자는 통합적 · 절충적 접근을 적용하게 될 것이라고 하였다(Corsini, 1981).

'통합적' 그리고 '절충적'이라는 용어에 관해서도 상담자들은 절충적이라는 용어보다는 통합적이라는 용어를 더 사용하려는 경향이 있다고 보고되고 있다(Norcross & Prochaska, 1988). 두 용어 간의 차이는 절충주의는 기법적이고 실용적인 것을 의미하는 반면, 통합주의는 개념적 혹은 이론적 창조를 의미하는 데 있다고 본다(Corey, 현명호 · 유제민 역, 2001).

통합적 · 절충적 접근이란 다양한 상담이론과 상담방법들을 선택하고 절충해서 상담하는 과정을 말한다. 통합적 · 절충적 상담은 내담자 특성과 문제 유형에 따라 상담이론과 방법을 선택적으로 사용함으로써 상담을 효과적으로 이끌 수 있을 뿐 아니라, 하나의 상담이론을 모든 상담장면에 적용시키고 일반화시킬 때 발생할 수 있는 독단과 과오를 막을 수 있다.

하지만 상담학자들은 통합적 · 절충적 접근이 이것저것 짜깁기식으로 몇 가지 기법들을 묶어 그 효율성에 대한 타당성도 검증하지 않은 채 내담자에게 함부로 적용하는 것에 대해 경고하고 있다. 상담의 통합적 · 절충적 접근이란 자신의 성격과 스타일에 들어맞는 통합적 틀을 창조하는 과정이다. 자신에게 맞는 통합적 · 절충적 틀을 창조하려면 우선 각각의 상담이론의 기본개념을 잘 알고, 이론들의 강점과 약점, 그 차이점 등을 인정하며, 다양한 내담자 유형과 문제에 적합한 상담방법을 선택해서 실제로 적용시켜보고 그 효율성을 검증한 다음 수정하는 작업을 계속적으로 해나가야 한다고 제안한다(Corey, 현명호 · 유제민 역, 2001).

2) 통합적 · 절충적 접근을 개발하는 방법

(1) 각각의 이론에 대한 객관적인 탐색과 숙지

자신만의 통합적 · 절충적 틀을 개발하는 가장 좋은 방법은 우선 다양한 상담이론과 상담방법들에 대해 잘 아는 것이다. 각 이론의 기본개념, 상담절차와 방법, 상담에 적용할 때의 강점과 제한점 등에 대해 완전하게 숙지한 후에야 비로소 자신에게 필요한 것을 가져와 통합하고 절충할 수 있다.

이론들 중에는 서로 대립되어 그 개념과 방법들을 통합하고 절충하기가 매우 힘든 것들도 있다. 예를 들어 내담자문제의 원인이 과거경험에서 비롯된 무의식적 갈등에서 기인한다고 여기는 정신역동적 상담은, 무의식을 인정하지 않고 따라서 과거를 탐색하거나 전이해석 등을 중요하게 생각하지 않는 합리 · 정서 · 행동적 상담이나 현실적 상담과는 잘 통합될 수 없다.

한편으로는 개방적인 자세로 다른 이론들의 개념과 방법들을 빌려와 자신의 이론을 보완하는 상담이론이 있는 것처럼, 각 이론들의 개념과 방법들이 다양한 내담자특성과 유형에 맞도록 상호보완적으로 절충되거나 통합될 수 있는 것들도 있다. 따라서 통합, 절충될 수 있는 개념과 상담방법들을 잘 선택하려면 무엇보다 각 이론들에 대해 객관적인 자세를 갖고 철저하게 탐색하며, 완전히 이해하고 소화하는 것이 우선적으로 필요하다.

(2) 여러 상담상황에서 공통적으로 사용될 수 있는 기법을 끌어내기

각 이론들은 내담자를 긍정적인 방향으로 변화하도록 만드는 공통적인 요인을 갖고 있다. Lambert(1986)는 상담결과를 긍정적으로 이끄는 일반요인으로 상담자의 지지와 학습요인, 그리고 행동요인을 들고 있다. 지지에는 상담자의 따뜻함, 존중과 수용 등을 들고 있고, 학습요인으로는 통찰과 인지적 학습, 자기수용 등을 포함시키고 있으며, 행동적 요인으로는 공포에 직면하기, 모델링, 실행 등을 들고 있다.

상담자와 내담자의 신뢰로운 인간관계 형성을 위해 가장 잘 도움을 줄 수 있는 기법은 아마 인간중심상담에서 강조하는 상담자태도일 것이다. 내담자를 따뜻하게 대해주며 무조건적으로 수용하고 존중하며, 지지해 주는 상담자의 태도는 상담자와 내담자가 맺는 질적 인간관계에 영향을 미치고 결국 상담을 효율적으로 이끈다.

내담자의 사고와 행동 등을 효과적으로 변화시킬 수 있도록 교육하는 기법으로는 합리·정서·행동적 상담의 기법들, 예를 들어 논박이나 숙제, 현실적 상담의 숙련된 질문 등을 들 수 있다. 이러한 기법들은 어느 상담이론에서나 내담자의 사고를 탐색하기 위해 사용될 수 있다. 행동주의상담의 이완훈련은 내담자로 하여금 공포를 직면하도록 도와주고, 역할연기는 상담에서 배운 내용을 연습하고 일상생활에서 실천하도록 도와준다.

사고와 행동의 변화를 위해서는 감정의 탐색과 정화가 우선되어야 하는데, 감정의 탐색을 돕는 이론으로는 게슈탈트 접근과 같은 체험지향적인 접근들을 고려해볼 수 있다. 예를 들어 게슈탈트의 빈 의자기법은 일종의 역할연기로서 내담자의 과거와 관련된 감정을 현재로 불러와 감정을 표출시키고 정화시키는 데는 매우 적절해서 다른 상담이론에서도 내담자의 감정을 다루기 위해서 이러한 기법을 활용하고 있다.

(3) 상담자 자신의 특성을 고려하기

많은 상담학자들은 상담은 예술적 영역에 속한다고 말한다. 상담자의 성격이나 생활스타일은 내담자에게 영향을 미치기 때문이다. 따라서 자신의 성격과 생활스타일을 잘 고려해 이에 맞는 상담이론과 방법을 선택하는 것이 좋다. 자신의 성격과 스타일에 맞는 상담이론과 방법을 선택하기 위해서는 우선 현재 자신의 생활을 이해하는 데 도움이 되는 이론이 어떤 이론인지 생각해보는 것이 좋다. 각 이론들에 대해 객관적으로 탐색해 오는 동안 지금까지의 자신의 삶을 가장 잘 설명해주는 이론이 자신과 맞는 이론이다. 또한 자신의 가치관과 신념은 무엇이며, 평소 상담할 때 내담자에게 도움을 준 기법과, 도움을 주지 못한 기법은 무엇인지 생각해보고 한두 가지의 이론을 선택한다.

자신이 선택한 기법의 효율성을 점검하기 위해 기법을 스스로에게 적용해보며 내담자의 입장이 되어보는 것도 도움이 된다. 예를 들어 실제로 빈 의자기법을 통해 다른 사람에 대한 분노감정을 표출해보는 내담자경험을 하면, 이때 오는 감정의 소용돌이, 분노를 표출하고 나서의 죄책감, 감정의 정화 후 가질 수 있는 인지적 통찰 등을 경험해봄으로써, 기법의 사용이 내담자에게 어떤 느낌과 영향을 주는지 이해할 수 있다.

자신의 성격과 생활스타일에 맞는 이론적 개념과 기법을 선택하고 그 기법을 잘 사용할 수 있도록 훈련과 경험을 쌓았다면, 그 이론과 기법이 자신의 사고 · 감정 · 행동을 변화시켜줄 가능성이 높아 보인다면 이를 기초로 상담을 시작한다. 하지만 선택한 기본이론과 방법을 모든 내담자에게 적용할 수 있다고 생각하지는 말고, 내담자의 특성과 상담상황에 따라 융통성 있게 적용해나가기 시작한다.

Lazarus(1989)는 상담자의 성격이나 스타일에 따라 다른 상담성과를 가져온다고 설명한다. 예를 들어 어떤 내담자는 따뜻하고 조용하며 강요하지 않는 상담자와 상담하는 것이 좋고, 어떤 내담자는 좀더 교육적이고 지시적인 상담자와 상담하는 것이 더 나은 상담성과를 가져온다는 것이다.

필자는 1980년대 초반에 석사학위를 받고 나서 대학학생상담소에서 상담원으로 상담하기 시작하였다. 평소 지시하는 것을 싫어하고 다른 사람으로부터 조용한 성격이란 말을 종종 들어오던 필자는 그 당시 Rogers의 비지시적이고 내담자중심적인 이론에 푹 빠져 있었다. 1980년대 초반은 전두환 전 대통령이 무력으로 통치하던 때였는데 필자가 상담한 학생들 중에는 '졸업정원제' 라는 제도에 따라 졸업을 하지 못할 수도 있다는 공포에 빠진 학생이 있었다. 필자는 내담자의 호소내용을 들으며 충실하게 내담자의 감정을 반영하고 명료화하며 공감을 해주려고 열심히 노력하였다. 그런데 몇 회기가 지나자 그 학생은 나의 상담방법을 더 이상 참기가 힘들었던지 "선생님, 그렇게 듣지만 말고 해결책을 주세요. 선생님은 왜 그 자리에 앉아 계신 거죠?"라고 하는 것이었다. 당황한 필자는 스스로 문제를 해결하기를 바랐고, 상담자는 도와주는 역할을 하는 것이라고 궁색하게 설명하였지만, 그 내담자는 실망해서 다시 오지 않았다. 그 당시 필자가 내담자로 하여금 내담자의 가정과 또 공포스런 사회분위기에 대한 분노를 표출하게 하고, 잘못된 학습습관을 점검하거나 성취할 수 있는 작은 목표를 세워 우선 성취감을 맛보게 하는 등, 또한 내담자의 '항상 최선을 다해야 하는데 나는 못한다' 라는 자기패배적인 사고를 직면하게 해서 좀더 합리적인 사고로 바꾸도록 하였다면 상담이 실패로 끝나지 않고 내담자를 도와줄 수 있지 않았을까 생각할 때가 많다.

위의 경험은 자신이 좋아하고 자신의 성격과 스타일에 맞는다고 생각해서 어느 하나의 이론적 관점과 기법만을 모든 내담자에게 다 적용하지는 말아야 한다는 것을 깨우쳐 준 귀중한 경험이었다.

(4) 내담자 특성을 고려하기

자신에 맞는 통합적·절충적 상담들을 개발하고 적용해서 그 효율성을 검증하고 수정해 나갈 때, 내담자 특성을 고려해야 한다. 어떤 내담자는 무엇보다도 과거의 묵은 감정을 표출함으로써 자신의 감정을 자각하고 자신의 문제에 대한 통찰을 얻을 수 있고, 다른 내담자는 자기패배적 신념에 도전해서 긍정적인 피드백과 강화를 스스로에게 제공하는 방법을 학습해야 하며, 어떤 우울한 내담자에게는 우울이라는 행동을 선택한 자신의 행동에 책임을 지고, 우울보다는 더 나은 행동을 선택하도록 유도되어야 한다. 따라서 다양한 내담자특성과 내담자문제유형에 따라 내담자가 정말 필요로 하는 것이 무엇인지 정확히 판단해서 내담자와 적절한 조화를 이룰 수 있는 기법을 사용해야 한다. 그렇게 하려면 자신이 개발한 통합적 접근을 융통성있게 적용하며 그 효과를 평가해서 계속적으로 수정해 나가야 한다.

내담자 특성을 고려할 때 내담자의 문화적·윤리적·사회경제적 배경도 함께 고려해야 한다. 내담자의 문화적 배경과 가치관 등이 내담자의 문제에 어떻게 영향을 주었는지 알아보고, 내담자가 속한 문화에 맞지 않는 기법은 사용하지 않거나, 기법적용에 앞서 충분한 검토와 논의과정이 있어야 할 것이다.

3) 통합적 · 절충적 접근의 적용

(1) 내담자의 인지 · 정의 · 행동 영역에 따른 적용

보통 상담은 내담자의 정서적 측면을 탐색하고 그 밑에 깔려 있는 인지를 확인한 후에 행동적 측면을 다루게 된다. 분하고 억울한 내담자로 하여금 자신의 감정을 충분히 표현하도록 도와주면 감정의 표출과 이어서 감정의 정화가 오고, 심리적 문제에 붙어 있던 감정은 떨어져나가 자신의 사고나 행동상에 문제가 있음을 객관적으로 검토할 수 있게 된다. 자신과 자신의 문제에 대한 이해와 자각, 통찰이 생긴 후 변화해야 할 행동을 계획하고 일상생활에서 실천할 수 있도록 시연과 역할연기 등을 통해 내담자를 도와주게 된다.

상담자가 자신의 통합적 · 절충적 틀을 개발할 때 내담자의 인지 · 정서 그리고 행동적 영역을 잘 다룰 수 있는 이론적 개념과 방법들을 고려할 수 있다. 앞에서 소개된 상담이론들은 내담자의 인지적 · 정의적 · 행동적 영역을 다루는 데 나름대로의 강점을 지니고 있다.

인간중심상담은 상담초기에 내담자로 하여금 자신의 감정을 확인하고 명료화하여 감정을 표현하는 방법을 배우도록 하는 데 매우 유용하다. 내담자가 슬프고 외롭거나 혼란스러울 때 상담자가 내담자의 말을 일단 모두 들어주고, 내담자의 감정을 반영해주며, 비판없이 무조건적으로 수용하고 존중해주는 태도를 일관성 있게 보여줄 때, 내담자도 자신의 감정을 부정하거나 왜곡시킬 필요없이, 자신의 감정을 표현하고 명료하게 자각하게 되며, 결국 자신을 수용할 수 있게 된다.

형태주의상담의 여러 기법들은 내담자의 정서에 초점을 맞춘다. 특히 내담자의 과거의 미해결된 과제를 다룸으로써 내담자로 하여금 자신의 감정을 확인하고 체험하게 하고 지금-여기에서 자신이 진정으로 느끼고 원하는 것이 무엇인지를 자각하도록 도와준다. 예를 들어 빈 의자기법은 과거를 현재로 불러와 과거의 미해결된 감정의 분출과 정화를 가져오게 한다. 두 의자기법은 두 개의 의자를 통해 갈등을 현재시점에서 재연하고 대립적인 감정들을 충분히 표현하게 함으로써 과거의 감정뿐 아니라 미래의 불안 등에 대해서도 다루게 해준다. 이때 마음은 신체적으로 나타난다고 보기 때문에 신체적 표현에 주의를 기울인다.

합리 · 정서 · 행동적 상담과 같은 인지적 상담은 내담자의 인지적 측면을 잘 다룰 수 있다. 합리 · 정서 · 행동적 상담의 기법들은 내담자의 비합리적 사고, 자기패배적 신념, 이러한 신념과 사고를 내적 자기대화를 통해 스스로에게 암시를 주는 과정을 되풀이하는 내담자의 인지적 영역에 초점을 맞춘다. 예를 들어 논박과 같은 기법들은 상담실에서 내담자의 비합리적 사고와 자기패배적 신념을 확인하도록 도와주고, 자기조력양식 등을 기록해오게 하는 숙제기법은 일상생활에서 비합리적 사고와 자기패배적 신념, 자기대화를 유발하는 상황과 그 결과를 확인하게 해준다. 비합리적 사고를 합리적인 사고로 대치시키고, 자기패배적인 자기대화를 긍정적인 자기대화로 바꾸기 위해 합리적으로 자기와 대화하는 내용을 녹음해서 가지고 다니며 들을 수 있고, 혹은 이성적인 말을 상기하기 위해, 예를 들어 '나는 인생에 실패했어' 라는 생각이 하루에도 수십 번씩 떠오를 때 '그만!(stop)' 이라고 써 놓은 카드를 스스로에게 보이는 사고중지방법을 사용할 수 있다.

과거의 경험이 현재의 문제와 어떤 관련이 있는가를 탐색할 때는 아무래도 정신역동적인 방법, 즉 자유연상이나 꿈의 분석, 전이의 탐색 등이 유용하게 사용될 수 있다.

행동주의상담이나 현실적 상담, 그리고 교류분석 등은 상담자가 내담자와 구체적 상담목표를 결정할 때 매우 유용한 개념을 제공한다. 관찰가능한 행동에 초점을 맞추고 구체적인 상담목표의 진술과 세부적인 상담절차를 강조하는 행동주의상담은 어떤 문제행동을 변화시킬지 내담자로 하여금 명확하게 알도록 도와줄 뿐 아니라, 이 행동이 어떻게 하면 잘 변화될지 상담자로 하여금 내담자에게 구체적인 방법을 쉽게 적용하도록 도와준다. 또한 계약 등을 통해 상담자와 내담자 모두 상담목표 달성에 책임을 지게 된다.

교류분석은 내담자로 하여금 자신의 역기능적 대인관계 패턴을 인식하도록 하기 위해 자아상태와 게임을 분석하거나 잘못된 의사소통방식을 분석하도록 도와줌으로써 내담자의 의사소통방식이나 대인관계기술을 향상하도록 도와준다.

현실적 상담은 내담자로 하여금 현실에 맞으며 현재보다 내담자의 심리적 욕구를 더욱 효과적으로 충족시켜줄 수 있는 행동을 학습하도록 도와준다.

위와 같이 각각의 상담이론들은 내담자의 세 가지 영역 중 적어도 하나의 영역을 다루는 데 강점을 지니고 있다. 따라서 자신의 통합적 · 절충적 접근을 개발할 때, 정서의 표현과 경험을 강조하는 체험지향적인 접근, 내담자의 신념과 사고과정, 이로 인한 행동적 · 정서적 결과에 초점을 맞추는 인지적 접근, 그리고 행동의 변화를 위한 계획수립과 실천을 강조하는 행동지향적 접근을 모두 활용할 수 있을 것이다.

(2) 상담단계에 따른 적용

자신의 통합적·절충적 틀을 개발할 때 상담단계에 따른 기법들의 적용도 고려해 볼 수 있다. 상담단계에 따라 상담의 특성과 상담자과제가 다를 수 있으며 내담자의 상담초점도 다를 수 있기 때문이다.

상담초기단계에서 상담자의 주요과제는 내담자와 친밀하고 신뢰로운 상담관계를 형성하며, 내담자로 하여금 자신이 원하는 바를 명확하게 알도록 하고, 이에 따라 상담의 목표를 구체적으로 정하도록 도와주는 것이다.

모든 상담이론에서 상담자와 내담자가 맺는 질적 인간관계는 중요하게 다루어지고 있지만 특히 인간중심상담에서 강조하는 상담자의 진실한 태도, 무조건적인 수용과 존중, 공감적 이해는 내담자로 하여금 상담자를 신뢰하게 하고 자신과 자신의 문제에 대해 진정으로 탐색하게 하고 이해하도록 이끈다. 따라서 상담초기 상담자와 내담자의 질적 인간관계 형성을 위해 인간중심상담이론은 매우 유용하게 사용될 수 있다.

상담자가 내담자로 하여금 구체적 상담목표를 정하도록 도와주는 데 유용한 이론적 접근은 아마도 행동주의상담, 현실적 상담, 합리·정서·행동적 상담과 같은 행동지향적인 접근이 될 것이다. 또한 상담초기의 계약을 중시하는 교류분석도 적절하게 사용될 수 있다. 행동일지를 기록해 오거나 숙련된 질문을 통해 내담자가 변화하기 원하는 것이 무엇인지 알도록 도와줄 수 있다. 행동적 목표나 인지적 목표의 확인뿐 아니라 내담자의 정서적 목표를 확인하기 위해서 내담자가 지니고 있는 근심거리를 가능한 구체적으로 표현하도록 하기 위해서는 인간중심상담에서 강조하는 내담자의 감정과 느낌을 반영해주고 명료화해 줄 수도 있다.

상담중기단계에서 상담의 특성과 이에 따른 상담자과제는 설정한 목표달성을 위해 여러 가지 문제해결에 대한 방안을 검토하고 가장 적절한 대안을 선택하는 것이다. 또한 내담자로 하여금 자신의 문제에 대해 좀더 심층적으로 탐색하게 하고 이에 따라 자신의 문제에 대한 자각을 하도록 도와주는 것이다. 그리고 심층적 탐색과 내담자의 자각, 새로운 행동변화의 계획과 이를 실천하기 위한 연습 등에 따라 나타날 수 있는 내담자의 불안과 저항을 잘 다루는 것이다.

상담중기단계는 여러 상담들의 핵심적인 기법들이 적용되는 시기이다. 내담자가 지닌 문제가 주로 인지적인 영역이라면 이를 잘 다룰 수 있는 합리·정서·행동적 상담, 인지행동적인 상담들의 기법을 적용할 수 있고, 내담자의 문제가 주로 정서적인 것이라면 내담자의 감정 분출과 정화를 도울 수 있는 형태주의상담 기법들과 같은 주로 체험지향적인 접근을 적용할 수 있다. 예를 들어 형태주의상담의 현재화기법을 사용해서 과거의 상처를 현재로 불러오게 할 수도 있지만 미래에 발생할 수 있는 사건도 현재로 불러올 수 있다. 미래에 대한 막연한 두려움과 불안, 기대 등을 현재의 안전한 상담장면에서 역할연기 등을 통해 경험하게 함으로써 자신이 원하는 것이 무엇인지를 확실히 자각할 수 있게 해주고 자신이 지녀야 할 책임감이나 두려움을 맞을 방법도 준비할 수 있다. 이와 같이 과거와 미래를 현재에 다룸으로써 현재에 좀더 구체적인 행동계획을 세울 수 있다.

내담자와 내담자의 문제에 대한 심층적인 탐색이 이루어지려면 내담자의 과거가 현재에 어떻게 영향을 끼쳤는지, 그리고 어떻게 영향을 끼치고 있는지를 이해해야 한다. 현실적 상담, 행동주의상담, 합리·정서·행동적 상담 등은 과거의 탐색에 거의 주의를 기울이지 않지만 정신분석에서는 과거, 특히 아동기때의 경험을 강조한다. 이를 위해 꿈이나 자유연상을 사용할 수 있고, 현재 내담자의 성격 중에 아동기의 경험과 관련된 것이 있는지, 특히 아동기때 해결하지 못한 갈등이 있는지 등을 질문을 통해서도 확인할 수 있다.

상담자는 내담자의 저항을 통해 내담자가 과거나 현재의 고통스런 경험을 대할 때 일관되게 가져왔던 감정과 행동, 즉 내담자의 방어패턴을 확인할 수 있다. 내담자가 저항을 나타낼 때 상담자는 우선 내담자로 하여금 저항과 불안을 충분히 표현하도록 한 후 고통스런 경험이나 자신의 문제에 직면할 수 있도록 용기를 북돋아준다.

정신역동적으로 내담자의 방어와 관련된 행동을 지적해주고 저항이 내담자에게 어떤 의미가 있는지 내담자로 하여금 말해보게 해서 그 이유를 인식하도록 유도하고 내담자로 하여금 그 의미들을 해석하게 할 수도 있다.

또한 현실적 상담, 행동주의상담, 합리·정서·행동적 상담에서 사용하는 과제를 내주어 일상생활하는 중에 변화하려는 이유와 변화하고 싶지 않은 이유를 적게 하고 상담에서 이에 대해 점검하고 격려하는 과정을 거칠 수도 있다. 이러한 과정을 통해 내담자도 문제가 있을 때마다 회피해왔던 자신의 방어패턴을 알게 되고 문제에 대한 통찰을 가져올 수 있다.

상담의 후기단계에서 상담자와 내담자는 변화하고 싶은 새로운 행동을 계획하고 이를 연습할 수 있다. 이를 위해 상담실에서 역할연기와 행동시연을 시도한다. 그리고 내담자가 실제상황에서 새로운 행동을 적용해보도록 한다. 한 번에 지나치게 많은 숙제를 내주거나, 갑작스런 변화를 요구하지 않도록 과제를 단계적으로 부여한다. 일상생활에 적용해보고 그 결과를 상담에서 보고하도록 한다. 과제를 수행하기에 힘들었던 섬, 예상치 못했던 사람들의 반응 등, 일상생활에 배운 것을 적용하기에 어려웠던 점 등 논의함으로써 그 타당성과 효율성을 점검할 수 있다.

상담의 종결단계는 상담과정에서의 경험을 요약하고 상담성과를 확인하며 상담효과가 실생활에서도 지속적으로 유지될 수 있도록 내담자를 돕는 단계이다. 지금까지 학습한 상담변화를 일상생활로 연장시키는 데에는 행동지향적 접근방식이 효과적이라고 할 수 있겠다. 상담초기에 목표달성을 위한 계약을 했다면 이를 점검하고 앞으로도 지금의 결정과 변화를 유지하겠다는 다짐과 행동계약을 구체적으로 진술하게 할 수도 있다.

참고문헌

권석만 (2003). **현대이상심리학**. 서울: 학지사.

김계현 (1995). **카운슬링의 실제**. 서울 : 학지사.

김계현 (1998). **상담심리학**. 서울 : 학지사.

김규수 · 류태보 편저 (1996). **교류분석치료**. 서울 : 형설출판사.

김성회 (1992). 의사거래분석적 상담. 이형득 편. **상담이론**. 서울 : 교육과학사.

김성회 (1992). 현실적 상담. 이형득 편. **상담이론**. 서울 : 교육과학사.

김소형 (2006). 성인아이의 우울증에 관한 치료연구. 상명대학교 대학원 석사학위 논문.

김영환 (1992). 행동적 상담. 이형득 편. **상담이론**. 서울 : 교육과학사.

김은희 (1991). 상담윤리결정을 위한 준거로서 상담윤리요강의 방향 모색. 경북대학교 교육대학원. 상담심리전공 석사학위논문.

김정규 (1995). **게슈탈트 심리치료**. 서울 : 학지사.

김춘경 (2006). **아들러 아동상담**. 서울: 학지사.

김충기 · 강봉규 (2001). **현대상담이론과 실제**. 서울: 교육과학사.

노안영 (2005). **상담심리학의 이론과 실제**. 서울: 학지사.

노안영 외 공역 (2005). **아들러 상담이론과 실제**. 서울: 학지사.

노안영 · 강영신 공저 (2004). **성격심리학**. 서울: 학지사.

노안영 · 송현종 공저 (2006). **상담실습자를 위한 상담의 원리와 기술**. 서울: 학지사.

대한신경정신의학회 편 (1997). **신경정신과학**. 서울 : 하나의학사.

박경애 (1997). **인지 · 정서 · 행동치료**. 서울 : 학지사.

박경애 (1999). **인지행동 치료의 실제: 인지행동치료 사례집**. 서울 : 학지사.

박성희 (2001). **상담과 상담학: 새로운 패러다임**. 서울 : 학지사.

박애선 역 (2001). **21세기와 현실요법**. 서울 : 시그마프레스.

서울대학교 사범대학 교육연구소 (1995). **한국교육심리검사총람**. 서울 : 프레스빌.

설기문 (1992). 형태주의적 상담. 이형득 편. **상담이론**, 205-227. 서울 : 교육과학사.

설기문 (1995). 의사교류분석. 윤순임 외 편. **현대상담 · 심리치료의 이론과 실제**, 512-515. 서울 : 중앙출판사.

안범희 (2000). **성격심리학**. 서울 : 도서출판 하우.

안창일 · 박경 역 (1995). **상담과 심리치료의 제 기법**. 서울 : 중앙적성출판사.

유정이 (1999). 카운슬링 이론의 전개. 정원식 외. **카운슬링의 원리**, 137-173. 서울 : 교육과학사.

윤순임 (1995). 정신분석치료. 장혁표 외 편. **현대상담 · 심리치료의 이론과 실제**, 13-81. 서울 : 중앙적성출판사.

이연섭 · 강문희 (1999). **부모교육**. 서울 : 정민사.

이장호 (2000). **상담심리학**. 서울 : 박영사.

이장호 외 (1999). **상담심리학의 기초**. 서울 : 학문사.

이장호 · 금명자 (1992). **상담연습교본**. 서울 : 법문사.

이장호 · 김정희 (1992). **집단상담의 원리와 실제**. 서울 : 법문사.

이장호 · 신희천 (1995). 인간중심치료. 윤순임 외 편. **현대상담 · 심리치료의 이론과 실제**, 230-264. 서울 : 중앙적성출판사.

이형득 (1992). **상담이론**. 서울 : 교육과학사.

이혜성 역 (1997). **다섯 명의 치료자와 한 명의 내담자**. 서울 : 이화여자대학교출판부.

장선철 · 문승태 (2003). **상담심리학**. 서울 : 동문사.

장혁표 외 공저 (1995). **현대상담 · 심리치료의 이론과 실제**. 서울: 중앙적성출판사.

장현갑 · 강성군 편저 (1999). **스트레스와 정신건강**. 서울 : 학지사.

정원식 · 박성수 · 김창대 (1999). **카운슬링의 원리**. 서울 : 교육과학사.

제석봉 · 유계식 · 박은영 역 (1999). **유능한 상담자**. 서울 : 학지사.

조현춘 외 역 (1999). **집단심리상담의 이론과 실제**. 서울 : 시그마프레스.

조현춘 · 조현재 역 (1996). **심리상담과 치료의 이론과 실제**. 서울 : 시그마프레스.

천성문 외 (2006). **상담심리학의 이론과 실제**. 서울 : 학지사.

최규련 (2001). **부부대화법**. 서울 : 신정.

코리 (2001). **상담 및 심리치료의 통합적 접근**, 비디오 1: 각 회기에 적용되는 상담기법들, 비디오 2: 상담자가 직면하는 도전들. 서울 : 시그마프레스.

한국심리학회 상담 및 심리치료학회 (2001). **만남과 성장: 상담사례연구**. 서울 : 학지사.

한숙자 (2007). "부부갈등과 스트레스 관리를 위한 인지행동적 접근". 서울동부지방법원상담위원회, "법원 상담위원 연합교육 세미나", 63-80.

현명호 · 유제민 역 (2001). **상담 및 심리치료의 통합적 접근**. 서울 : 시그마프레스.

현정환 · 후쿠시마 오사미 (2002). **상담이론 그리고 연습**. 서울 : 창지사.

홍경자 (2001). **상담의 과정**. 서울 : 학지사.

Bandura, A. & Walters, R. H. (1963). *Social Learning and Personality Development*. New York : Holt, Rinehart, & Winston.

Bandura, A. (1969). *Principles of Behavior Modification*. New York : Holt, Rinehart, & Winston.

Bandura, A. (1971). *Psychological Modeling: Conflicting Theories*. Chicago, IL : Aldine-Atherton.

Beck, A. T. (1975). *Depression: Causes and Treatment*. Philadelphia : University of Pennsylvania Press.

Beck, Aron T. 원호택 외 공역 (1997). **우울증의 인지치료**. 서울 : 학지사.

Berne, E. (1961). *Transactional Analysis in Psychotherapy*. New York : Grove Press.

Berne, E. (1964). *Games People Play*. New York : Grove Press.

Corey, G. (1991). *Case Approach to Counseling and Psychotherapy* (3rd ed.). Pacific Grove, CA : Brooks-Cole.

Corey, G. (1991). *Theory and Practice of Counseling and Psychotherapy* (4th ed.). Pacific Grove, CA : Brooks-Cole.

Corey, G. (1995). *Theory and Practice of Group Counseling* (4th ed). Pacific Grove, CA : Brooks-Cole.

Corey, G. (2001). *The Art of Integrative Counseling and Psychotherapy*. Pacific Grove, CA : Brooks-Cole.

Corey, G. (2001). *The Art of Integrative Counseling and Psychotherapy*. Videos 1 and 2. California State University, Fullerton Produced by Robert Haynes.

Corsini, R. J. (1981). *Handbook of Innovative Psychotherapies*. New York : Wiley.

Davison 외. 이봉건 역 (2005). **이상심리학**. 서울 : 시그마프레스.

Dryden, W. (1995). *Brief Rational Emotive Behavior Therapy*. John Wiley & Sons Ltd.

Dusay, J. M. (1977). *Egograms: How I See You See Me*. N. Y. : Harper & Row.

Egan, G. (1994). *The Skilled Helper: A Systematic Approach to Effective Helping* (5th ed.). Pacific Grove, CA : Brooks-Cole.

Ellis, A. & Dryden, W. (1987). *The Practice of Rational Emotive Therapy*. New York : Springer.

Ellis, A. (1962). *Reason and Emotion in Psychotherapy*. New York : Lyle Stuart.

Ellis, A. (1981). The use of rational humorous songs in psychotherapy. *Voices*, 16(4), 29-36.

Ellis, A. (1993). Fundamentals of Rational Emotive Therapy, In W. Dryden & L. K. Hill (ed.), *Innovations in Rational Emotive Therapy* (pp.1-32). Newbury Park, CA : Sage.

Ellis, A. (1999). *How to Make Yourself Happy and Remarkably Less Disturbable*. Atascadero, CA : Impact Publishers.

Eysenck, H. J. (1960). *Behavior Therapy and the Neuroses*. Oxford : Pergamon Press.

Freud, A. (1946). *The Ego and the Mechanisms of Defense*. NY : International Universities Press.

Freud, S. (1953). *The Interpretation of Dreams*. NY : Avon Books.

Freud, S. (1969). *A General Introduction to Psycho-Analysis*. NY : Pocket Books.

Glasser, W. (1965). *Reality Therapy*. New York : Harper & Row.

Glasser, W. (1985). *Control Theory*. New York : Harper & Row.

Glasser, W. (1998). *Choice theory: A New Psychology of Personal Freedom*. New York : HarperCollins.

Glasser, W. (2000). *Reality Therapy in Action*. New York : HarperCollins.

Gottman, John & Silver, Nan. The Seven Principles for Making Marriage Work. 임주현 역 (2002). (행복한 결혼생활을 위한 7가지 원칙)**행복한 부부 이혼하는 부부**. 서울 : 문학사상사.

Goulding, M. & Goulding, R. (1979). *Changing Lives Through Redecision Therapy*. New York : Brunner/Mazel.

Goulding, M. M. (1987). Transactional analysis and redecision therapy. In J. K. Zeig (Ed.), *The Evolution of Psychotherapy*, 285-299. New York : Brunner/Mazel.

Harris, T. (1969). *I'm OK. You're OK*. New York : Harper & Row.

Jacobson, E. (1934). *You must Relax*. New York : Whittleset House.

Lambert, M. J. (1986). Implications of psychotherapy outcome research for psychotherapy. In J. C. Norcross (Ed.), *Handbook of Eclectic Psychotherapy*, 436-462. New York : Brunner/Mazel.

Lazarus, A. A. (1989). *The Practice of Multimodal Therapy*. Baltimore : John Hopkins University Press.

Lazarus, A. A. (1995). Different types of eclecticism and integration: Let's be aware of the dangers. *Journal of Psychotherapy Integration*, 5(1). 27-39.

Lazarus, A. A. (1997). *Brief but Comprehensive Psychotherapy: The Multimodal Way*. New York : Springer.

Levitsky, A. & Perls, F. (1970). The rules and games of Gestalt therapy. In J. Fagen and I. Shepherd (Ed.), *Gestalt Therapy Now*. Palo Alto, California : Science and Behavior Books.

McMinn, Mark. Gognitive Therapy Techniques in Christian Counseling. 정동섭 역. (1997). **기독교상담과 인지요법**. 서울 : 도서출판 두란노.

Meichenbaum, D. (1985). *Stress Inoculation Training*. New York : Pergamon Press.

Meichenbaum, Donald. Cognitive-Behavior Modification: An Integrative Approach. 여광응 · 정용석 역. (1995). **인지적 행동수정의 통합적 접근**. 서울 : 양서원.

Messer, S. B. (1986). Eclecticism in psychotherapy: Underlying assumptions, problems, and trade-offs. In J. C. Norcross (Ed.), *Handbook of Eclectic Psychotherapy*, 379-397. New York : Brunner/Mazel.

Norcross, J. C. & Prochaska, J. O. (1988). A study of eclectic (and integrative) views revisited. *Professional Psychology: Research and Practice*, 19, 170-174.

Patterson, C. H. (1989). Foundations for a systematic eclectic psychotherapy. *Psychotherapy*, 26, 427-435.

Perls, F. S. (1969). *The Gestalt Approach & Eyewitness to Therapy*. New York : Bantam Books.

Polster, M. (1987). Gestalt therapy: Evolution and application. In J. K. Zeig (Ed.), *The Evolution of Psychotherapy*, 312-325. New York : Brunnel/Mazel.

Rogers, C. (1951). *Client-centered Therapy*. Boston : Houghton Mifflin.

Rogers, C. (1957). The necessary and sufficient conditions of therapeutic personality change. *Journal of Consulting Psychology*, 21, 95-103.

Rogers, C. (1970). *Carl Rogers on Encounter Groups*. New York : Harper & Row.

Rogers, C. (1986). Carl Rogers on the development of the person-centered approach. *Person-Centered Review*, 1, 257-259.

Sirridge, S. T. (1980). Transactional analysis: Promoting OK'ness. In M. J. Find (Ed.), *Handbook on Parent Education*. New York : Academic Press, Inc.

Skinner, B. F. (1971). *Beyond Freedom and Dignity*. NY : Knopf.

Skinner, B. F. (1974). *About Behaviorism*. NY : Knopf.

Stiles, W. B., Shapiro, D. A., & Elliott, R. (1986). Are all psychotherapies equivalent? *American Psychologist*, 41, 165-180.

Vaillant, G. (1977). *Adaptation to Life*. Boston, MA : Little, Brown.

Wolpe, J. (1958). *Psychotherapy by Reciprocal Inhibition*. Stanford, CA : Stanford University Press.

Wubbolding, R. E. (2000). *Reality Therapy for the 21st Century*. Muncie, IN : Taylor & Francis.

Zinker (1977). *Creative Process in Gestalt Therapy*. New York : Vintage Books.

색인

인명색인

내용색인

저자 **한숙자**

이화여자대학교 졸업
연세대학교 대학원 교육학과 졸업
뉴욕주립대학교 교육심리학박사(Ph.D.)

연세대학교 학생상담소 상담원
연세대학교 외 강사
현재 한영신학대학교 기독교상담학과 교수

중앙일보, "한 박사의 부모고민상담" 칼럼 연재.
「프로그램평가입문」, 학지사, 2001. 2

개정 전문상담학개론

초판 1쇄 발행 2004년 2월 27일
개정 1쇄 발행 2008년 8월 21일
개정 3쇄 발행 2015년 1월 15일

지은이 | 한숙자
펴낸이 | 김기섭
책임편집 | 최창숙, 윤햇님
펴낸곳 | 창지사 www.changjisa.com
121-809 서울시 마포구 대흥동 161
전화 (02) 719-2211~3
팩스 (02) 701-9386
등 록 | 1977년 4월 28일 · 제1-421호

ISBN 978-89-426-3208-4(93180)
값 13,000원